무엇이 당신을 일하게 만드는가

일의 **의미**를 찾아서

무엇이
당신을
일하게
만드는가

최명기 지음

P 필로소픽

목차

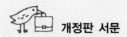

《무엇이 당신을 일하게 만드는가》가 출간된 후 실제로 나의 삶에도 변화가 있었다. 이 책을 집필하던 당시 나는 병원을 운영하고 있었다. 병원을 운영하면서 이런 저런 행정일, 참석해야 하는 모임, 만나야 하는 사람도 늘어난 상태였다. 규모가 커지고 직원이 늘어나고 지역사회에서 영향력도 늘어나는 것을 성공의 척도로 가늠한다면 좋은 일일 수도 있었다. 하지만 나는 그렇지 않았다. 시간이 갈수록 점점 그런 일들이 지루해졌다. 지루해지다 못해 지겨워졌다. 지겨워지다 못해 '내가 여기서 왜 이러고 있지' 하는 생각이 들고 인생을 허비하고 있다는 생각마저 들었다. 결국 10년이 넘게 운영하던 병원을 처분했다. 경제적인 측면에서는 최악의 선택이었다.

하지만 병원을 운영하는 것보다 환자와 얘기하는 것이 내 적성에 맞았다. 잡일에서 손을 떼는 대신 글을 쓰는 시간이 늘었다. 고정으로 출연하는 방송도 생겼다. 막상 내 자신이 적지 않은 변화를 겪으니 변한다는 것은 쉽지 않은 일이었다. 모든 변화에는 대가가 따른다. 하지만 그렇지 않다고 해서 그것이 최선도 아니다. 《무엇이 당신을 일하게 만드는가》를 쓰면서 많은 자료를 접하고, 사색하지 않았다면 변하지 않았을 일이다.

인생의 목적을 어디에 두느냐에 따라서 삶이 달라진다. 우리나라에서는 1970년대 이후 금전적인 가치를 인생의 최우선에 놓는 것을 당연시했다. 넓은 집에 사는 이는 좁은 집에 사는 이보다 성공한 것이다. 통장에 잔액이 많으면 많을수록 성공한 것이다. 아무리 좋은 대학을 나와서, 아무리 좋은 일을 하고 있더라도 돈을 많이 벌지 못하면 인생을 헛살고 있다고 사람들은 생각했다. 하지만 이제부터는 아무리 개인이 노력해도 부자가 될 수 없는 세상이다. 따라서 이제부터는 인생의 성공 여부를 판단할 때 다른 가치 기준을 적용해야 한다. 금수저들이 고속도로를 쌩쌩 달려 나보다 앞서가는 것을 보면 화가 난다. 아무리 그들을 따라잡으려 해도 안 된다. 그럴 때 그들이 가지 않는 다른 길로 가면 어떨까? 남이 가지 않은 길을 처음 가면 어떨까? 내가 새로운 길을 만들면 어떨까? 그런 점에서 당신이 일하는 이유를 안다는 것은 중요하다. 처음 출간되던 당시에도 일하는 이유에 대해서 고민하던 이들이 많았다. 하지만 저성장이 계속되고 꿈을 포기하는 이들이 늘어가고 있다. 어떻게 살아야 할지, 왜 일을 해야만 하는지 모색하는 이들이 늘어나기에 새롭게 개정판을 내기로 결심했다.

초판을 출간한 지 4년 뒤에 나온 개정판에서는 시의성에 맞지 않는 부분을 보완했었다. 아울러 일하는 이유를 확인하는 검사지를 포함했다. 검사를 직접 해본 후 다른 이유들에 비해서 유난히 나에게 부족한 이유가 있다면 그에 대해서 살펴보는 것이 필요할 것이다. 그리고 도대체 내가 어떻게 살아야 할지 어떤 이유에서 일해야 할지 살펴보는 것에도 도움이 될 것이다.

안 되는 것은 안 되는 것이다. 아무리 노력해도 성공할 수 없는 세상에서는 성공이 더는 일하는 이유가 될 수 없다. 살아가는 또 다른 이유, 일하는 또 다른 이유가 필요하다. 나라에서는 좋은 일자리를 만들겠다고 하지만 그것이 가능할까? 그렇지 않다. 우리에게는 다른 삶의 이유가 필요하다. 그리고 이 책은 당신이 일하는 이유, 살아가는 이유를 성찰하는 데 도움이 될 것이다.

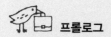 프롤로그

어느 날인가부터 새들이 너무 불쌍해졌다. 날아다니기 위해서 엄청난 칼로리를 소모해야 한다는 것을 알고 나서부터다. 새들은 잠깐 나무에 앉아 쉴 때를 제외하고는 종일 먹이를 찾아다니고 끊임없이 먹어야만 한다. 칼로리가 낮은 풀을 먹고 사는 초식동물 역시 잠잘 때를 제외하고는 종일 먹어야 한다. 한 번에 소화시킬 수 없을 만큼 많이 먹고 다시 토해서 되새김질을 하기도 한다. 육식동물은 사냥할 때와 쉴 때가 분리된다. 고기는 열량이 높고 몸 안에 지방의 형태로 축적할 수 있기 때문에 한 번 사냥에 성공하여 충분히 식사를 하면 당분간은 쉴 수 있다. 만약 등산을 갔다 동굴에 갇혔는데 먹을 것이 없다면 구조대가 올 때까지 아무것도 하지 않는 것이 상책이다. 마찬가지로 맹수들 역시 언제 다시 사냥에 성공할지 모르기 때문에 일단 배가 채워지면 최대한 열량을 보존하기 위해서 꼼짝도 않고 누워있어야 한다. 그렇기 때문에 사자나 호랑이는 사냥할 때는 날쌔기 그지없지만 그 순간을 제외하면 종일 게으름을 피우며 늘어져 있는 것이다. 겉보기에 쉬는 것처럼 보이지만 사실은 배가 고파 꼼짝 못하는 것일 수도 있다.

그렇다면 인간은 어떠할까? 인간은 새들이나 초식동물, 육식동물처럼 온종일 먹이를 찾아다니고 섭취하지 않아도 된다. 그런 의미에서 본다면 죽어라고 일할 필요가 없다. 맹수는 사냥이라는 일을 하고 나면 다음 사냥에 나설 때까지 체력을 비축하기 위해서 가급적 움직이지 않고 보내야 한다. 그래서 사냥을 할 때는 몇 시간이고 꼼짝하지 않고 먹이가 공격 사정권에 들어오기를 기다리기도 한다. 다른 예로 아프리카의 코끼리는 기근이 들면 과일과 물을 찾기 위해 몇 날 며칠을 이동하기도 한다. 반면 인간은 먹고살기에 충분한 시간만 일하고 나머지 시간은 노래를 부르든 연애를 하든 집을 꾸미든 원하는 대로 하면 된다. 그러나 인간은 그렇게 하지 못한다. 충분한 휴식을 취하지 않고 오로지 먹고살기 위해 일해야 한다는 말만 입에 달고 살 뿐이다. 인간처럼 하루 8시간 이상 매일 일하는 동물은 없다. 그 어느 동물보다 오랜 시간을 노동을 한다. 동물과 비교하면 인간은 일중독자다. 생존이 인간의 본능이라면 일 역시 제2의 본능이 되었다. 그래서 일하고 싶으나 일이 없으면 괴로워진다.

실업자가 되면 단지 수입이 줄어드는 것 이상의 고통이 따른다. 미래가 불확실하다고 느끼기에 불안하고 세상이 자신을 원하지 않기에 아무 쓸모없는 존재가 된 것 같아 무기력해진다. 사회적 지위가 손상되고 자신을 바라보는 남들의 시선을 신경 쓰며 두문불출하게 된다. 그러나 이게 끝이 아니다. 일이 없으면 '남아도는' 뇌의 기능을 사용할 곳이 없어 지루하고 답답해진다. 손발이 없다면 남들이 손으로 도구를 사용하고 발로 걸어 다니는 것을 볼 때 부러울 것이다. 그런데 손발이 있어도 사용하지 못하게 한다면 어떨까? 답답해서 견딜 수 없을 것이다. 우리는 이런 상황을 학교나 군대에서 쉽게 접한다. 선생님이나 상관이 "차렷"이라는 구호를 외치면 꼼짝도 않고 있어야 한다. 일단 신체 기관은 사용할 수 있어야 답답하지 않다. 뇌도 마찬가지다. 인간은 다른 동물에 비해서 엄청나게 커다란 뇌를 가지고 있다. 특히 뇌의 앞쪽에 위치한 전두엽이 발달되어 있는데 전두엽의 기능은 무언가를 예상하고 계획하며 일을 추진하는 것이다. 전두엽이 있는데도 할 일이 없어서 쓰지 못하면 손발이 있어도 움직이지 못할 때 이상으로 답답함을 느낄 것이다. 그래서 멀쩡하게 일하던 사람이 정리해고라도 당해 일을 못 하는 신세가 되면 답답함을 느낀다. 돈은 남아도는데 할 일이 없으면 사치나 도박 같은 쓸데없는 쪽으로 머리를 쓰게 되기도 한다. 복권에 당첨된 사람들이 생존을 위해서 어쩔 수 없이 하던 지루하고 힘든 일을 때려치우고 투자를 한다고 이것저것 일을 벌이다가 망하는 것도 같은 이치다. 인간은 일을 할 수밖에 없는 존재이다. 그런 일을 즐겁고 기쁘게 할 수 있다면 얼마나 행복할까?

어느 정도 생활이 가능하고 세상의 인정을 받을 수 있다면 가수, 화가, 작가 같은 예술가들처럼 행복한 직업이 없다. 다만 예술가 역시 창조력의 한계가 있고, 세상의 방향과 맞아야 해서 젊었을 때 압도적인 명성을 얻지 않는 한 나중에는 자신의 능력을 쥐어짜야 할 수도 있다. 즐거우면서 높은 보수를 받는 완벽한 일의 시기가 지나고 나면 어떤 예술가는 기나긴 불만족과 불안에 시달리기도 한다.

그런 점에서 행복지수가 높고 인정도 받으면서 생활이 가능하고 경험이 쌓일수록 더 잘하게 되는 직업이 바로 교향악단 지휘자다. 그래서 그런지 교향악단 지휘자는 아주 오래 사는 대표적인 장수 직업이다. 자신이 좋아하는 음악을 지휘하고 사람들을 통솔하면서 인정을 받기 때문이다. 그리고 최근 발표로는 지휘자에 못지않게 오래 사는 직종이 종교 지도자라고 한다. 그들이 오래 사는 이유는 자신의 일을 일이라고 여기지 않기 때문일 것이다. 설교를 하고 신도들을 만나고 기도를 하는 것은 일이지만 기쁨이면서 동시에 의무일 것이다. 더군다나

신의 대리인이기 때문에 그들은 이 세상에서 힘들고 괴로운 일이 있어도 저세상에서 신의 인정을 받는다는 생각에 고통을 잊을 수 있다.

그러나 이렇게 자신이 좋아하는 일을 하며 충분한 보수를 받고 존경까지 받는 것은 누구나 할 수 있는 것이 아니다. 재능, 노력, 행운을 모두 갖춘 몇 안 되는 사람들에게나 가능하다. 우리는 어렸을 때 어른이 되면 돈과 상관없이 진정 내가 하고 싶은 것을 하면서 살고 싶다고 하지만 실제로는 하고 싶지 않은 일을 하면서 돈 걱정을 하고 살게 되는 것이 대부분이다. 세상의 일자리는 정해져 있고 사람들이 선망하는 일부터 치열한 경쟁을 통해 자리가 채워진다. 따라서 내게 돌아오는 일은 내가 원치 않는 일일 가능성이 항상 크다. 누군가는 화물 터미널에서 밤을 새우며 택배 분류를 위해 무거운 물건을 들었다 놨다 해야 한다. 다른 누군가는 하루 종일 거리에서 황사를 들이마시고 방사성 비를 맞으며 전단지를 나눠줘야 한다. 이러한 일밖에 할 수 없는 상황에서는 삶의 의미를 찾기도 쉽지 않다. 그러나 사람들이 부러워하는 직업을 가지게 되었다고 해도 직장에서 자신이 원하는 일만 할 수는 없다. 설혹 힘들게 중앙부처 공무원이 되었더라도 며칠 밤을 새워 아무 목적도 없는 책 한 권 분량의 보고서를 만드는 일이 즐겁지는 않을 것이다.

자신이 진정 하고 싶은 일을 하고 살아야 제대로 된 인생을 살아갈 수 있고 죽을 때 후회가 덜할 것이라는 걸 모르는 이는 없다. 하지만 세상은 우리를 그렇게 내버려두지 않는다. 하기 싫은 일이라고 생각을 하면서도 돈을 벌기 위해서 억지로 일을 한다. 좋아하기는커녕 지겨워서 죽고 싶을 정도로 싫어하는 일을 잘릴까 봐 항상 불안해한다. 그저 나중에 다가올 천국 같은 은퇴를 꿈꾼다. 당첨되면 모든 것을 때려치우고 싶은 마음에 일주일에 한 번 로또 복권을 사면서 탈출을 꿈꾸지만 여전히 재미없는 일을 억지로 하면서 살아가야 한다.

외환위기 직후 심한 우울증에 걸려서 입원한 중년의 환자를 본 적이 있었다. 수십 개의 공장 건물을 임대하는 사업을 하시던 분인데 외환위기 얼마 전부터 수출 위주 공장들이 임대료를 밀리는 것을 보고 전반적으로 제조업 수익률이 떨어지게 될 것이라고 예측했다고 한다. 수십 개의 공장 건물을 통으로 매각해서 현찰을 확보해야겠다는 생각을 하고 실천에 옮겼다. 남들은 외환위기로 죽어나는데 금리가 치솟으면서 통장의 재산은 천문학적인 금액으로 불어났고 누가 봐도 부러워할 만한 상황인 그는 우울증에 걸렸다. 통장에 돈이 생겼지만 매일 돌아보던 공단이 사라지니 삶의 의미를 잃어버린 것 같았다고 한다. 가까스로 자살까지 생각하던 심각한 상황을 넘기고 퇴원을 한 그를 우연히 강남의 백화점 엘리베이터에서 스쳐 지나갔다. 가족과 함께 있던 그의 표정은 여전히 우울했다.

그때부터 나는 사람들에게 일은 어떤 의미가 있는지 생각하게 되었다. 돈을 받지 않으면 일하지 않는다는 점에서 사람들은 돈을 벌기 위해서 일을 한다. 하지만 똑같은 돈을 받더라도 하고 싶은 일이 다르다. 누구는 같은 돈을 번다면 사업을 하고 싶어 하고 누구는 돈을 굴리고 싶어 한다. 그 차이는 각자의 일을 하는 이유에서 기인한다. 일에서 받는 스트레스로 병원을 방문한 수많은 환자와의 면담, 스트레스 관리 강연에서의 질의응답과 일과 관련된 인류학, 진화심리학, 사회학 분야에서의 연구 결과를 통해서 나는 지난 수년간 '왜 일하는가?'에 관해 꾸준히 관찰하고 사색했으며 연구해왔다. 그러면서 중복되는 점을 배제하고 빠뜨린 점은 없나 고민한 끝에 일을 하는 가장 중요한 이유를 돈, 인정 욕구와 과시, 불안과 소속감, 성취감, 재미, 성장, 승부욕, 도전, 명령, 이타심 등의 열 가지 항목으로 정리할 수 있었다.

일하는 이유는 모두 소중하다. 그리고 이유의 중요한 정도는 어떤 인생을 살고 있는가, 어떤 인생을 살고 싶은가에 따라서 다르게 나타난다. 행복하게 일하기 위해서는 여러 가지 이유가 잘 조화되어야 한다. 일하는 이유 중 하나가 너무 지나쳐도 문제가 되고 너무 부족해도 문제가 된다. 돈과 명령 때문에 일을 하는 경우는 재미가 없어서 삶이 무미건조하다. 반면 현실에 발을 디디지 않고 무모한 도전을 반복하다가 절대가난에 빠져버리면 생존 자체가 위태로워진다. 지나친 승부욕은 대인관계를 그르쳐서 성공하더라도 외로운 삶을 살게 한다. 재미없다는 이유로 이 일 저 일 기웃거리다가 그만두기를 거듭하면 성취감과 성장이 없어서 인생이 허무하다.

그래서 '내가 왜 일하는가?'를 고민해봐야 한다. 내가 일하는 이유가 단지 돈 때문이고 잘리기 싫어서라고 하면 일에 다른 의미를 부여해야만 한다. 내가 일을 싫어하는 이유가 단지 돈이 적고 지루해서라는 단편적인 시각을 버리고 다른 면들을 살펴봐야 한다. 현재 내 삶에서 야망도 없고 열정이 없기에 일을 싫어하는 것이 아닌지도 생각해봐야 한다. 내가 일을 하고자 하는 목적과 지금 하고 있는 일이 안 맞는 것은 아닌지도 고민해봐야 한다. 종이 한 장을 꺼내서 현재 내가 일하는 이유가 무엇인지 적어보자. 그중에서 지나친 부분이 있다면 줄이기 위한 계획을 세우자. 그다음에는 내가 부족한 부분을 늘리기 위한 계획을 세우자. 만약에 내게 꼭 필요하지만 일을 통해서 충족이 안 되는 부분이 있다면 직장 밖에서 어떻게 보충을 할 수 있을지 고민해보자.

01

돈

W**O**RK

돈이 없다면 당신은 무엇을 생각하고 무엇을 원하며 무엇을 그리워하고 무엇을 갈망하며 지낼 것 같은가? 과연 사랑, 창의력, 재미, 가치가 돈이 빠진 부분을 보충할 수 있을까? 돈이야말로 서로 다른 생각, 서로 다른 가치를 지닌 사람들 사이를 소통시키면서 이 시대를 살아가게 하는 물과 같은 역할을 하고 있는지도 모른다.

2022년 주식거래 활동계좌수가 사상 최대치로 불어난 것으로 나타났다. 2022년 7월 11일 금융투자협회에 따르면 2022년 주식거래 활동계좌수는 6246만 9000여 개로 집계됐다. 이는 역대 최대치다. 주식을 하는 경우 그 목적은 돈을 버는 것이다. 그런데 한번 주식을 해서 돈이 불어나는 것을 느끼면 그때부터는 돈을 벌었어도 다시 주식을 팔기가 쉽지 않다. 막상 돈이 필요할 때는 혹시 더 오를지 모른다는 생각에 차마 주식을 깨지 못한다. 그래서 당장은 빚을 얻어서 사용하고 주식은 살리게 된다. 그러다가 주가가 내려가고 더는 빚을 얻기 어려운 상황이 되면 그제야 어쩔 수 없이 손해를 보며 팔 수밖에 없다. 집은 살기라도 해서 사용한다지만 주식은 사용할 수도 없다. 대한민국에서 최고의 주식 부자 중 한 명인 대기업 총수도 대출을 받아서 선물투자를 하고 기초생활보장 수급자도 생계비를 모으고 빚을 얻어서 주식을 한다. 돈의 마력에 빠진 것이다. 자본주의를 비판하는 사람들은 돈이 모든 악의 근원인 것처럼 말한다. 하지만 갑자기 돈을 인식하지 못하고 중요하지 않다고 생각하게 하는 바이러스가 이 세상에

퍼진다고 가정해 보자. 어떤 결과가 생길까? 우선 사람들은 엄청난 허전함을 느끼게 될 것이다. 비슷한 예로 술을 매일 마시던 사람이 건강 때문에 술을 끊게 되면 큰 허전함을 느끼게 된다. 저녁때면 매일 술자리가 있었는데 일단 저녁 시간에 큰 공백이 생기는 것이다. 그리고 술자리 약속을 만들고 기대하면서 지내던 시간도 공백으로 다가온다. 숙취 때문에 멍해 있던 아침에도 맑은 정신으로 무언가를 해야 하는데 할 것이 없다. 그의 일상은 술을 마시고 술을 마시는 것을 준비하고 술을 마신 후유증에 대해서 대처하고 술을 마시는 것에 대해서 변명을 하는 것으로 구성되어 있다. 따라서 술이 없게 되면 텅 빈 삶을 마주하게 되는 것이다. 그것이 부담되어서 다시 술을 마시게 되는 경우도 허다하다.

돈도 마찬가지다. 재산을 증식한다는 개념이 없으니까 증권회사나 투자자문사는 몰락할 것이다. 그때그때 필요한 것을 사느라고 사람들은 돈을 모을 겨를이 없다. 돈이 많은 사람을 부러워하지도 않을 것이며 세상은 다시 물물교환으로 돌아갈 것이다. 천문학적 금액을 주는 로또 복권은 없어지고 물건으로 받는 경품이 대세가 될 것이다. 남는 돈을 모을 수도 없지만 남에게 돈을 빌릴 수도 없다. 그리고 어느 날 갑자기 돈이 사라져버렸으니 돈을 모아서 늘리는 것이 인생의 목적이던 사람들은 무언가 허전함을 느낄 것이다. 술이 없어진 알코올 의존자와 비슷하게 허전함 속에서 더욱 불안하게 살지도 모른다. 돈이 원수라고 하지만 돈이 없으면 그 허전함을 지탱하지 못할 수도 있다. 그러나 무엇이 자신의 삶에서 사라졌는지 모르기에 의사에게 가서 정신과 약을 투약받게 될지도 모른다.

과연 돈이 없다면 당신은 무엇을 생각하고 무엇을 원하며 무엇을 그리워하고 무엇을 갈망하며 지낼 것 같은가? 과연 사랑, 창의력, 재미, 가치가 돈이 빠진 부분을 보충할 수 있을까? 돈이야말로 서로 다른 생각, 서로 다른 가치를 지닌 사람들 사이를 소통시키면서 이 시대를 살아가게 하는 물과 같은 역할을 하고 있는 것은 아닐까? 돈이 없으면 고민이 많아지고 선택의 폭이 없어지기 때문에 삶이 힘들다. 하지만 어느 정도 이상이 되면 돈이 늘어나는 것에 비례해서 행복해지는 것이 아니라는 점을 모르는 이가 없다. 그리고 아무리 많은 돈도 죽음의 순간을 맞이해서는 모든 것을 내려놓고 저세상으로 가야만 한다는 것을 모르는 이도 없다. 하지만 이렇게 돈에서 벗어나지 못하는 것은 돈의 부재가 가져오는 허탈함을 견딜 수 없으므로 그것을 채우고자 하는 것에서 비롯되었는지도 모른다. 그리고 그 허탈함이 불안을 가져오는 것은 아닐까?

주식으로 돈을 굴려서 세상에서 가장 돈이 많은 사람 중 한 명이 된 워런 버핏Warren Buffett의 삶을 한 번 살펴보자. 워런 버핏의 아버지 하워드 버핏은 주식 브로커였는데 한번 말을 하면 멈추지 않는 장광설로 유명했다. 한마디로 공감 능력이 없었다. 버핏의 어머니는 불안정했다. 아이들에게 소리를 지르고 야단을 치기 일쑤였다. 버핏을 비롯한 아이들은 어머니를 무서워하고 아버지가 집에 있으면 그나마 안심을 했다고 한다. 아버지가 없고 어디로 튈지 모르는 어머니와만 집에 있을 때 버핏은 무언가를 모아 놓고 수를 세면서 시간을 보냈다. 그것이 돈을 모으는 것으로 이어졌다. 버핏에게 돈은 물건을 사기 위해서 존재하는 것이 아니라 불안하고 힘들 때 마음의 위안을 주는 존재인 것이다.

나이가 들어가면서 버핏은 무엇이 되었든 자신이 필요하다고 느끼면 손에 넣어야 마음이 놓였다. 그것을 손에 넣지 못하면 장난감을 뺏긴 아이처럼 불안했기 때문이다. 그리고 일단 손에 들어온 것을 놓게 되면 불안했기 때문에 오래 가지고 있을 수 있고 헤어질 가능성 없는, 평생 팔지 않을 주식을 사고자 했다. 버핏에게 주식이라는 것은 헤어지고 싶지 않은 대상과 같은 존재다. 가지고 있고 싶어도 너무 손해가 나면 어쩔 수 없이 팔아야 했지만 버핏은 단지 돈을 잃은 것이 아니라 무언가 중요한 대상이 없어진 것 같은 감정을 느낀다고 한다. 아무리 지속해서 이익을 낸 주식도 언젠가는 떨어지기 마련이고 그 전에 매각해야 한다. 그때는 앞서 손해를 봤을 때와는 다르게 뿌듯한 마음이 들기는 하지만 헤어지게 되는 것은 매한가지다. 따라서 버핏의 장기 가치투자는 버핏의 심리 기제에서 비롯된 버핏을 위한 버핏만의 투자였을 수도 있다.

오바마의 현인이라 불리는 워런 버핏마저도 심리적 측면에서는 돈에서 자유롭지 못하다. 어쩌면 버핏이야말로 가장 돈에 얽매인 사람일지도 모른다. 대부분 사람은 돈을 벌면 낭비를 한다. 하지만 버핏은 구두쇠로 유명하다. 어쩌면 버핏의 인생에서 필요한 것은 소비 그 자체를 위한 낭비일 것이다. 돈이 없어지고 있다는 불안감 없이 갖고 싶은 것을 위해서 쓸 때 버핏은 더욱 더 자유로워질 수 있지 않을까? 하지만 그의 마음속에서는 자신이 진정 누리고 싶은 새로운 즐거움이 무엇인지를 찾아내지 못할 수도 있으며 때때로 인생을 헛살았다는 느낌에 사로잡혀 혼자서 위스키를 홀짝거리며 밤을 지새울지도 모르는 일이다.

모교인 중앙대학교 의대에서 후배들을 상대로 매년 '의사와 사회'라는 주제의 강의를 한다. 의대를 졸업하고 사회에 나가서 어떻게 살아가야 하나에 관해서 선배 의사들이 자신의 경험을 이야기해주는 강의였는데 강사로 초청을 받았다. 강의에서 특정한 과의 레지던트가 되겠다는 생각으로 너무 스트레스받지 말라고 후배들에게 충고했다. 지금 인기과는 나중에 비인기과가 되고 지금의 비인기과가 나중에는 인기과가 되기 때문이다. 더군다나 의사는 다른 의사를 고용해서 병원을 할 수 있기 때문에 특정과에 환자가 몰리면 해당과 전문의를 고용해서 환자를 보게 하면 된다. 환자들에게 고통이 어떤 의미가 있고 그 고통에 얼마나 공감하는지가 나중에 의사로서 성공하느냐 실패하느냐에 더 영향을 준다고 했다. 그리고 인생의 행복과 불행을 결정하는 데 있어서 돈 많이 버는 과를 하느냐 안 하느냐는 그다지 중요하지 않다는 말을 덧붙였다. 의사만 되면 어느 정도 기본적인 생활은 가능하다. 그다음부터 행복과 불행을 좌우하는 것은 돈을 얼마나 더 버느냐가 아니다. 어떤 사람과 결혼을 하느냐, 몇 살에 암에 걸리느냐, 암이 발견되었을 때 완치가 가능한 상태냐, 아이들이 얼마나 건강한가, 아이들이 크면서 속 썩이지 않는가 등의 현재 학생들로서는 생각하기도 어려운 변수들이 행불행을 좌우할 것이다. 공부도 중요하지만 젊었을 때 삶을 즐기고 사람들을 많이 만나는 것이 좋다. 우리 인생을 행복하게 사는 것이 가장 중요한 것은 아닐까?

우리에게 돈이란

돈이 인간에게 지니는 의미는 단계별로 다르다. 1단계는 생존을 위한 도구로서의 의미다. 아프리카에 하루에 천

원씩 기부를 하면 몇 명을 살릴 수 있다고 할 때와 같은 먹고살기 위한 돈을 의미한다. 그런데 이런 돈은 사회에 따라서 다른 의미를 지닌다. 아프리카에서 텔레비전은 엄청난 사치이지만 대한민국에서 텔레비전 하나 없이 산다는 것은 상상할 수 없다. 그리고 본인의 사회경제적 위치에 따라서 생존을 위한 돈의 의미도 달라진다. 평범한 월급쟁이에게 골프를 치는 것은 사치이지만 억대 연봉자에게 골프를 치는 것은 생활의 일부분이 된다. 가난한 이들이 보기에는 쓸데없는 것들이 부자에게는 필수품이 되는 경우가 있다. 1970년대 우리나라 사람들은 미국에서 차가 필수품이라는 것을 이해하지 못했지만 2000년대인 지금 차는 우리에게 있어서도 필수품이다.

2단계에서는 욕망을 충족하기 위해서 돈이 필요하다. 무언가를 사고 싶고 무언가 가지고 싶어서 돈이 필요하다. 욕망 때문에 우리는 과소비를 하게 된다. 물건을 산다는 것은 나를 변모시키는 방법이다. 인터넷 게임에서 캐릭터를 꾸미는 데 유난히 많은 시간을 투자하는 유저들이 있다. 캐릭터를 통해서 또 다른 자신을 바라는 것이다. 한때 유행했던 인터넷 아바타도 마찬가지다. 소비는 어떤 점에서 나를 치장하는 것이다. 명품을 구입하면 자신감이 생긴다는 것은 나름대로 의미가 있다. 그래서 실제 가치와 가격 가치 사이에 엄청난 괴리를 지니는 사치품이 계속 이 땅에 존재한다.

욕망을 충족하기 위한 소비 중 독특한 것이 수집이다. 세계적인 수술의 대가로 유명한 한 미국 정형외과 의사는 콜라병을 모으는 것이 취미였다. 서울아산병원에서 인턴을 할 때 과장님이 미국 정형외과 의사에게 주기 위해서 우리나라 나이트클럽에서만 나오는 자그마한 콜라병을 구해오라는 지시를 내린 적이 있었다. 그래서 온종일 콜라

21
돈

병을 찾아 헤맨 적이 있다.

물론 자신의 경제적 상태에 어울리고 가족들과의 생활을 방해하지 않는다면 수집도 좋은 취미다. 하지만 어떤 이들은 평범한 회사원이지만 한 달에 수십만 원씩 책이나 음반을 사서 모은다. 본인은 책을 읽는 것이 뭐가 나쁘냐, 음악을 듣는 것이 뭐가 나쁘냐고 하지만 같이 생활하는 가족으로서는 그렇지 않다. 경제적 부담도 부담이지만 공간도 문제다. 집안 곳곳을 자신이 수집한 물건을 간직하기 위해서 사용한다. 자신은 욕망을 충족하는 것이라지만 식구들은 괴롭다.

3단계에서는 돈 자체가 목적이 되고 돈이 나를 지배한다. 돈이 늘어나는 것은 영원한 삶에 근접하는 길이며 돈이 줄어드는 것은 소멸에 가까워지는 길이다. 돈을 위한, 돈에 의한, 돈의 세상에 발을 들여놓으면 돈이 사람을 위해서 있는 것이 아니라 사람이 돈을 위해서 있게 된다. 내가 아는 어떤 이는 2000년대 초 IT 버블이 최고조에 올랐을 때 지분을 가지고 있는 회사의 주가가 상승해서 한때 자산평가액이 100억 원이 넘었다. 그런데 IT 버블이 꺼지면서 주가가 폭락했다. 한때 100억 원이 넘었던 재산이 10억 원으로 줄었다. 다행히 남은 10억 원을 잘 지켰고 지금은 자그맣기는 하지만 탄탄한 회사를 운영하고 있다. 먹고사는데 아무 불편함이 없다. 하지만 그는 자산가치만 100억 원이었을 때를 지금도 그리워한다. 지갑에 1억 원짜리 수표를 10장 넘게 가지고 다니면서 마음대로 쓰던 시절을 그리워한다. 그러면서 언젠가 1천억 원이 넘는 자산을 소유하고야 말겠다고 하면서 M&A 전문가들을 만나고, 고위층 인사와 인맥을 만드느라 매달 엄청난 돈을 접대비로 사용하고 있다. 돈의 절대적인 힘에 압도되어서 지금도 돈을 위한 돈에 의한 돈의 삶을 살고 있다.

리하르트 바그너가 작곡한 악극 〈니벨룽의 반지〉에서 절대반지는 영원한 젊음을 주는 권력을 상징한다. 영화로 유명한 《반지의 제왕》 (1954)에도 절대반지가 등장한다. 주인공들은 자신이 반지를 소유한다고 생각을 했지만 사실은 반지에 의해서 지배를 당했다. 자본주의 사회에서는 일정 부분 우리 모두 돈에 지배되어서 살아가게 된다. 3단계는 어찌 생각하면 잃지 않기 위해서 계속 앞으로 나아가야 하는 단계다.

물론 세 단계가 있다고 해서 단계별로 확실한 구분이 존재하는 건 아니다. 우리에게 돈이란 위의 세 가지가 섞여 있으며 때로는 그 구분을 초월하는 사람도 있다. 그래서 가장 가난한 이가 명예를 위해서 돈을 포기하기도 하는 것이다. 흔히 영세민이라고 불리는 수급권자 중에서도 어떻게 해서든 일을 하고 싶어 하는 사람들이 많다. 직장에 취직해서 소득이 생기면 의료급여가 즉시 없어진다. 환자 중에 수급권자인 분이 있다. 조그만 노점을 하며 생기는 얼마 안 되는 소득을 신고했고 의료급여 자격이 없어졌다. 그런데 일을 한 지 얼마 안 돼서 만성 디스크가 도졌다. 집에서 꼼짝없이 누워만 있게 되었다. 사회복지사의 노력으로 어렵게 다시 수급권자가 되었지만 그는 빨리 일을 해서 수급권자에서 벗어나겠다며 사회복지사들에게 연신 미안하다고 했다. 수급권자와 무능력함을 동일시한 것이다. 자신이 무능력한 존재라는 것을 극복하고자 어떻게 해서든 자기 손으로 돈을 벌어보려고 했다. 하지만 얼마 안 되는 돈을 벌고 수급권자를 박탈당하면 그의 손해가 더 크다. 절뚝거리며 다시 걷게 된 그는 수급비로 나온 돈 일부로 음료수를 사서 자신을 위해 애써준 사회복지사에게 선물했다. 일을 할 수 있다는 것을 꿈꾸고 자신은 무능력하지 않다고 생각하며 마음속에서 보상을 받는 것이다. 금전적 손해를 감수하더라도 이러한 마음의 보상이 그에게는 더 중요했다.

우리는 돈 없이 살 수 없다. 물물교환의 척도로 등장한 돈은 인류가 만든 가장 획기적인 발명품이다. 돈이 줄어들면 우리는 위축되고 만다. 또한 갑자기 돈이 많이 생겨도 불안하고 스트레스를 받게 되며 돈으로 살 수 없는 무언가를 잃게 된다.

하지만 아무리 돈을 많이 벌어도 나보다 더 많이 버는 이가 존재한다. 나보다 많은 것을 소유한 사람들을 보면 그 사람들이 부럽고 나도 그렇게 많은 것을 가지고 싶어진다. 그래서 돈이라도 좀 대주지 않을까 혹은 부자가 되는 비결을 알 수 있을까 하고 그 사람에게 접근하기도 한다. 하지만 돈이 많다는 이유 하나만으로 그 사람과 진정한 우정을 가지고자 하는 마음은 들지 않을 것이며, 그 사람을 존경하게 되지도 않는다. 오히려 가진 것은 돈밖에 없는 놈이라면서 마음속에서는 멸시하게 되는 경우가 더 많다. 내가 천문학적인 재산을 소유하게 되더라도 마찬가지다. 사람들은 내가 재산이 많다는 이유로 나를 존경하지 않는다. 앞에서 존경하는 척할 뿐이다. 내가 대한민국 최고 부자가 되더라도 돈이 많다는 이유 하나로 나를 존경해줄 리가 없다. 돈만으로는 살 수 없는 품위, 인격, 취미 같은 자신만의 가치가 없으면 진정으로 존중받고 존경받을 수 없다.

돈과의 분리불안을 극복하자

조선 시대는 신분에 따라서 지을 수 있는 집의 칸 수가 정해져 있었다. 그 사람의 벼슬과 신분에 따라서 입을 수 있는 관복의 등급도 정해져 있었다. 오늘날의 신분은 얼마나 돈을 가지고 있느냐에 따라서 정해지는 경우가 많다. 자산이 얼마나 있는지로 서열을 매기는 사회 분위기는 부동산 회사나 투자 은행이 선호하는 분위기다. 돈이 있는 사람들은 와인을 마시고 골프를 치며 명품을 사고 외제차를 몰면서 강남에 산다는 일종의 이미지가 만들어지고 있다. 돈이 있는 이들은 획일적으로 그런 기호에 부합하고자 하며 부의 서열도 그렇게 형상화되고 있다. 그러나 그런 물질의 형상에 사로잡히면 우리는 인생에서 가장 중요한 시간을 낭비하게 된다.

앞으로 어디까지 평균수명이 증가할지는 모르겠지만, 아무리 평균수명이 증가해도 당분간은 100세 전후가 되면 마음대로 활동하는 데 제약이 있을 것이다. 그런 점에서 이미 평생 쓰지도 못할 부를 획득한 이들이 부를 더 늘리기 위해서, 부가 줄어들지도 모를 미래를 대비해서 현재의 소중한 시간을 돈 걱정에 쓰는 것은 모순이 아닐까?

과거에 보장자산이라는 말이 유행했었다. 은퇴하고 사망할 때까지 적절한 소비를 위해 필요한 돈이 얼마나 되느냐는 것을 계산하면서 고액납부 종신보험 가입을 권유했었다. 하지만 선진국의 예를 봤을 때 우리나라의 사회복지는 지금부터 점점 더 좋아지면 좋아졌지 악화되기는 힘들 것으로 생각된다. 소위 보장자산을 확보하기 위해서 고액의 보험금을 내고 위험 자산에 투자할 수 있는 잉여소득이 있는 중산층은 성실히 생활하고 저축만 해도 노후에 어느 정도 삶은 살아갈 수 있을 것이다. 하지만 돈은 항상 우리를 초조하게 만든다. 없으면 없는 대로, 있으면 있는 대로.

돈을 많이 버는 이들 중에는 미래의 수입이 줄어들지 모른다는 불안 감 때문에 현재의 삶을 즐기는 능력을 잃어버린 이들이 적지 않다. 내가 좋아하는 SF 작가 중 어슐러 르 귄Ursula Le Guin이 있다. 《어둠의 왼손》(1969), 《빼앗긴 자들》(1974)과 같은 본격 SF 소설로도 유명하지만 《어스시의 마법사》(1968)라는 시리즈의 판타지 소설로도 유명하다. 《어스시의 마법사》 시리즈의 세 번째 책인 《머나먼 바닷가》(1972)는 현대 산업 사회의 인간 소외 현상을 날카롭게 지적하고 있다. 어느 날부터 마법이 통하지 않게 되고 사람들은 노래를 부르지 않는다. 일부 사람들은 즐거움을 멀리한 채 잠도 자지 않고 일을 한다. 반면 일부 사람들은 마약에 빠져 삶을 잊고자 한다. 죽어라 일만 하는 이들에게 위대한 마법사는 왜 그러는지 묻는다. 그러자 어떤 이가 와서 자신을 섬기고 일을 하면 영원한 삶을 약속했다고 한다. 영원한 삶을 얻기 위해서 현재를 희생하는 것이다. 미래를 위해서 현재를 담보 잡힌 삶이 되고 만 것이다.

자본주의 사회는 사람들이 일해야 굴러간다. 만약에 사람들이 '나는 이 정도로 만족해'라며 더는 일하지 않는다면 자본주의 사회는 성장을 할 수 없다. 그래서 자본주의 사회는 노후보장을 위한 투자를 조장한다. 은퇴를 하고 나면 어느 정도 자산이 있어야 생활을 할 수 있는지 따지면서 노후보장을 위해서 투자를 하고 저축을 하도록 한다. 그러기 위해서는 현재 필요한 것보다 더 벌어야만 한다. 미래를 위해 현재를 희생하는 것이다. 그런데 나이가 들어서 움직이는 것이 불편해지면 예상한 것보다 지출이 줄어든다. 그러나 여전히 병원비나 요양비가 문제다. 나이 들어서는 남이 나를 돌보게 하기 위해서 돈이 필요하다. 이런 미래에 대한 불안 때문에 우리는 오늘을 편하게 쉬지 못한다. 편하게 쉬는 시간에도 걱정이 머리를 떠나지 않는다.

스테판 M. 폴란Stephen M. Pollan과 마크 레빈Mark Levin이 쓴《다 쓰고 죽어라》(1998)는 재산을 남기지 말고 생전에 다 쓰고 죽으라고 주장하는 책이다.《다 쓰고 죽어라》처럼 극단적이지는 않더라도 필요한 만큼 돈을 벌고 여분의 시간에 행복을 추구하기 위해서 노력하는 사람들이 서서히 늘어나고 있다. 하지만 자본주의는 돈이 없어도 나름대로 행복하다고 느끼는 이들을 그냥 놔두지 않는다. 돈이 많으면 많을수록 좋다고 모든 사람이 믿게 하려고 한다. 미디어는 돈에 대한 우리의 생각을 왜곡시킨다. TV 드라마 속 주인공들 대부분은 부유하거나 부자와 사랑에 빠진다. 가수, 배우, 예능인을 막론하고 TV에 등장하는 이는 대개 부유하다. 나름대로 나는 행복하다고 생각하는 이들의 만족감은 TV의 맹폭 앞에 무너진다. 그는 우리와 전혀 상관없는 사람이지만 그 사람과 나를 비교하고는 초라함을 느끼게 된다. 그래서 우리는 100만 원을 100억 원으로 만들었다는 이의 재테크 책을 사서 주말에 읽어보게 된다. 그 책을 읽는 동안에 아이가 옆에서 쫑알대면 "잠깐만 조용히 해. 아빠가 이 책을 다 읽고 놀아줄게"라며 미래의 재테크를 위해서 현재의 자그마한 행복을 포기한다.

얼마나 돈을 많이 받느냐는 직장에서 그 사람의 능력과 위상을 반영한다. 그리고 상대방이 얼마나 나를 사랑하는지를 비싼 선물로, 내 아이가 얼마나 가치 있는지를 성적으로 판단할 때가 있다. 내가 얼마나 행복한 지를 내가 모은 재산으로 판단할 때도 있다. 모든 걸 돈을 기준으로 헤아린다.

어쩌면 우리는 모두 돈과의 분리불안이 있는지도 모른다. 분리불안 이란 아이가 엄마와 떨어지지 않으려는 현상을 가리키는 말이다. 분리 불안은 7~9개월에 시작을 해서 15~18개월이면 대개 사라진다. 아이의 인지능력이 아직 완전히 발달하지 못해서 엄마가 눈에 안 보이면 영원히 없어지는 것으로 인식하는 것이다. 그래서 엄마가 아이를 집에 두고 어 딘가 나가려고 하면 아이는 자지러지듯이 울면서 엄마가 나가지못하게 막는다. 엄마가 없어지면 내게 밥을 줄 사람도 없고 안아줄 사람도 없고 나를 지켜줄 이도 없기 때문이다. 이런 격심한 분리불안 증상은 2, 3세 가 되면서 사라지지만 그 흔적은 우리의 마음에 남았다가상황에 따라 서 다시 나타난다. 어렸을 때는 우리를 든든하게 지켜주던것이 어머니 였기에 어머니와 떨어진다고 생각을 하면 분리불안이 발생했다. 나이 가 들어 가족과 친구도 믿을 수 없고 오로지 돈만이 나를든든하게 지켜 준다고 믿게 되면 돈이 없어진다는 생각으로 분리불안이 다시 나타날 수도 있다정도의 차이는 있으나 우리는 돈이 우리를지켜줄 든든한 대 상이라는 생각을 하면서 산다. 그렇기에 엄청나게 많은 보험 상품이 노 후보장을 미끼로 판매되고 있기도 하다. 돈과의 분리불안을 인식한다 면 더욱 객관적으로 돈을 대할 수 있을 것이다.

매년 암 검진을 받고 고혈압, 당뇨병만 잘 조절하면 빌 게이츠나 평범 한 사람이나 평균 수명은 비슷하다. 재벌 회장이나 평범한 회사원이 나 하루 세끼를 먹는 것도 같다. 어떤 TV를 가지느냐는 다르지만 보 는 프로그램은 같다. 절대빈곤 상태에서는 아무리 하기 싫은 일이 라 해도 억지로 하면서 힘든 삶을 살게 되는 것이 현실이다. 하지만 어느 정도 안정된 생활을 한다면 누가 얼마나 풍요로운 삶을 사는 가는 돈과그다지 관계가 없는 것 같다. 행복을 지키기 위해서는 어느 필요하지만 돈으로 행복을 살 수는 없다.

에드 디너Ed Diener, 제프 호위츠Jeff Horwitz, 로버트 에몬스Robert Emmons는 1985년에 행복에 대한 흥미로운 실험을 발표했다. 미국 경제잡지 《포브스Forbes》에서 선정한 미국 최고 부자 100명과 일반인 100명의 행복 정도를 비교했다. 그 결과 미국 최고의 부자들과 일반인들의 행복 지수는 큰 차이가 없었다. 부자들이 아주 약간 더 행복하다고 답했을 뿐이다. 그런데 그들이 행복하다고 답을 한 이유는 돈 때문이 아니었다. 자기가 하고 싶은 것을 실현하면서 살기 때문에 행복하다는 것이다. 그리고 일반인들 역시 돈이 행복의 주된 요인이라고 답하지는 않았다. 그저 안정된 생활을 할 정도의 돈이면 행복하기에는 부족함이 없는 것이다. 우리는 돈으로 살 수 없는 것이 여전히 세상에 많이 존재한다고 믿어야 하지 않을까? 돈이 행복을 가져다주는 것이 아니라 삶에 대한 진지한 태도와 열정이 행복을 가져다준다고 말이다.

딸이 어렸을 때 자주 읽어주었던 콜린 톰슨Colin Thompson의 《마지막 연금술사The Last Alchemist》(1999)라는 동화 속에 나왔던 구절이다.

> 황금도 반짝이지만 태양만큼 반짝이지는 못하고, 금팔찌나 금목걸이도 아름답지만 해바라기만큼 아름답지는 못하다. 더군다나 황금은 달걀 노른자위보다 반짝일지는 모르지만 먹을 수 없다.

부자 되기 힘든 세상에서
행복하기 위하여

과거보다 지금은 돈 모으기가 쉽지 않다. 나이 든 어르신들은 젊은이들의 씀씀이가 헤퍼져서라고 하지만 그것은 아닌 것 같다. 또한 카드빚이 많거나 대부 업체에서 돈을 빌려 쓰는 이들이라고 하면 흔히 과소비하는 과시욕이 있는 젊은 남녀를 생각한다. 그러나 실상은 그렇지 않다. 어쩔 수 없는 꼭 필요한 소비 때문에 빚을 지게 되는 경우가 대부분이다. 사실 카드 회사나 대부 업체에서 대출을 받는 이들의 상당수는 맞벌이를 하는 열심히 일하는 시민이다. 질병, 사고, 정리해고 등으로 인해서 생활비가 모자라게 되었을 때 잠깐만이라고 생각하고 빌린 돈이 꼬리에 꼬리를 물고 새끼를 치는 것이다. 이렇게 돈을 모으기는커녕 빚이라도 늘지 않고 살면 다행인 세상이 되어버린 데는 몇 가지 이유가 있다.

우선 옛날에는 돈을 빌리고 싶어도 빌릴 곳이 없었다. 은행은 대기업에만 돈을 빌려주었고 개인은 누군가에게 돈을 꿔야 했다. 10부 이자로 돈을 빌리는 경우도 허다했다. 돈이 궁한 사람은 계를 들어서 미리 곗돈을 타서 쓰고 이자가 포함된 곗돈을 매달 부어야 했다. 계를 나중에 타는 사람은 앞에서 곗돈을 탄 사람이 부담하는 이자 때문에 돈이 붙었다. 어르신들이 한참 일하던 시절에는 사람이 죽어가도 돈을 빌릴 데가 없어서 병원에 가지 못했다. 지금은 누군가 큰 병이 걸렸고 돈이 없으면 카드로 할부 결제를 하거나 제2금융권에서 돈을 빌린다. 자신은 빚을 진다는 것을 생각해 본 적도 없다면서 "요즘 젊은 것들은"이라는 말을 입에 달고 사는 어르신들도 만약에 1970년대,

1980년대에 지금처럼 돈 빌리기가 쉬웠다면 당연히 돈을 빌려 썼을 것이다. 그 당시에는 빚을 안 진 것이 아니라 빚을 못 진 것이다.

당시에는 돈을 쓰고 싶어도 쓸 데가 없었다. 그 시절에는 텔레비전이 있는 집도 드물었고 바나나 같은 과일도 먹기가 힘들었다. 차를 가진 사람들은 거의 없었다. 돈을 벌기도 힘들었지만 쓸 데도 없었던 것이다. 부자도 양복, 구두, 금붙이 등 돈을 쓸 곳이 뻔했다. 그런 상황이기에 고도성장기에는 소득의 상승률이 소비의 상승률을 웃돌면서 종잣돈을 모을 수 있었다. 경제가 발전하면서 일자리는 많아지고 월급은 올라가는데 돈을 쓸 곳은 없었다. 그러니 돈이 모일 수밖에 없었다. 그러나 지금은 어떠한가? 소득양극화로 대다수 국민의 소득은 뒷걸음질치고 있다. 텔레비전도 안 사고, 자동차도 안 사고, 컴퓨터도 안 사고, 휴대전화도 안 사는 등 돈을 하나도 쓰지 않는다면 이론적으로 충분한 저축을 할 수 있을 것이다. 하지만 차가 있어야 이마트에 가서 한 아름 장을 보고 집에 올 수 있다. 컴퓨터가 있어야 옥션에서 싼값에 물건을 구입할 수 있다. 휴대전화가 있어야 취직자리가 생겼다는 연락을 받고 일을 하러 갈 수가 있다. 그렇다면 텔레비전은 없어도 될까? 사람들이 유행어를 말하며 웃을 때, 한창 인기 있는 드라마 이야기를 하며 감정이입을 할 때, 홈쇼핑에 나온 상품들을 평할 때 나 혼자만 도통 무슨 얘긴지 이해할 수 없다면 어떻게 사람들과 함께 살아갈 것인가?

세금 부담도 늘어났다. 과거에는 지금보다 세율도 낮았고 자영업자들의 소득 누락도 심했다. 지금이야 국세청에서 전산으로 관리하지만 과거에 국세청에서 그 수많은 자영업자의 세무조사를 할 수도 없었다. 금융실명제가 시행되고 전자세금계산서를 비롯한 철저한 전산화가 이루어진 지금 대한민국에서 탈세는 거의 불가능하다. 그런데 1970~1990년대까지만 해도 지금과는 사뭇 달랐다. 만약에 그때 지금처럼 세원이 노출되어서 모두 세금을 냈다면 지금 부자인 어르신 중 상당수는 부자의 문턱에서 세무조사 때문에 좌절했을 것이다. 당시에 대한민국에서 부자가 되는 가장 손쉬운 방법은 아파트를 비롯한 부동산을 사고팔아서 재산을 증식하는 것이었다. 그리고 대부분 사람은 다운계약서를 써서 세금을 줄이고는 했다. 지금은 상상도 할 수 없는 일이다. 세금 부담이 늘어나면서 이제 일반인들이 부자가 되기는 점점 힘들어지고 있다.

아울러 과거에는 없던 건강보험과 국민연금 같은 준조세를 내야 한다. 아픈 사람에게 건강보험 같이 고마운 것이 없다. 그러나 매달 건강보험료를 내면서 병원 문턱에도 가보지 않는 건강한 사람은 건강보험료에 해당하는 돈을 매달 뜯기는 것이 된다. 더군다나 건강보험료는 소득이 높을수록 더 많이 내게 되어 있다. 과거에는 건강하고 성실하면 부자가 될 수 있었지만 지금은 건강한 사람도 강제적으로 매달 보험료를 내야 한다. 저축할 수 있는 액수가 건강보험만큼 줄어든다. 국민연금 역시 마찬가지다. 대부분 사람은 본인이 아무리 열심히 공부해서 재테크를 해도 국민연금만큼 수익률을 올릴 수 없다. 하지만 어떤 사람이 국민연금 두 배의 이익을 얻을 수 있는 재능이 있다면 그는 국민연금을 내는 액수만큼 굴릴 수 있는 돈과 부자가 될 수 있는 기회가 줄어든다. 지금 한창 일하는 사람들은 노인들의 건강보험료와 국민연금을 감당해야 한다. 그런데 우리나라 부동산의 대부분은 노인들이 소유하고 있다. 중장년, 청년들은 노인들에게 전세와 월세의 형태로 수입을 더해주면서 노인들의 몫까지 건강보험료와 국민연금을 내야 한다. 물론 젊어서 열심히 일한 어르신들을 위해서 그들 몫의 건강보험과 국민연금을 내는 것은 당연하다. 하지만 매달 빠져나가는 국민연금과 건강보험료를 복리로 저축을 한다면 그 돈은 얼마나 될까?

전반적으로 사회 규제가 강화되면서 들어가는 비용도 옛날과는 비교할 수 없이 커졌다. 특히 개인사업자의 경우 감당해야 하는 비용이 크다. 소방규제가 강화되면서 스프링클러, 방염벽지, 방염페인트 등에 억대에 해당하는 비용을 투자해야 한다. 정화조를 설치하고 유지하는 비용도 만만치 않다. 노동법이 강화되면서 연차, 퇴직금 등 지불해야 하는 비용도 증가했고 주 5일 근무제 때문에 부담은 더욱 커졌다. 제조물책임법이나 소비자보호법의 강화로 소비자의 권익이 보장되는 만큼 사업자의 비용은 늘어났다. 지금은 건물 앞을 걸어가다가 미끄러져 넘어져도 건물주에게 소송을 거는 세상이다. 그러다 보니 이런 보험 저런 보험 다 들어놔야 하고 그것 또한 비용이 된다. 사회 전체로 보면 이러한 비용은 공공의 복지를 증진시킨다. 누구나 피해자가 될 수 있다는 점을 고려하면 바람직한 변화다. 하지만 부자가 될 기회는 점점 줄어든다.

이렇듯 지금 세상에서는 부자 되기가 점점 어려워지고 있다. 한때 10억 만들기가 유행이었지만 평생 알뜰살뜰 모아도 자산에서 빚을 제하면 현금 1억 만들기도 어려운 세상이다. 반면에 부자 되기를 포기하면 앞서 언급한 부자 되기 힘든 구조가 오히려 나를 보호해준다. 그렇기 때문에 부자가 되는 것이 더 이상 삶의 목표여서는 안 된다.

원래 1950년대나 1960년대까지만 해도 우리 사회에서 돈은 그다지 중요한 가치가 아니었다. 명예, 신념, 의리 같은 가치가 존중받았다. 1970년대 경제가 발전하던 시기에도 돈이 전부는 아니었다. 오히려 돈만 많이 버는 사람들을 무시하는 풍조도 있었다. 하지만 1990년대 들어서 자산가치의 상승이 일어나고 모두가 부자가 되어보자는 생각을 하게 되었다. 2000년대에는 '부자 되세요'라는 인사까지 등장했다. 부자 되는 것을 삶의 목표로 삼는 이들이 늘어나고 부자를 동경하게 된 것이다. 그러나 이제 부자 되기 어려운 세상이다. 부자가 되는 것이 아닌 다른 인생의 가치를 세워야 한다. 앞서 세금, 국민연금, 건강보험, 규제 때문에 부자 되기 힘들다고 했는데 부자만 아니라면 부자가 내는 비용 덕분에 나는 그만큼 득을 보는 세상이다. 물론 노후를 위해서 일정 부분 저축도 해야 하고 연금도 있어야 한다. 하지만 부자가 되는 것은 포기하자. 그래야 부자들이 내는 세금, 건강보험, 국민연금, 규제비용의 덕을 볼 것이 아닌가? 대신 부와 상관없는 가치를 삶의 궁극적인 목적으로 삼자. 서로 아끼고 사랑하는 가족, 서로 존중하고 존중받는 동료, 변화해가는 인생, 잔잔한 즐거움 같은 것들이 삶의 목적이 된다면 삶이 한결 편해지고 행복해질 것이다.

3억 만들기보다 중요한
3억 잃지 않기

한때 3억 만들기가 크게 유행을 한 적이 있었다. 노후를 대비한 보장자산이라는 말로 현혹했다. 하지만 3억 원을 만드는 것에 못지않게 중요한 것은 3억 원을 잃지 않는 것이다. 흔히 재테크라고 하면 돈을 불리는 것이라고 생각하지만 그동안 번 돈을 한번에 날리는 경우도 적지 않다. 이런 위험을 피하는 것도 중요한 재테크 기술이다. 그리고 인생에서는 경제적 삶과 비경제적 삶이 그다지 뚜렷하게 분리되지 않는다. 질병, 이혼 같은 비경제적 문제는 커다란 경제적 문제를 동반한다. 예상치 않게 닥쳐온 불행 때문에 미래를 위해서 계획한 장기투자가 엉망이 되어버리는 경우도 심심치 않다. 기껏 낮은 금리의 장기대출을 갚아 놓았더니 막상 돈이 필요할 때는 고금리의 단기대출밖에 얻지 못하는 상황이 벌어지기도 한다.

그런 점에서 건강이 최고의 재테크다. 건강해야 일을 할 수 있다. 암에라도 걸렸는데 뒤늦게 발견이 되면 치료 비용이 엄청나다. 아무리 운동을 많이 해도 암을 피해 갈 수는 없다. 운동해서 근육이 짱짱한 사람들이 갑자기 암에 걸려 병색이 완연한 초췌한 모습이 되는 것을 보면 너무 슬프다. 따라서 매해 정기적으로 암 검진을 받자. 흔히들 식사를 조절하고 운동을 많이 하면 성인병을 예방할 수 있다고 한다. 그 예방의 의미는 확률을 줄이고 발병 시기를 늦출 수 있다는 의미지 병에 걸리지 않는다는 의미가 아니다. 그리고 성인병이 무서운 것은 성인병 그 자체가 아니라 후유증 때문이다. 따라서 일단 고혈압, 당뇨, 고지혈증이 발생했을 때 규칙적으로 약을 먹자. 그것만으로도 건강을 지킬 수 있다. 그리고 담배를 끊고 간 질환이 있다면 술을 끊자. 아울러 안전운전을 해서 교통사고를 미리 방지하자. 건강을 지키는 것이 재테크의 시작이다.

내가 아는 한 3억 원을 아끼는 가장 좋은 방법이 조기 암 발견이다. 이제는 암의 발병 연령이 점점 더 낮아지고 있다. 지금의 20, 30대가 최소한 70살까지 산다고 가정할 때 죽기 전 암에 걸릴 확률은 거의 30~40%에 육박할 것이다. 암은 운이 나빠서 걸리는 것이 아니다. 우리가 로또에 당첨될 확률보다는 암에 걸릴 확률이 훨씬 높다. 로또 복권을 사는 분은 로또 복권을 사는 대신 밑에 열거하는 대로 조기 암 검진을 위해서 노력하는 것이 더 나을 것이다. 만약에 암이 조기에 발견된다면 그것이 로또에 당첨된 것보다 더 낫다고 할 수 있지 않을까?

한참 일할 나이에 암이 뒤늦게 발견된다면 항암 치료, 방사선 치료를 할 동안 휴직을 해야 한다. 당연히 몇천만 원의 돈을 손해 본다. 암이 뒤늦게 발견되어서 보험에 해당이 안 되는 치료를 받게 된다면 또다시 몇천만 원의 손해를 본다. 배우자나 자녀도 당신을 간병하기 위해서 손해를 보게 된다. 그런데 한국인이 흔히 걸리는 암의 종류는 몇 가지 안 된다. 다음 사항만 지켜도 당신은 말기 암의 공포에서 80~90%는 해방된다. 암을 조기 발견하거나 예방하기 위해서는 철저할수록 더욱 좋다. 전문가들이 제시하는 가이드라인을 제시해본다.

첫째, 담배를 끊자. 담배는 폐암을 유발할 뿐 아니라 사랑하는 배우자의 생명도 단축한다. 당신이 담배를 피우는 것을 보고 자녀가 담배를 피운다면 당신은 당신 자식을 간접 살인하는 것이다. 매년 일반 가슴 엑스레이를 촬영하는 것으로는 폐암을 조기 발견할 수 없다. 방사선량이 적은 CT를 저선량 CT라고 하는데 그중에서도 나선형 CT는 1센티미터 미만의 작은 폐암을 발견할 수 있다. 담배를 자주 피우거나 직업적으로 발암물질에 노출되었을 가능성이 많은 경우는 주치의와 의논을 해서 정기적으로 촬영할 수 있다.

둘째, 30세가 넘으면 속이 쓰리건 말건 가급적 매년 위내시경을 하자. 최소한 2년에 한 번은 하자.

셋째, 40세가 넘으면 최소한 5년에 한 번은 대장내시경을 하자.

넷째, 만약에 당신이 만성 B형 간염 보균자라면 당장 술을 끊자. B형 간염 보균자가 술을 마시면 간암의 확률이 매우 높다. 6개월마다 복부 초음파 검사를 시행하고 혈청 알파태아단백을 측정해야 한다.

다섯째, 30세 이상 여성은 매월 유방에 혹이 있는지 스스로 검진을 하고, 35세 이상 여성은 2년에 한 번씩 전문의가 시행하는 유방임상 진찰을 받자. 40세 이상은 2년에 한 번씩 유방 촬영술을 시행하고 전문의가 시행하는 유방임상진찰을 받아야 한다.

여섯째, 20세 이상 여성이면서 성경험이 있는 경우 1년에 한 번씩 자궁경부 세포진 검사를 받자.

일곱째, 50세 이상의 중년 남성들은 매년 혈청 전립샘 특이항원 검진을 할 것을 권장하고 있다. 전립선암의 가족력이 있는 경우는 40세 이상부터 매년 혈청 전립샘 특이항원을 측정할 수 있다.

여덟째, 만약에 당신이 여성인데 목소리가 쉬고 목이 부어 있다면 갑상선암이 아닌지 확인을 해야 한다. 환자가 스스로 갑상선에 혹이 있는지 정기적으로 관찰해서 발견을 한다는 것은 거의 불가능하다. 따라서 여성의 경우 유방암이나 자궁경부암 검진을 받을 때 의사에게 갑상선에 혹이 있는지 목을 만져서 진찰해달라고 부탁하자.

조기에 암이 발견이 되어서 간단한 수술로 낫거나 좋은 생활 습관으로 암을 미리 방지한다면 그것은 3억 원 이상의 가치가 있다. 오늘부터 실천하라. 로또를 사는 대신 조기 암 검진을 하자.

그리고 재테크를 뒤집어볼 필요가 있다. 일단 손해를 안 보는 것이 우선이다. 투자해서 3억 원을 벌더라도 10억 원을 손해 보면 부자가 되기는커녕 알거지가 된다. 우선 손해를 안 보기 위해서는 리스크 자체를 줄여야 한다. 소위 재테크 전문가라고 불리는 이들은 우리나라는 자산에서 부동산이 차지하는 비중이 너무 높다면서 주식에 투자해야 한다고 한다. 하지만 2008년 금융 위기에서도 알 수 있듯이 주식과 부동산은 따로 놀지 않는다. 앞서거니 뒤서거니 하지만 장기적인 관점에서 조용히 지켜보면 함께 움직인다는 것을 알 수 있다. 일본에서는 거품경제가 붕괴하면서 부동산도 급락했고 일본의 닛케이 지수 역시 4만에서 1만까지 떨어졌다. 만약에 우리나라에 집을 가지고 있다면 이미 부동산이라는 위험 자산에 상당 부분을 투자한 것이다. 집을 소유한 이가 주식에 투자한다면 그것은 위험을 분산하는 것이 아니다. 전체 리스크를 높일 뿐이다. 따라서 집을 가지고 있다면 이자가 높든 낮든 저축을 해서 현금을 늘려야 한다.

아직 주택을 소유하고 있지 않은 경우도 무조건 주식과 같은 위험 자산을 통해서 돈을 모으려는 것은 위험하다. 직장을 잃거나 사고를 당하고 병이 생겨도 1, 2년 정도 버틸 수 있는 현금을 확보해야 한다. 그렇게 충분한 현금을 저축했다고 해도 여전히 위험 자산에 투자하는 것에는 신중해야 한다. 나는 아무 이상이 없더라도 가족이 경제적으로 곤란에 처하거나 사고를 당하고 병이 생기면 나도 일정 부분 책임을 지게 된다. 그렇게 생각하면 없는 셈 치고 묵혀놓을 돈이란 실제로는 존재하지 않는다. 아마도 열에 아홉은 지금과 같은 최고의 상태가 당분간 지속한다는 가정에서 '없는 셈 치고 묵혀둔다'는 말을 할 것이다. 하지만 나의 얼마 되지 않는 인생 경험을 통해서 깨달은 것은 '없는 셈 치고 묵혀둔 돈'이야말로 금세 다시 쓰게 된다. 과거에 돈 들어갈 일이 없어 돈이 수중에 남았다는 것은 앞으로 갑자기 그 돈을 쓸 확률이 올라간다는 것이다.

사람들이 묶어놓는 돈은 다음과 같이 완벽한 미래를 가정한다. 가전제품은 절대로 고장이 나지 않을 것이며 사고가 나서 차를 바꿀 일도 없고 전월세가 오르는 일은 없을 것이다. 그리고 대출이자는 올라가지 않을 테고 갑자기 세금을 두들겨 맞을 일도 없을 것이며 원금 상환이란 내 역사에 존재하지 않고 나와 가족 중에 아픈 사람도 없는 완벽한 미래가 계속될 것이다. 이렇게 완벽한 미래가 영원히 이어질 것이라고 착각할 때 사람들은 '묵혀놓을 돈'이 내 수중에 있다는 환상을 가지게 된다. 그리고 이런 환상의 가장 큰 전제는 지금의 수입이 당분간 이어질 것이라는 착각이다. 하지만 내 뜻대로 완벽히 돌아가는 세상은 존재하지 않는다. 이제 아무 일도 안 생길 것이라는 생각이 드는 순간 자질구레한 일들이 연달아 생겨서 돈이 나가기도 하고 큰일 하나에 가지고 있는 돈이란 돈은 전부 털어 넣게 되기도 한다.

만약에 수입이 갑자기 줄어들거나 끊길까 걱정된다면 사치하지 말고 검소하게 사는 것이 최대의 재테크다. 돈을 모으기 위해서도 검소하게 살아야 한다. 검소하게 살다 보면 돈이 없다는 것에 대한 두려움이 줄어든다. 좋은 차를 몰고 고급 식당에서 밥을 먹고 브랜드만 사용하던 사람들에게 수입이 줄어든다는 것은 더 이상 늘 해오던 일을 못하게 된다는 것을 의미한다. 우리는 수입이 줄어들어도 소비 수준을 유지하고 싶은 욕구가 있다. 사치를 하지 못하게 된다는 것이 창피하고 두렵다. 사치하는 이들의 재테크는 나이가 들어서도 사치를 부리고 싶다는 욕망과 궁색하게 살지도 모른다는 두려움에서 비롯된다. 돈이 없어서 어쩔 수 없이 검소하게 산다면 그것은 고통이다. 반면 어느 정도 금전적인 여유가 있는 이가 검소하게 산다면 그때는 자신이 삶을 통제한다는 확신이 증가하고 정신적 윤택이라는 생각지 못한 선물을 받을 수 있을 것이다.

다음은 행복한 가정이다. 과거에는 피치 못할 사정이 아니라면 이혼하지 않았다. 이혼을 막는 사회적 장벽, 심리적 장벽이 지나치게 높앉기 때문이다. 하지만 지금은 다르다. 이혼율은 높아졌고 한 집 건너 하나씩은 이혼한 사람이 있다. 여기에서 잘 생각해 볼 필요가 있다.이혼에는 위자료와 양육비라는 금전적인 대가가 따르기 마련이다. 타이거 우즈의 위자료 같이 엄청난 금액은 아닐지라도 일반인에게 이혼은 상당한 경제적 출혈을 야기한다. 더군다나 이혼 사유의 일정 부분이 자신에게 있다면 그동안 모은 재산의 상당 부분을 상대와 분할하고 처음부터 다시 시작해야 한다.

이혼을 피하기 위해서는 일단 결혼을 잘해야 한다. 서로를 신뢰하고 각자의 삶이 성숙했을 때 부부로서의 삶 역시 행복해진다. 상대방이 나를 만족시켜주고 나를 위해 희생하기를 바라기 전에 스스로 성숙한 개인이 되기 위해서 노력하고 변화해야 권태가 없다. 인간의 용모는 바뀌지 못한다. 아무리 슈퍼모델하고 결혼하더라도 시간이 지나면 지루해지기 마련이다. 하지만 사람의 마음은 변화한다. 나와 배우자의 마음이 정체되지 않고 성장한다면 물리적으로는 한 사람과 살지만 마음의 차원에서 보면 매일, 매달, 매해 다른 이와 사는 것이다.

그리고 불행을 피하는 지혜를 갖춰야 한다. 드라마나 영화에서는 불행을 이기는 힘으로 흔히 가족이 등장한다. 현실도 그럴까? 실제로 가족은 불행 앞에서 약해진다. 자녀가 장애를 지니고 태어나거나 사고나 질병으로 사망하는 가정과 그렇지 않은 가정을 비교하면 전자의 경우가 이혼할 확률이 높다. 물론 자녀의 장애나 사망은 어쩔 수 없는 불행이다. 그러나 서로 노력하고 지혜롭게 대처하면 어느 정도 확률을 줄일 수 있는 경제적 곤란, 불안정한 고용, 부부 당사자의 사고나 질병 같은 것에서도 이혼율은 높아진다. 서로 노력하자. 우리 능력 밖의 일은 어쩔 수 없다고 하더라도 서로를 배려하고 노력하여 불행을 피해보자.

작더라도
나만의 것 창조하기

만약에 사람들이 텔레비전에 나오는 물건을
보고 소유하고 싶다는 생각을 하는 대신 제각각 자신이 좋아하는 것
을 만들면서 만족한다고 가정해보자. 자본주의 사회로서는 재앙이다.
이러한 생각을 하는 사람들만 존재한다면 자본주의 사회는 굴러갈 수
없다. 자본은 우리에게 체제가 만들어낸 물건을 소유하는 것이 삶의
목표가 되도록 만든다. 체제가 최고의 인생이라고 규정하고 있는 좀
더 많이 소유하고, 좀 더 많은 것을 지배하는 이상적 삶에 근접하고자
대중들이 노력하게끔 욕망을 불러일으켜야 한다. 그렇기에 자본주의
사회 아래에서 우리는 물건을 소유함으로써 더욱 더 자신이 완벽해진
다는 환상을 가지게 된다. 그런 환상을 충족하고자 욕망하는 것이다.
  심지어 스스로를 하나의 상품으로 인식하게 된다. 하루의 대부분을
사색도 없고 창조도 없이 오로지 굶고 운동해서 몸짱이 되고자 노력
하는 이유, 성형수술을 통해 내가 원하는 모습으로 바꾸려고 노력하
는 이유는 스스로를 최고의 상품으로 만들고자 하는 욕망때문이다.
나는 이미 내가 아니다. 수많은 자본이 투입된 하나의 생명을 지닌 물
건일 뿐이다. 그렇게 나는 내 몸을 나의 몸이 아닌, 내가 소유한 몸으
로 여긴다. 그렇게 소유함으로써 불안을 극복하는 삶은 소유가 박탈
될 때 혹은 더 많은 것을 소유할 수 없을 때 벽에 부딪힌다. 소유에도

금단증상이 있다. 기존에 소유하고 있던 물건은 조금씩 낡아져 가는데 더는 소유하지 못할 때 소유가 차지하고 있던 공백을 무언가로 메꿔야 한다. 카드빚을 져서라도 무언가 메꾸고 싶다. 스스로 창조하여 자신의 인생을 채워나가는 것보다는 물건으로 혹은 돈으로 인생을 채워 넣는 것이 더 익숙하다.

시골에서 농사지으면서 어렵게 사는 어르신 중에 얼핏 봐서 실제 나이보다 10년은 젊어 보이는 분들이 많다. 어디에서 그런 차이가 나는 것일까 궁금했었다. 얼마 전《잡식동물의 딜레마》(2006)로 우리에게도 널리 알려진 마이클 폴란Michael Pollan의 《세컨 네이처》(1999)를 읽고 알 수 있었다. 인간과 환경 사이의 관계에 관한 내용으로 폴란은 인간과 자연이 공존할 수 있는 공간으로 정원을 생각했다. 완전히 자연 상태도 아니면서 삭막한 콘크리트도 아닌 공간으로 정원을 생각한다. 이런 철학적 사고에 앞서 책이 재미있었던 이유는 그가 정원을 꾸미는 것에 대한 이야기 자체 때문이었다. '아! 무언가 식물을 키운다는 것이 이래서 재미있구나' 하는 생각을 했다. 그러면서 시골에서 어렵게 농사를 지으시는 분들이 나이보다 젊고 나름대로 유쾌하게 살아가는 것은 결국 무언가를 키워낸다는 것에서 비롯된다는 생각을 하게 되었다.

그런데 그것이 꼭 농사에만 해당되는 것은 아니다. 주제가 〈Calling You〉로 더 유명한 영화 〈바그다드 카페〉(1987)는 한 여성이 주변 사람들에 대해 관심을 가지면서 마을이라는 공동체가 어떻게 바뀌는지를 보여준다. 그녀가 나타나기 전에는 마을에 살아가는 사람들은 아무 의미 없는 삶을 살고 있었다. 그런데 그녀가 관계된 바그다드 카페가 점점 생기를 띠면서 마을 전체가 달라진다. 자신이 살아가는 공간을 꾸미는 것도 어떤 점에서 보면 자신의 것을 만들어가는 것이 될 수 있다. 무언가 비싼 물건을 사서 치장을 하는 것이 아닌 마음과 행동으로 변화를 주는 것을 말하고자 한다. 하지만 자신이 생각하고 노력해서 만들어내고 세상을 변화시킨다는 것이 어려운 이유는 무엇일까?

인류가 탄생해서 진화해온 오랜 세월 대다수 인간은 창조적 삶을 살아갈 여유가 없었다. 식량을 조달하고, 쉬고, 시간이 나면 자식을 낳기 위해서 섹스할 기회만 엿봤다. 여자들은 아이를 낳다가 죽는 일이 부지기수였다. 남녀를 불문하고 스스로 생존하는 데 필요한 최소한의 부분을 제외한 나머지를 모두 쏟아부어야 겨우 자식이 죽지 않고 성인이 될 수 있었다. 그리고 자식이 성장하고 나면 부모는 얼마 안 있어 죽었다. 인간이라는 종이 생기면서 인류 역사에서 대다수 평민은 이런 삶을 살았다. 마르크스가 언급한 아침에는 농사를 짓고 저녁에는 시를 짓는 생활은 20세기 후반 서구 선진국이 복지국가 시스템을 구축하고 나서야 꿈이라도 꿀 수 있게 되었다. 그렇기 때문에 우리는 아직도 헐벗고 굶주리던 시절의 본능에 사로잡혀 산다. 무언가 나만의 것을 창조하는 데서 기쁨을 얻는 것은 아직도 낯설다.

뭐가 되었던 나만의 자그마한 창조 공간이 있다면 돈과 관련 없는 창조적 삶을 만들어가는 시발점이 될 수 있다. 창조가 있어야 온전한 내 인생을 살 수 있다. 창조는 내가 만든 것을 내가 소유하고 내가 소비하는 삶이다. 어느 날 내가 가진 물건이 없어져도 걱정이 없다. 더 좋은 것을 만들면 되니까. 지금 소유하지 못하면 영영 소유하지 못할까 걱정할 필요가 없다. 필요하면 만들면 된다.

내가 아는 예방 의학 교수님 한 분은 아무도 관심을 기울이지 않는 산에 나무를 심는 것이 또 다른 일이다. 산에 가서 조그만 묘목이 커다란 나무로 자라는 것을 보는 것이 가장 행복하다는 것이다. 다른 것은 몰라도 나무가 자라고 있는 산만큼은 자신이 창조한 공간이다.

내가 일하는 병원에서 치료를 받고 있는 정신분열병 환자가 있다. 우리 병원에 오기 전 다른 병원에서 치료를 받는 동안 약을 먹다가 끊기를 10년간 반복했다고 한다. 입원해서 지낸 시간이 밖에서 지낸 시간보다 더 많았다. 자신은 아무 이상도 없다고 생각하는데 입원을 시켜서 자신의 소중한 인생을 병원에서 허비하게 만든 가족들을 원망했다. 우리 병원 외래를 다니면서 환자는 꾸준히 투약을 했고 내가 치료를 잘해서 바뀐 줄 알았다. 하지만 환자의 태도가 바뀐 이유는 소 때문이었다. 송아지를 한 마리 데리고 와서 키우고 또 한 마리를 데리고 와서 키우는 과정이 반복되고 몇 년 사이에 소가 다섯 마리가 되었다. 환자는 외래에 오면 소에 대한 이야기만 하며 소를 돌봐야 하기에 병원에 입원하면 안 된다고 했다. 병원에 입원하면 누가 소에게 먹이를 주고 돌볼 것인가? 재발해서 입원하면 안 되기에 약을 꾸준히 먹었던 것이다. 나는 졸지에 소보다도 못한 정신과 의사가 되었지만 환자가 행복해하기에 나도 행복했다.

나만의 것을 만들지 못하기 때문에 우리는 남의 것을 빼앗고 부수는 데서 분노를 분출하고 쾌감을 느낀다. 비난할 누군가를 찾는 데 소중한 내 인생을 허비한다. 그러나 자그마하더라도 나만의 것을 만들어갈 창조의 공간이 있다면 보다 온전한 나의 삶을 살게 되지 않을까?

02

인정 욕구와 과시

우리 모두 누군가로부터 인정받기를 원한다. 남들이 나를 인정하고 사랑해주기를 바라는 이유 중 하나는 타인이 나를 인정하고 사랑해줄 때 비로소 나 역시 자신을 사랑하고 인정할 수 있기 때문이다. 우리는 타인으로부터 대가 없는 사랑과 애정, 그리고 대가 없는 존경을 바란다.

〈레닌그라드 카우보이 미국에 가다〉(1989), 〈성냥공장 소녀〉(1990), 〈과거가 없는 남자〉(2002) 등으로 알려진 아키 카우리스마키Aki Kaurismaki의 영화 〈황혼의 빛〉(2006)은 헬싱키라는 대도시에서 모두로부터 무시당하는 코이스티넨이라는 한 남자에 대한 영화다. 국내 언론에서 우리나라와 자주 비교하는 나라 중 하나가 바로 핀란드인데 대한민국의 오랜 노동시간, 금전만능주의와 반대되는 천국 같은 곳으로 소개되고는 한다. 다들 즐겁게 일하고 가족과 보낼 여가시간이 충분하며 나라가 모든 것을 책임지는 곳으로 말이다. 그런데 아키 카우리스마키의 영화 속에는 그런 핀란드는 존재하지 않는다. 핀란드 역시 가난하고 배운 것도 없으며 인간적인 매력이 없는 인간은 철저하게 무시당하는 자본주의 국가 중 하나에 불과하다.

　영화의 주인공 코이스티넨은 직업학교만 나와서 쇼핑몰의 경비용역으로 일한다. 우리나라 언론에서는 핀란드 직업학교를 언급하면서 고졸과 대졸이 똑같은 대우를 받듯이 소개하지만 이 영화에서 보면 그렇지 않다. 코이스티넨은 자기의 경비회사를 창업하기 위해서 밤에도 사업을 가르쳐주는 학원에서 공부한다. 창업의 부푼 꿈을 안고 은행에 사업자 대출을 신청한 코이스티넨은 직업학교밖에 나오지 않았고 담보가 없다는 이유로 보기 좋게 거절당한다. 돈도 없고 학벌도 보잘것없으면서 재미까지 없는 그는 여자친구도 없다. 당연히 결혼은 꿈도 못 꾼다. 그런 그에게 하루는 미모의 금발 여인이 접근을 하고 그녀와의 사랑을 꿈꾸게 된다. 그녀는 쇼핑몰 안의 보석가게를 구경하고 싶다고 졸라서 비밀번호를 알아내고 근무 중인 그를 불러내 약을 먹여 재운 후 열쇠를 강도들에게 넘긴다. 강도들은 열쇠로 쇼핑몰을 열고 비밀번호로 보석가게의 문을 연 후 싹쓸이를 한다. 그리고 코이스티넨에게 누명을 뒤집어씌우고 그는 감옥에 가게 된다. 그는 심문을 받는 과정에서도 자신이 사랑했던 금발 여인에 대해서 털어놓지 않는다. 전과자가 된 후 직장에서 내쫓기고 자신을 이용한 갱단 두목에게 칼을 들고 덤볐다가 죽도록 두들겨 맞으면서도 자신이 한때 사랑했던 금발 여인을 끝까지 포기하지 않는다. 전과자가 된 코이스티넨에게 있어서 그녀에 대한 환상은 자신이 살아가는 유일한 '황혼의 빛'이기 때문이다.

코이스티넨이 금발 여인으로부터 인정받고 싶은 마음은 결국은 세상으로부터 인정받고 싶은 마음의 변형이라고 볼 수 있다. 우리 모두 누군가로부터 인정받기를 원한다. 남들이 나를 인정하고 사랑해주기를 바라는 이유 중 하나는 타인이 나를 인정하고 사랑해줄 때 비로소 나 역시 자신을 사랑하고 인정할 수 있기 때문이다. 우리는 타인으로부터 대가 없는 사랑과 애정, 그리고 대가 없는 존경을 바란다. 드라마에서 부와 사회적 지위를 지닌 멋진 용모의 주인공이 아무것도 가진 것 없는 별 볼 일 없는 주인공을 사랑하는 것을 보면서 나 역시 그런 사랑을 꿈꾼다. 자수성가를 통해서 부자가 된 주인공이 아무 쓸모도 없게 된 몰락한 과거의 은인에게 도리를 다하는 것을 보면서 조건 없는 존경을 꿈꾼다. 과시를 통해서 세상의 인정을 받고 싶은데 과시할 것이 없으니 환상을 통해서나마 이루고 싶은 것이다.

인지신경과학을 창시한 미국의 저명한 뇌생물학자인 마이클 가자니가Michael Gazzaniga에 따르면, 인간의 뇌 중 전두엽이 지금 같이 커지게 된 것은 집단생활로 인해 사회적 교류가 급격히 증가하면서부터라고 한다. 인간이 조직적인 계층구조 없이 관리할 수 있는 사람의 수는 150~200명이다. 그런데 석기시대 유적을 분석할 때 대체로 한 부족에는 150명 내외의 사람들이 살던 것으로 추정된다. 아직도 인간의 사회적 뇌는 석기시대인 것이다. 그런 좁은 사회에서는 일을 통해 인정받는다는 것이 무엇보다 중요했다. 사냥, 농사, 채집, 전투 등 그 무엇이 되었든 잘하는 일이 있을 때 주위의 인정을 받고 명예를 얻을 수 있었다. 그런 사람들이 지도자가 되어 권력을 얻고 결혼도 해서 집안이 번성하고 자손도 많았다. 지금 같이 다양한 직종, 다양한 정신노동이 존재하지 않던 시절에는 열심히 일하는 것으로 인정받아야 했다. 이렇게 받은 인정을 대내외에 확인시키는 도구가 바로 과시였다. 높은 신분일수록 화려한 깃털의 모자를 쓰고 구하기 어려운 동물 모피를 걸쳤고 눈에 띄는 화장을 했다. 이 시대에는 인정을 받는 정도와 과시를 하는 정도 사이의 연관성이 뚜렷했다. 그러나 자본주의 사회가 도래하고 상품이 등장하게 되면서 일단 과시부터 해서 남들에게 인정받고자 하는 경향이 나타나게 되었다. 그런 사람들을 사치스럽다고 하기도 하고 속물이라고 부르기도 한다.

그런데 이런 과시 습성은 인간에게만 고유한 것이 아니다. 다윈은 진화론을 펼치면서 자연도태론을 근간으로 했다. 생존과 생식에 적합한 유전적 형질은 살아남고 생존에 적합하지 않은 유전적 형질은 살아남지 못한다는 것이다. 그런데 다윈을 가장 머리 아프게 한 동물이 있었으니 그것은 바로 공작이었다. 다윈은 수컷 공작이 왜 그토록 화려한 깃털을 지녔는가에 대해서 고민에 고민을 거듭했다. 깃털을 무기로 쓸 수도 없었고 화려한 깃털을 펼치고 다니면 적의 눈에 잘 띄어 생존에도 불리하다. 그러다 다윈이 추측한 것이 공작의 깃털은 암컷에게 과시하기 위해서 존재한다는 것이다. 화려한 깃털을 갖춰서 펼칠 수 있으려면 일단 영양 상태가 좋아야 한다. 영양 상태가 좋다는 것은 먹이를 잘 구한다는 것을 의미했고 그런 수컷과 교미를 해서 알을 품으면 자식들 역시 생존 가능성이 올라간다. 인기를 얻기 위해서 위험을 무릅쓰고 과시를 하는 습성은 인간에 국한된 게 아니었던 것이다.

어떤 이는 자신이 약하고 사람들이 인정해주지 않는다고 느낄 때 과시를 통해서 극복하려고 하기도 한다. 스쿠버 다이버는 상어를 비롯한 공격적인 물고기로부터 공격을 받을 위험성이 있다. 그런데 스쿠버 다이버가 공격을 받을 때 위기를 모면하는 방법 중 하나가 팔다리를 길게 늘어뜨려서 길게 보이는 것이라고 한다. 그러면 상대가 자신보다 크고 강하다고 느끼게 되고 공격을 꺼리게 된다는 것이다. 사람들이 자신을 충분히 인정하고 있다고 느끼는데 억지로 과시를 하는 이는 많지 않다. 이름만 대면 사람들이 알 정도의 부자가 사람들로부터 인정받기 위해서 굳이 명품을 걸치고 다닐 필요는 없다. 반면 별 볼 일 없는 처지여서 남들이 자신을 무시할까 두려워하는 이들은 카드 할부로 명품을 구입하거나 가짜 명품을 구입해서 과시를 해야 남들이 자신을 깔보지 않을 것이라고 생각한다.

일할 때 사람들은 자신이 세상에서 쓸모 있는 사람으로 인정받고 있다고 생각을 한다. 아무리 그럴듯해 보이는 자리라도 꿰다 놓은 보릿자루처럼 자신이 할 수 있는 것이 없으면 가시방석 같다. 그러다 일이 익숙해지고 일을 잘한다고 인정을 받다 보면 자연스럽게 과시를 하게 된다. 인정을 받아서 직위가 올라가면 과시하고 싶지 않아도 상대방에게 명함을 주는 것만으로도 과시가 된다. 아무리 검소하게 사는 이라고 해도 능력을 인정받아 수입이 올라가다 보면 살림살이가 넉넉해지면서 자연스럽게 과시되기 마련이다. 하지만 인정을 받지 못하는 이가 과시를 통해 세상의 인정을 받고자 하는 유혹에 빠질 때도 있다. 그것은 자기위안일 뿐이다. 억지로 과시를 하는 경우 상대방이 인정하는 경우는 거의 없다. 실제로 일을 잘해야 유능한 것이지 자기가 유능한 사람이라고 말로 과시를 해도 소용이 없는 것이다.

인정이란

정년퇴직한 후 남편이 너무 무기력해졌다고 그 부인이 병원에 상담을 하러 온 경우가 있었다. 현직에 있을 때와 달리 딴사람이 되어버렸다는 것이다. 현직에 있을 때는 일과 관계되지 않아도 활력이 넘쳤다. 그런데 현직에서 물러나게 된 후 매사에 자신감이 없고 위축되었다. 은퇴하고 1년밖에 안 지났는데 10년은 더 늙은 것처럼 나이가 들어 보였다. 현직에 있을 때는 새벽같이 일어나 출근해서 저녁까지 일하고 퇴근 후에도 일과 관련된 모임을 마다하지 않던 사람이 은퇴하고 나서는 집에서 꼼짝도 하지 않으려는 것이다. 그 부인은 너무 답답하고 남편이 불쌍하다면서 도대체 그 이유가 무엇인지 내게 물었다.

주어진 일만 하던 이들은 현직에서 은퇴하면 몸을 쓸 일도 뇌를 쓸 일도 없어지면서 활력도 동시에 감소한다. 평생을 너무 열심히 일만 하면서 살았던 이는 일을 그만둔 후 그동안 쌓였던 스트레스와 피로가 한꺼번에 밀어닥칠 수도 있다. 직장에서 매일 같이 함께 만나던 동료가 사라지니까 마음이 허전해지기도 한다. 그동안은 매일 주어진 스케줄이 있었는데 그것이 사라지고 스스로 스케줄을 만들어내야 하지만 그 공백을 메우지 못해서일 수도 있다. 그런데 이런 상식적인 대답과는 다른 참신한 설명이 있다. 감투가 없어지면서 어깨에서 힘이 쭉 빠지는 것이 은퇴 후 늙는 것에 한몫을 한다는 것이다.

흔히 사장이나 이사, 하다못해 부장은 되어야지 감투라고들 생각한다. 하지만 그 수가 얼마냐의 문제일 뿐 조직에 몸담다 보면 자신이 부리는 사람이 최소한 한두 명은 있기 마련이다. 조직에 몸담는 시간이 길어지다 보면 같은 직급이라도 오래 일한 사람을 무시하지 못한다. 설혹 윗사람이더라도 직장에서 오랫동안 일한 고참을 무시하지 못한다. 회사에 소속이 되었든 관공서에 소속이 되었든 어딘가에서 일한다는 것 자체도 감투다. 내 이름 석 자를 아는 이는 거의 없지만 내 직장이 그 지역 사회에서 모르는 사람이 없을 정도라면 그 직장에 속해있다는 것만으로도 인정받는 것 같다. 하지만 현직에서 물러나는 순간 회사의 이름을 등에 업고 사람들에게 받아온 인정은 덧없이 사라진다. 누군가로부터 인정을 받는 것이 일하는 중요한 이유 중 하나였던 이들은 무명의 한 인간으로 돌아가는 순간 기력이 쇠하고 만다.

우리가 일을 통해서 받게 되는 인정은 사람을 통해서 받는 인정, 보상을 통해서 받는 인정, 실력을 펼칠 수 있는 장소가 있는 데서 오는 인정으로 나눌 수 있다. 직장에서 세 가지 측면의 인정을 골고루 받을 때 사람들은 직장에서 일하는 것이 즐겁고 보람 있다고 느낀다.

조직생활에서 사람을 통해 받는 인정은 위로부터의 인정, 동료의 인정, 아랫사람으로부터의 인정이 있다. 직장인으로서 제대로 인정받기 위해서는 실력이 바탕이 되어야 한다. 그다음에는 대인관계도 좋아야 한다. 일단 윗사람도 일을 잘하는 사람을 데리고 다니기를 원한다. 제대로 하는 것은 없으면서 주위에서 알짱대면 시간만 빼앗긴다는 생각이 들어서 피하게 된다. 동료도 일에 방해가 되는 이는 기피한다. 후배들도 함께 있으면 힘이 되거나 배울 것이 있는 선배와 함께하고 싶어 한다.

그런데 집, 친구, 사회생활에서 존중받지 못하고 무시당하는 데서 오는 열등감을 직장에서 인정받아서 보상받고자 하는 이가 있다. 윗사람에게 인정을 받는 것에만 신경을 쓴 나머지 실력을 키우는 것은 등한시하고 아부만 한다. 반대로 윗사람이 뭐라고 한마디 하면 무시를 당했다면서 불만을 토로하기도 한다. 아랫사람을 막 대하면서 자신의 권위를 확인하려 들거나 인기를 얻으려고 지나치게 너그러운 일도 있다. 열등감이 밑에 깔려 있어 사소한 일에도 무시당했다면서 발끈하는 경우 동료와의 관계가 원만할 수가 없다. 사람으로부터 인정을 받기 위해서는 사회성도 어느 정도 좋아야 한다. 하지만 결국 실력이 뒷받침되어야 하는 것이다.

만약에 현재 직장에서 지나치게 윗사람, 동료, 아랫사람의 인정에 목을 매고 있다면 자신의 가정, 친구 관계, 개인적인 모임 같은 사생활이 적절한지 살펴봐야 한다. 집과 직장만 오가면서 살다 보면 내가 존중받을 곳, 나름대로 자랑스러워할 만한 곳이 마땅치 않다. 그때 사람을 통해서 인정을 받을 수 있는 다른 사적인 모임이 있어야 한다. 내가 일을 하는 부여는 지역 사회이다 보니까 동문회, 지역 모임, 직장 모임, 계 모임 등 다양한 모임들이 얼기설기 얽혀있다. 한 사람이 몇 개의 모임에 가입되어 있는 경우도 허다하다. 돈이 많거나 사회적 지위가 높다고 해서 모임에서도 꼭 인정받는 것은 아니다. 모임에서 인정을 받기 위해서는 금전적 아니면 시간적으로 모임에 헌신적이어야 한다. 기여도가 높고 헌신적인 사람이 모임에서 존중받는다. 나를 돌아보자.

직장인은 급여와 같은 보상을 통해서도 인정을 받는다. 모이기만 하면 자신의 월급을 다른 이와 비교하고 월급을 자신의 능력을 얼마나 인정받는지에 대한 지표라고 여긴다. 같은 일을 한다면 남들보다 더 월급을 받고 싶은 것이 당연하다. 보상의 규모를 통해서 내가 얼마나 능력이 있는지 확인한다. 그리고 월급이 올라가는 것을 내가 일을 잘하고 있다는 신호로 받아들이고 인정받았다는 생각에 더욱 열심히 한다. 하지만 이런 판단이 역으로 작용해서 자신이 원하는 월급을 받지 못하면 자신의 능력이 변변치 못한 증거라는 부정적 생각에 사로잡혀 의욕이 사라지고 만다. 그렇게 되어 일을 게을리하게 되면 처음에는 능력에 비해서 인정받지 못해 월급을 적게 받았을지라도 나중에는 일하는 능력이 저하되면서 그 월급에 어울리는 사람이 된다.

더군다나 자의 혹은 타의로 직장을 그만두고 월급받을 곳이 없게 되면 자신이 아무 능력도 없는 무가치한 존재라고 생각하게 된다. 하지만 내가 가지고 있는 능력에 대해서 세상이 돈을 지불하지 않는 것일 뿐 그것이 아무 능력도 없다는 것을 의미하는 것은 아니다. 꼭 돈을 받는 프로가 되지 않아도 누군가의 아름다운 노래는 사람을 기쁘게 한다. 꼭 책을 내서 대가를 지불받지 않더라도 블로그의 글에 수많은 사람이 위로를 얻고 댓글도 달아주면 그것만으로도 가치가 있다. 만약에 당신이 선하고 올바른 사람이라면 존재하는 것만으로도 의미가 있다. 내가 베푼 친절과 호의가 남에게 좋은 느낌을 준다면 그것이 돈이 되지 않더라도 인정을 받고 있는 것이다. 그리고 가족에게 나는 존재만으로도 인정을 받는다. 자신은 아무짝에도 쓸모가 없다고 자살을 한다면 남아 있는 가족들은 평생 잊지 못할 상처를 받게 된다. 이것은 역으로 가족은 나를 존재만으로도 인정한다는 것을 증명해 주는 것이다.

마지막으로 직장은 나의 실력을 펼칠 수 있는 곳이다. 실력을 인정받는다는 것은 모든 인정의 기본이 된다. 실력이 있으니까 취직도 하고, 실력이 있으니까 윗사람의 칭찬도 받고, 실력이 있으니까 아랫사람의 인정도 받고, 실력이 있으니까 월급도 많이 받는다. 실력과 인정 사이의 관계는 대체로 함께 가지만 때로는 착시 현상도 발생한다. 실력은 별로인데 말주변이 좋아서 나보다 못한 사람이 더 인정받거나 현재 내 실력이 나아졌는데 주변에서 아직 인정하지 않는 경우이다. 어떤 사람은 실력보다 좋은 대우를 받고 어떤 사람은 실력보다 못한 대우를 받는다. 어떤 사람은 실력에 비해서 인기가 좋고 어떤 사람은 실력에 비해서 인기가 없다. 그러나 인정받지 못한다는 이유로 나는 실력이 없다고 절망하면 곤란하다. 비록 현재는 인정받지 못해도 자신이 나름대로 가치가 있다는 것을 믿고 심지를 굳게 지켜나가다 보면 언젠가는 착시 현상을 극복하고 인정받을 수 있다.

하지만 실력에 의한 인정도 시간이 흐르면 언젠가 사그라지게 되고 계속 인정을 받기 위해서 인맥을 쌓으려고도 하며 권력을 만들려고도 한다. 하지만 그것이 반드시 올바른 길은 아닐 것이다. 차라리 세월이 흘러도 자신을 계속 자랑스러워할 만한 의미 있는 업적과 발자취를 남기고자 노력하자. 업적은 남에게 계속 특별대우를 받는 데 필요한 것이 아니다. 타인으로부터 잊히지 않기 위해서 필요한 것도 아니다. 바로 나 자신이 나를 인정하게 하는 데 필요하다. 세상이 나를 인정해주지 않아도 나는 나를 인정해줘야 살아갈 수 있다. 그러기 위해서 나만의 업적을 만든다는 생각으로 매사에 성실하게 일을 하자.

우리는 무엇을
과시하는가

사업을 시작하기 전에 조언을 구해오는 이들이 있다. 그때 내가 가장 싫어하는 멘트가 돈 벌려고 사업하는 것이 아니라는 말이다. 돈 벌 생각이 아니면 왜 안정된 직장을 그만두고 나와서 회사를 차리는가? 이보다는 조금 낫지만 여전히 한심한 말이 있다. "돈을 많이 벌 생각 없습니다"이다. 역시 내가 싫어하는 말이다. 돈을 많이 벌 생각이 아니면 직장에서 열심히 일해서 연봉도 올리고 승진도 하는 것이 더 이익이다.

돈을 벌기 위해 회사 차린 것이 아니라고 말하는 사람들이 그다음에 꼭 하는 말이 있다. "제대로 해보고 싶었습니다"가 그것이다. 남들은 당장 눈에 보이는 이익에 팔려서 제대로 사업을 못하는데 자신은 제대로 해보고 싶다는 것이다. 결국 그것은 제대로 사업하는 사람으로 인정받아서 제대로 과시를 해보고 싶은 것이다. 그런 회사일수록 그럴듯한 비전으로 홈페이지가 도배되어 있고 비전이 적힌 액자가 회사 곳곳에 걸려있다. 회사는 우선 생존하고 봐야 한다. 직원에게 월급도 줘야 한다. 돈 벌기 위해서 회사를 하던 사람은 직원 월급을 못 주게 되면 회사 문을 닫는다. 직원 월급도 제대로 못 주는 자신이 사장감이 아니라는 것을 인정하고 일단 회사를 정리하는 것이다. 하지만 과시를 위해서 창업을 한 사람은 직원 월급도 못 주고 공과금도 못 내면서 압류가 들어오고 경매가 들어올 때까지 버틴다. 제대로 사업을 해보겠다고 창업을 했는데 사업을 접으려니 창피한 것이다. 그러다 보니 조금만 더 조금만 더 하면서 직원들에게, 은행에, 가족에게 피해만 주면서 질질 끌고 제대로 된 일을 위해서는 손해를 감수해야 한다고 합리화한다. 이런 사람들은 망할 때도 남 탓을 한다. 자신은 지킬 것 다 지키면서 제대로 사업을 하는데 경쟁자들은 수단과 목적을 가리지 않아서 망했다고 이야기한다.

도대체 이런 사람들은 왜 회사를 차리는 것일까? 바로 과시하고 싶어서다. 내 능력을 과시하고 싶다. 사장이 되어 이제 내 회사, 내 가게를 한다고 과시하고 싶다. 나중에는 망할지언정 일단 개업을 하면 무언가 이루어낸 것 같다. 사업을 해서, 장사를 해서 돈을 벌려는 것이 아니라 개업식 때 '나도 가게 열었다', '나도 회사 열었다'고 자랑하고 싶어서 창업하는 것이다. 망하는 것이 당연하다. 이와는 다르지만, 의사 중에서도 오랫동안 봉직의로 월급 받고 일하다가 나이가 들어서 밀리듯이 개원을 하는 일이 있다. 눈치가 보여서 더는 병원에 있기가 거북하다고 말하는 분도 있고 친구들이 모두 원장인데 자신만 원장이 아니니까 창피하다고 생각하는 분도 있다. 적극적으로 내가 사람들한

테 대접받고 싶은 의미의 과시는 아니지만, 무시를 받지 않겠다는 생각으로 소극적 과시를 위해서 개원을 하는 것이다. 이런 경우 역시 백이면 백 망한다.

인간의 과시욕은 뿌리가 깊다. 미국의 문화인류학자인 마빈 해리스 Marvin Harris의 책《문화의 수수께끼》(1975)를 보면 '포트래치 Potlatch'라는 용어를 설명하는 대목이 나온다. 캐나다 밴쿠버에 살던 콰키우틀족 Kwakiutl 族은 기묘한 습관을 지니고 있다. 그들은 누가 더 성대한 축제를 열 수 있는가로 경쟁을 한다. 초대된 손님들이 과식을 해서 토하고 다시 먹을 정도로 대접을 해야 한다. '포트래치'의 목적은 더 많은 재산을 포기하거나 파괴하는 데 있다. 주최 측 추장과 부하들이 산더미같이 선물을 쌓아놓으면 방문객 추장과 그 부하들은 그 잔치를 보면서 자신들은 나중에 더 큰 파티를 열고야 말겠다고 결심한다. 그들은 절치부심해서 자신들이 만든 더 성대한 파티에 이웃 추장을 초청해서 앙갚음한다.

마빈 해리스는 다른 책《식인과 제왕》(1977)에서는 '빅 맨 Big Man'을 언급한다. 과시욕이 강한 이들을 '빅 맨'이라고 하는데 솔로몬 제도의 부겐빌 섬에 사는 시우아이 족 Siuai 族 사이에서 '빅 맨'이 되고자 하는 젊은이는 사람들을 설득해서 큰 잔치를 꾸려야 한다. 잔치는 혼자서 할 수 없고 가족과 이웃들의 도움을 받아야 하기 때문이다. 성대한 잔치를 열고나면 그를 도운 이웃들에게도 영광이 돌아가지만 '빅 맨'이 되고자 하는 젊은이에게는 남들에게 음식을 주고 남은 부스러기 정도만 돌아간다. 하지만 그는 최고의 '빅 맨'이 되기 위해서 다시 노력한다. 그를 도와주는 이웃이 늘어나면서 파티는 점점 커지고 나중에는 가장 커다란 '빅 맨'이 될 수 있다.

'빅 맨'이 되고자 하는 이들은 자신을 모르는 사람이 없도록 과시하고자 하는 내적 동기를 지니고 있다. 대다수는 아무것도 생기는 것은 없고 골치만 아프다면서 '빅 맨'은 꿈도 안 꿀 텐데 그것을 갈망하는 누군가가 있는 것이다. 이러한 '빅 맨'에 해당하는 존재들이 현대에서는 회사를 이끌고 국회의원이 되고자 하며 아파트 부녀회장이 되려고 한다.

사람들이 가장 흔히 과시하는 것은 돈이다. 돈이 많으면 어떤 형태로든 부를 과시하게 되어 있다. 비싼 물건을 걸치거나 비싼 차를 몰고 다니고 비싼 집에서 사는 것이 가장 흔한 형태의 과시다. 사업을 하면서 실제 수입은 별로 안 되면서 고급 차를 몰고 다니고, 접대라는 명목 아래에 룸살롱에 가고 골프를 치는 경우가 있다. 돈을 벌고 싶어서 사업을 시작했다고 하지만 사실 그가 바라는 것은 과시다. 그러니 낭비가 심하고 돈이 제대로 모일 리가 없다. 대놓고 자랑하는 것이 눈치 보이면 힘든 척하면서 자랑을 하기도 한다. 세금을 너무 많이 내서 힘들다거나 앞으로 벌고 뒤로 나간다는 등 알고 보면 자랑하고 싶은 마음에서 힘든 척하는 것이다. 따라서 과시할 만큼 많은 돈을 벌고 싶다는 것도 일하는 이유 중 하나라고 할 수 있다.

권력도 과시한다. 흔히 갑과 을이라는 표현을 쓴다. 급히 돈이 필요한 회사에게 은행이 갑이고 회사는 을이다. 관청의 허가를 받아야 하는 경우 허가 담당자인 공무원은 갑이고 허가를 신청한 이는 을이다. 환자가 의사를 찾을 때도 급해서 찾기 마련이다. 그래서 그런지 의사 중에서 친절한 이가 많지 않다. 의사가 마음에 안 들더라도 환자들은 그 앞에서 뭐라고 하지 못한다. 의사가 약을 잘못 처방하거나 수술을 할 때 잘못할까 봐 의사가 하는 말에 고개를 끄덕인다. 무섭기 때문이다. 거기에서 더 나아가면 권력을 가진 이들은 자신의 권력을 확인해 보고 싶어 한다. 뇌물을 받으면 이중으로 달콤하다. 상대방이 뇌물을 준다는 것은 내 권력을 인정한다는 신호일뿐더러 돈도 생긴다. 뇌물을 주는 상대방이 대단해질수록 자신도 대단해지는 것 같다. 흔히 남들이 말하는 좋은 직장의 끗발 있는 부서에서 일할수록 권력을 과시한다. 권력은 부당한 것을 상대방에게 요구하고 그것이 수용될 때 확인할 수 있다. 확인할 수 없는 권력이란 의미가 없다. 따라서 특권을 요구하곤 한다. 이렇게 특별한 지위에 오르는 것도 직장에서 일하는 이유이다.

명성도 과시한다. 생기는 것도 없는데 선거에 출마하는 이들이 있다. 남들은 다 귀찮아서 안 한다는데 총동창회 회장이 되면 대단한 것 같다. 의사 중에서도 꼭 의사 회장이 되려는 이들이 있다. 무슨 단체장이 되면 그것으로 대단한 사람이 된 것 같이 느끼고 과시를 한다. 그러다가 보면 점점 권력도 원하게 된다. 국회의원 선거에도 나가고 시장 선거에도 나가고 가능하다면 대통령 선거에도 나간다. 대통령이 되면 대한민국에서 모르는 사람이 없게 된다. 자기 이름 석 자를 확실하게 과시할 수 있다.

명성이 있고 권력이 있으나 청렴한 이들은 명예를 과시한다. 얼핏 생각하면 과시와 명예는 서로 다른 것 같고 과시는 속물이나 하는 것 같다. 상대방이 가지지 못한 것을 가졌다는 것을 자랑하고 상대방에게 부당한 것을 요구해서 누군가의 마음을 아프게 하는 이기적인 행동이 과시다. 반면에 명예는 왠지 고고해 보인다. 명예를 지키기 위해 자신의 이익을 포기하는 이들은 위인전에 나오는 인물같이 훌륭해 보인다. 원칙에 집착하면서 권력을 과시하지 않기에 남들의 존경을 받는다. 하지만 명예에 집착하는 이들은 남에게 필요한 것을 주지 않음으로써 권력을 과시한다. 누군가의 부탁을 거절함으로써 자신의 권력을 과시한다. 명예를 쌓아서 얻는 것도 역시 자기 이름 석 자다. 접근법이 다를 뿐이다.

부와 명예가 서로 만나는 것이 자선 활동이다. 자신의 부를 기부하는 것은 타인을 위하는 행동이면서 자신의 너그러움을 알릴 수 있다. 많은 것을 가진 이들이 자신의 소유를 포기하는 행동이기에 값지게 생각을 한다. 가끔 부유한 이가 기부를 했는데 수입보다 액수가 터무니없이 작다, 보여주기 기부라면서 비난하는 경우도 있다. 하지만 어떤 형태이든 액수가 작더라도 기부를 하는 것이 안 하는 것보다 값지다.

그런데 이상한 기부도 있다. 버나드 매이도프Bernard Madoff 전 나스닥 증권 거래소 회장은 2009년 월 가 사상 최악의 폰지 사기Ponzi Scheme 사건으로 인하여 150년의 금고형을 선고받았다. 그가 금융 사기로 구속이 되면서 사기와 자선 사업 간의 패러독스에 대한 기사들이 미국 경제 신문에 많이 실렸다. 매이도프와 가족들은 1900만 달러 이상을 헬스케어Health Care, 문화, 종교, 교육 등의 자선 사업에 기부했다. 그는 개인적으로도 600만 달러를 림프종 연구에 기증했다. 이렇게 자선활동에 앞장 서면서 동시에 뉴욕 메츠 야구단의 소유주인 프레드 윌폰Fred Wilpon, 필라델피아 이글스 구단의 소유주인 노먼 브래먼Norman Braman, GMAC 파이낸셜 서비스의 J. 에즈러 머킨J. Ezra Merkin 회장, 프랭크 루텐버그Frank Ruttenberg 상원의원 등의 유명 투자자들에게 눈도 깜짝하지 않고 사기를 쳤다.

자신은 괜찮은 사람이라는 생각을 하면서 사는데 어쩌다 보니 횡령을 하게 되었다. 아직 남들은 그가 횡령한다는 것을 모른다. 사람들은 여전히 존경한다. 하지만 자신의 머릿속에 있는 '나는 선하고 훌륭한 사람이다'는 생각이 손상 받았다. 그것을 다시 회복하기 위해서는 무언가 좋은 일을 해야 한다. 그래서 거액을 기부하니 마음이 편해지고 죄책감이 덜어졌다. 죄책감이 덜어졌으니까 더 큰 액수를 사기 친다. 그리고 죄책감을 덜고 마음속 손상 받은 이미지를 복구하기 위해서는 또다시 거액을 기부해야 한다. 거액을 기부할 때마다 주위와 언론에서는 존경받을 행동을 했다고 칭송한다. 그렇게 남들이 자신을 좋게 보니까 자신도 선한 사람이라고 여기게 된다.

미국의 심리학자 조지프 루프트Joseph Luft와 해리 잉검Harry Ingham은 인간의 마음을 네 가지로 나누었는데 두 사람의 이름을 따서 흔히 '조해리의 창Johari's Window'이라고 한다. '조해리의 창'에 따르면 인간의 마음은 나도 알고 남도 아는 부분, 나는 알지만 남은 모르는 부분, 남은 알지만 나는 모르는 부분, 남도 모르고 나도 모르는 부분으로 나눈다. 나는 알지만 남은 모르는 부분을 용기 내서 남에게 드러내고, 남은 알지만 나는 모르는 부분을 진정으로 받아들이면서 인간은 성숙해진다. 나도 알고 남도 아는 부분은 저절로 인정받기 마련이다. 그런데 나는 알지만 남은 모르는 치부를 감추고, 남은 알지만 나는 모르는 단점을 부정하다 보면 지나친 과시가 일어난다. 따라서 남에게 과시할만한 지위에 오르기 위해서 모든 것을 희생하거나 남에게 과시할 수 있는 집, 차, 명품을 장만하고 수입을 올리기 위해서 모든 것을 희생하게 된다. 이에 앞서 우리는 과시를 해서 감추고자 하는 나의 마음, 과시를 통해 부정하고자 하는 나의 마음이 있는지 살펴보는 것이 필요하다.

그럴듯한 자리를 잡아
과시하겠다는 환상

　　내 후배 중 한 명은 서울의 평범한 4년제 대학을 졸업한 후 자그마한 국내 컨설팅 회사에 들어갔다. 그는 국내 컨설팅 회사에서 일하면서 항상 자신을 외국계 컨설팅 회사에서 일하는 컨설턴트와 비교했다. 직업이 뭐냐고 물어서 컨설턴트라고 대답을 했는데 상대방이 맥킨지, 보스턴 컨설팅 같은 외국 회사에 다니는 친구가 있다면서 무슨 회사냐고 물으면 대답을 할 때마다 창피한 마음이 들었다. 그냥 국내 회사라고 얼버무리고는 했는데 그런 일이 반복되면서 어떻게 해서든 외국계 컨설팅 회사에 들어가야만 된다는 생각을 하게 되었다. 외국계 컨설팅 회사의 컨설턴트는 대부분이 SKY 출신에 Top10의 비즈니스 스쿨에서 MBA를 취득한 이들이었다. 만약에 외국계 컨설팅 회사에 들어간다면 그 조직에 들어갔다는 이유 하나만으로 자신의 가치도 올라간다는 생각을 하게 된 것이다. 이미 졸업을 한 출신 대학을 지금 바꿀 수도 없었고 유학을 갈 만한 경제적 여유도 없는 처지이기에 일단 이를 악물고 영어 공부를 했다. 토플과 경영대학원 입학시험 점수도 받고 영어 회화도 능수능란해졌다. 헤드헌터들에게 먼저 연락을 하고 이력서를 보냈다. 그러다가 그가 주로 컨설팅을 했던 전문 분야의 외국계 회사에 채용되었다. 기적이라는 생각이 들었다.

　　그런데 막상 외국계 컨설팅 회사에서 일하자 자신의 기대와는 완전히 달랐다. 스펙들만 그럴싸할 뿐 실력은 자기보다 나을 것이 없었던 것이다. 그리고 일도 생각과는 달랐다. 국내 컨설팅 회사에서는 어떻게 해서든 회사에 도움이 되는 해결책을 만들어내는 것이 일이었다면 대기업이 외국계 컨설팅 회사에 일을 맡길 때는 이미 정답이 나와 있었다. 기업 내 정치적인 문제 때문에 외국계 전략 컨설팅 회사에 일을 맡기는 것이다. 설혹 일이 실패해도 유명 컨설팅 회사에서도 OK했던 프로젝트였다고 책임을 회피하기 위한 일종의 보험을 원한다. 그러나 후배는 과거에 다녔던 국내 컨설팅 회사에 대해서도 좋은 이야기를 하지 않았다. CEO의 마인드며 일하는 사람들의 자질이며 문제가 많다고 여전히 욕을 하고 다녔다. 그러면서 지금 다니는 외국계 회사도 알고 보면 별것 없다며 좋은 말을 하지 않았다. 실력도 없는 것들이 자신을 차별한다고 툴툴대면서도 회사에서 잘릴까 봐 전전긍긍하며 다녔다. 어렵게 들어왔고 남들이 대단하다고 인정을 해주기 때문에 여기를 그만두면 체면이 말이 아니라는 생각에 행복하지 못하면서도 계속 직장을 다니는 것이다. 자신이 속한 조직에 대해서 불만을 품고 우울해하면서도 나름의 이름 있는 집단에 소속되어 있다는 것에 대해서는 자부심을 느끼는 양가감정을 느끼고 있었다.

　서울아산병원에서 인턴, 레지던트를 하는 동안에 서울아산병원에 지원하려는 후배들이 자주 찾아왔다. 모교 병원이 아닌 타 대학 병원에서 인턴을 하게 되면 레지던트 때 경쟁이 더욱 치열하다. 학교 성적도 좋고 됨됨이에 대한 평판이 좋은 학생은 아무래도 모교에서 인턴을 할 때 원하는 과의 레지던트를 수월하게 할 수 있다. 일단 전문의가 되면 어느 병원에서 수련을 받았느냐에 상관없이 내과 전문의면 내과 전문의, 외과 전문의면 외과 전문의가 된다. 본인이 실력만 있고 친절하면 환자들의 존경을 받게 된다. 어느 병원에서 수련을 받았느냐보다 중요한 것은 전문의가 되고 나서도 꾸준히 공부하고 마음을 수련해서 좋은 의사가 되는 것이다. 따라서 꼭 서울아산병원에서 인턴, 레지던트를 해야만 제대로 된 의사라는 생각을 버리라고 후배들에게 말해주고는 했다. 하지만 서울아산병원에서 인턴, 레지던트를 해야겠다고 마음먹은 후배들은 쉽사리 생각을 바꾸지 않았다. 모교에서는 원하는 과의 레지던트가 될 수 있는 후배가 서울아산병원에 와서 레지던트가 되는 데 실패하고 방황하는 것을 보면 마음이 아팠다. 그런데 굳이 모교 대학 병원을 놔두고 서울아산병원에서 인턴, 레지던트를 하고자 했던 이유 중 하나는 대한민국에서 가장 좋은 병원 중 하나에서 근무를 한다고 과시하고 싶은 마음이었다는 생각이 든다. 남들이 자신을 부러워할 것이라고, 대단하다고 생각할 것이라고 여기며 스스로를 과시하고 싶었던 것이다. 나 역시도 그런 유치한 마음 때문에 서울아산병원에서 인턴, 레지던트를 지원했을 것이다. 하지만 막상 레지던트를 마치고 전문의가 되니 그런 마음이 얼마나 헛된 것이었는지 깨달을 수 있었다.

남에게 무언가를 과시할 때 그는 타인의 시선을 통해서 자신을 바라본다. 그런 사람들은 수입차를 몰고 길을 나설 때나 명품을 걸치고 밖에 나설 때면 사람들이 자신을 바라본다고 생각을 한다. 누군가에게 무엇을 과시하고 싶다는 것은 결국 스스로에게 무언가를 과시하고 싶은 마음과 다르지 않다. 끝없이 과시에 몰두하게 되는 이유는 '나는 괜찮은 사람이다'는 자존감을 유지하고 싶어서이다. 그러다 보면 남에게 어떻게 보일까만 생각하면서 살게 되고 대학을 정할 때도 서울대, 연세대, 고려대가 아니면 안 된다. 남들이 우습게 볼 테니까. 회사에 입사할 때도 대기업이 아니면 안 된다. 남들이 무시할 테니까.

회사에 들어가서도 마찬가지다. 어느 회사에나 핵심 부서가 있다.

핵심 부서가 아닌 한직에 있으면 무시당하고 회사가 어려워지면 해고 대상이 될 수 있다. 지금 일하는 부서의 일은 대강하면서 핵심 부서에 자리가 있나만 기웃거린다면 그 결과는 보나 마나 뻔하다. 남은 승진을 했는데 자신은 승진을 못했을 때 창피한 마음이 드는 것도 승진한 이의 시선을 통해서 자신을 바라보기 때문이다. 그들은 과시할 것이 있고 자신은 과시할 것이 없기에 무시당했다는 생각에 사로잡힌다.

세상 사람들이 어떤 자리를 선망하는 데는 나름대로 이유가 있다. 선망의 대상인 자리를 차지해야 더 많은 월급을 받고 계속 직장 생활을 할 수 있다. 그러나 이런 합리적인 이유 밑에서 작동하는 것은 과시하고 싶은 욕망이다. 그에게 과시할 수 없다는 것은 무시당한다는 것을 의미한다. 따라서 지금 하는 일에 대해서는 지루해하고 짜증을 내면서 남들이 하는 그럴듯한 일에 대해서만 관심을 둔다. 자신이 과연 그에 합당한 실력이 있는지 최선을 다해서 노력하고 있는지는 고려하지 않은 채 여기저기 원서를 내고 인맥을 쌓기 위해 기웃거린다. 전문직이 되기 위해서 로스쿨, 의학전문대학원의 입시 학원에 다닌다. 변리사나 감정평가사와 같은 어떤 전문직이 인기를 끌게 되면 '변리사의 매력에 푹 빠졌다', '감정평가사의 매력에 푹 빠졌다'면서 지금 일하는 곳에는 충실하지 않고 수험서만 들춰본다. 지금 있는 곳은 내가 있을 곳이 아니라고 생각을 하면서 파랑새의 주인공처럼 손에 잡히지 않는 행복만 찾아 헤맨다.

과시에 집착하는 이들의 마음속에는 대체로 커다란 결핍이 있다. 그 결핍은 타고 태어난 천성 때문이기도 하고 살면서 받은 트라우마 때문이기도 하다. 누군가는 그 결핍으로 인해서 돈에 대한 갈망이, 누군가는 그 결핍으로 인해서 지위에 대한 갈망이, 누군가는 그 결핍으로 인해서 완벽한 외모에 대한 갈망이, 누군가는 그 결핍으로 인해서 관심과 시선에 대한 갈망이 발생한다. 나이가 들어서 아무리 돈을 많이 벌고 높은 지위에 오르고 성형수술을 많이 하고 유명해져도 이런 결핍이 메워지지 않을 수도 있다. 그래서 누구나 부러워할 만한 명성과 부를 누리는 이들이 스캔들이나 약물 중독으로 무너지는 것이다. 밑 빠진 독에 아무리 물을 부어도 소용이 없듯이 과시할만한 대상을 획득해도 마음이 채워지지 않는다. 그럴 때는 타인을 향한 시선을 자신에게 돌려야 한다. 마음의 깨어진 부분을 찾아서 그 상처를 치유해야 한다.

지나친 과시

북유럽 신화에는 발데르라는 신이 있다. 그는 신들의 왕인 오딘의 아들로 가장 현명하고 친절하며 아무런 잘못도 저지르지 않은 신이다. 한마디로 완벽하다. 요새 흔히 쓰는 말로 자체발광하는 신이다. 발데르의 어머니인 프리그는 이 세상의 모든 존재로부터 절대로 발데르를 해치지 않겠다고 맹세를 받는다. 신들은 장난으로 발데르에게 창을 집어던지고 화살을 쏘지만, 발데르의 몸에 상처를 내지는 못한다. 하지만 자신에게 잘못한 것도 없는 발데르에 대해서 시기를 하는 악한 신이 있었는데 바로 로키였다. 그는 발데르가 완벽하고 모두가 좋아한다는 이유로 발데르를 죽이기로 마음을 먹는다. 프리그가 유일하게 맹세를 받지 못한 존재가 있었는데 어리고 약한 겨우살이이다. 로키는 겨우살이로 무기를 만들고 장님 신인 호드르로 하여금 발데르에게 겨우살이를 던지게 하여 발데르가 겨우살이를 맞고 죽게 만든다.

완벽하다는 이유 하나만으로도 아무 이유 없이 질투의 대상이 되는 일은 현실에서도 일어난다. '엄친아'라는 말이 생겨난 배경도 학력, 집안, 성품이 모두 완벽한 이에 대한 부러움에서 비롯된다. 그런데 이런 이들이 과시를 하면 어떻게 될까? 과시하면 할수록 적이 늘어나게 되는 것이 자명하다. 내가 과시를 하고 있다는 것을 자각하면 중간에 눈치를 채고 멈출 수라도 있다. 하지만 자신도 알지 못하는 상태에서 과시하는 경우 왜 자신이 비호감이 되었는지 영문도 모른 채 따돌림을 당한다. 상대방이 간절히 갖고 싶지만 가지지 못한 것을 내가 지니고 있는 경우도 상대방에게 나는 부러움과 동시에 질투의 대상이 될 수밖에 없다. 나는 평소와 같이 말하고 행동하고 꾸미고 다니더라도 상대방에게는 말 한 마디 한 마디, 행동거지 하나하나, 옷차림 하나하나가 과시하는 것처럼 보인다. 따라서 나와 너무 다른 이를 대할 때는 가급적 그 사람과 비슷하게 맞추고 그 사람에게 없는 것에 대해서는 언급하지 않는 것이 좋다.

과시에 몰두하는 사람들은 몇 가지 특징이 있는데 우선 사람을 귀하게 여기지 않는다. 비싼 물건을 장만하면 사람들을 만날 때마다 자랑을 늘어놓거나 일부러 전화해서 모이자고 하여 자랑을 하기도 한다. 다른 사람에 대해서 자신의 물건과 실력을 자랑할 대상으로만 여긴다. 그래서 그보다 처지가 낫거나 비슷한 사람들은 그가 연락을 해도 만나주지 않는다. 만나서 자랑을 할 수 있는 상대는 자신보다 처지가 못한 사람이다. 자기는 지니고 있고 남은 지니지 못한 것을 과시하니 점점 사람들의 악의와 감정을 자극할 뿐이다. 직장에서 일을 잘한다고 과시하는 것 역시 마찬가지 결과를 가져온다. 직장에서는 일을 잘하는 사람이 출세하고 일을 못 하면 밀려나는 것이 당연하다. 하지만 일을 잘한다고 자랑을 하게 되면 그 결과는 좋지 않다. 그 누구도 자신의 능력이 모자라서 밀려난다는 것을 인정하고 싶지 않기 때문이다. 자신의 능력 부족을 인정하지 않기 위해서는 능력이 있어서 잘 나가는 이를 헐뜯어야 한다. 따라서 시기와 질투의 대상이 되는 경우 생각지도 못했던 일들 때문에 성공의 문턱에서 좌절하기도 한다. 국회인사청문회 때 폭로되는 후보자들의 스캔들과 비리 관련 정보를 흘리는 이들은 그들에 대해서 평소에 못마땅해하던 주변 사람들일 것이다.

두 번째로 과시라는 욕망에 사로잡힌 사람들은 자신의 능력을 제대로 평가하지 못한다. 남을 평가할 때도 겉모습으로만 평가하고 남들 역시 자신을 겉모습으로만 평가할 것이라고 지레짐작한다. 자신이 이야기하면 남들이 모두 사실로 믿어주리라 생각을 하면서 과장도 한다. 그러면서 항상 하는 말이 있다. "틀림없이 해줄 것 같았는데 누구 때문에 일이 틀어진 거지?"라고 말이다. 상대방이 맞장구를 쳐주기는 했지만, 마음속으로는 그 사람의 능력을 냉정하게 평가하고 있었는데 본인만 모른 것이다. 과시를 하고 과장을 할수록 평가는 더욱 냉정해지는데 스스로 도취가 되어서 더욱 떠들어댄다. 그러면서 틀림없이 자신의 뜻대로 일이 돌아갈 것이라고 착각을 한다. 하지만 과시에 중독된 그 혹은 그녀와 달리 상대방은 그 사람의 속 모습을 간파한 것이다.

세 번째로 사람들 위에 군림하려 든다. 이런 태도 역시 원망을 사기 마련이다. 앞에서 고개 숙이지만, 뒤에서는 칼을 겨누고 지금은 아래에 있는 사람이 언젠가는 상전이 된다. 연예인들을 예로 들어 보자면 중년에 조연으로 자리 잡은 이들은 자신이 주연 배우였을 때 무명인 신인 배우들에게 잘 대해주었던 이가 많다. 신인 배우들이 나중에 주연 배우가 되고 나면 자신이 무명 배우였을 때 따뜻하게 대해준 선배를 잊지 않고 자신이 어려웠을 때 도움을 주었던 중견 배우들과 연기를 하고자 한다. 반면에 자신이 주연 배우라는 이유 하나만으로 신인 배우들을 힘들게 했던 이들은 나중에 고생을 한다. 무명이었던 신인 배우가 주연이 되었을 때 과거에 자신을 괴롭혔던 이가 조연인 것을 확인하고 배역을 다른 조연 배우로 교체해 달라고 요구하는 경우도 있다. 매일 마주쳐야 하는 직장 생활은 더 하다. 직장 생활을 하는 이유 중 하나가 과시인 사람은 직장에서 지위가 올라갈수록 아랫사람들에게 군림하려 든다. 권력을 과시하고 싶은 욕망을 참을 수 없다. 그러다가 보면 나중에는 아랫사람들에게 밀려나면서 끝이 난다.

　마지막으로 다른 사람들의 사정에 무심하다. 특히 명예를 소중히 여기는 사람 중에 지나치게 싸늘한 이들이 있다. 아는 사람이라는 이유 하나만으로 부탁을 들어주는 온정주의와 파벌주의는 분명 잘못된 일이다. 그러나 공정한 사람이라는 것을 드러내고자 '왜 쓸데없는 것을 부탁해서 나를 귀찮게 하지'라고 생각하면서 일언지하에 부탁을 거절해서 상대방을 무시하는 것 또한 맞지 않다. 적을 만드는 길이다. 도저히 들어줄 수 없는 부탁은 거절하되 고심하는 척은 해야 한다. 규정 내에서 공정하고 합법적으로 상대방을 도와줄 수 있는 길을 찾아보기는 해야 한다. 하지만 명예를 과시하고 싶은 이들은 남의 부탁을 거절하면서 면박을 주고 싶은 욕망과 맞서 싸우기 힘들다. 자신이 옳은 일을 하고 있다는 자기최면처럼 달콤한 것도 없다.

　최향미의《조선 공주의 사생활》(2011)에는 조선 3대 왕 태종의 딸인 정신옹주의 혼담을 퇴짜 놓은 이속의 이야기가 나온다. 강원도 춘천 고을의 전직 수령인 그의 집에 태종의 명으로 사윗감을 고르는 이가 찾아온다. 이속은 정신옹주가 몸종 출신인 후궁의 딸이라는 이유로 단칼에 혼담을 거절하고 이속과 그의 가족은 하루아침에 노비가 되어서 풍비박산이 난다. 혼담을 거절하는 바로 그 순간 이속은 자신이 왕과 맞먹는 것 같았고 명예에 도취해 눈에 보이는 것이 없었던 것이다. 하지만 그 대가는 가문의 몰락이었다. 지금이라고 다를까? 누군가 아쉬워서 내게 부탁을 할 때 들어주지는 못하더라도 상대방의 안타까운 마음에 대해서는 공감하고 위로해주는 태도가 필요하다.

03

불안과 소속감

조직에서 떨어져 나올 때 느끼는 불안은 털 없는 원숭이에 불과하던 인간이 나무에서 내려와 처음 집단을 이루던 까마득한 옛날부터 지녀온 본능적 두려움이다. 동물의 세계에서 혼자가 된다는 것은 죽음의 확률이 매우 올라간다는 것을 의미했다.

일본의 추리소설 작가인 아케노 데루하明野照葉의 소설《너의 이름》(2003)을 보면 자리만 보전하려는 간부를 교묘한 방법으로 축출하는 이야기가 나온다. 이바 규지는 신와코퍼레이션이라는 회사에서 일하는 간부다. 회사에서는 그를 해직하기로 했는데 여러 가지 이유로 사직을 권할 수 없는 입장이다. 신와코퍼레이션은 그를 자기 발로 그만두게 하려고 해고 전문가의 도움을 청한다. 해고 전문가는 일단 가짜 헤드헌터를 채용한다. 그리고 이바 규지에게 좋은 취직자리가 있다고 연락을 한다. 그리고 오메가 트레이딩이라는 회사를 만든다. 꼼꼼한 이바 규지는 오메가 트레이딩을 두 번 정도 방문한 후에 오메가 트레이딩으로 옮기기로 한다. 그가 사직서를 내고 오메가 트레이딩으로 직장을 옮기고 얼마 후 오메가 트레이딩은 이바 규지를 다 쓰러져가는 창고 건물로 발령한다. 그곳에서 이바 규지는 상대방에게 위압감을 주는 전직 형사와 단둘이 근무를 하게 되고 결국 회사를 그만두게 된다.

　이렇게 복잡하게는 아니어도 직장인들은 늘 해고의 불안함을 안고 산다. 그래서 직장인 대부분은 잘리지 않기 위해서 일을 한다. 신입사원일 때는 남보다 앞서나가기 위해서 일을 하지만 나이가 들어 체력이 떨어지고 세상 물정을 알게 되면 잘리지 않기 위해서 일을 한다. 절대로 위험을 감수하지 않으려 하고 회사는 더 치밀하고 엄격한 근무 평가 방법을 만들어내서 위험을 회피하지 못하게 만든다. 결국, 잘리지 않기 위해서는 일을 해야 한다.

초등학교, 중학교, 고등학교를 졸업할 때마다 우리는 아쉬움과 새로움을 함께 느낀다. 하지만 궤도가 정해져 있을 때는 불안함이 덜하다. 6년간 매일 다닌 초등학교를 졸업하면 중학교가 기다리고 있다. 중학교를 졸업하면 고등학교가 기다린다. 고등학교 다음에는 대학이 기다리고 있다. 대학을 졸업하고 저마다 그 시기와 장소는 다르지만 어딘가에 취직을 한다. 방향은 이미 정해져 있다. 한 무리에서 떠나지만 다음에 속할 무리가 있다.

취직해서는 정해진 시간에 출근을 해서 업무를 확인하고 주어진 일을 한 후 퇴근을 하는 생활이 이어질 때 안심이 된다. 이런 조직에서 떨어져 나온다는 것은 단지 회사를 그만 두게 되어서 월급을 못 받는다는 것만 의미하는 것이 아니다. 직장 생활을 수년간 하다가 실직을 한다고 해서 당장 굶어 죽을 정도의 절대빈곤에 빠지지는 않는다. 실직은 지금까지 소속되어 있다는 느낌의 안정감을 주던 무리에서 떨어져 나오는 것이다. 이제 다시 들어갈 무리를 찾든지 아니면 혼자서 독자적인 영역을 만들어 가야 한다. 새로 들어간 직장에서 적응을 못 할지도 모르고 지위는 과거와 같지 않을 수도 있다. 그 수모를 참아낸다는 것도 쉽지 않고 수모를 기껏 참아냈는데 다시 밀려날까 두렵다.

조직에서 떨어져 나올 때 느끼는 불안은 털 없는 원숭이에 불과하던 인간이 나무에서 내려와 처음 집단을 이루던 까마득한 옛날부터 지녀온 본능적 두려움이다. 동물의 세계에서 혼자가 된다는 것은 죽음의 확률이 매우 올라간다는 것을 의미했다. 병이 생겼거나 부상을 당해서 무리를 쫓아가지 못하게 되면 그때 홀로 된다. 홀로 되었다는 것은 이미 커다란 이상이 있다는 것이다. 불과 백 년 전만 해도 마을에서 쫓겨나면 호랑이에게 잡아먹힐 수도 있었다. 자연에 맞서 안전을 확보하기 위해서 대집단을 만들었지만 인간의 마음은 아직 충분히 진화하지 못했다. 혼자가 되었다고 해서 그것이 생존에 위협을 받는 것은 아니지만 우리는 조직에서 타의로 혼자가 되었을 때 불안해지고 초조해지며 큰 문제가 생긴 것만 같다고 느낀다. 그런 마음 때문에 안전이 보장된 현대 사회에서도 우리는 여전히 홀로 된다는 것을 두려워한다. 당신이 불안하고 두려운 것은 당연하다. 그런 두려운 상황에 빠지지 않기 위해 무조건 조직에서 살아남으려 일하는 것도 이해된다.

그런데 잘릴지도 모른다는 두려움에 압도되어 일하다가 보면 인생의 패배자가 된 것 같이 느껴진다. 어차피 꼴찌를 할 것이라고 생각을 하면서 시험을 쳐야만 하는 초등학생은 슬프다. 이미 회복할 수 없이 많은 점수를 뺏긴 다음에도 또 던져야 하는 투수도 불쌍하다. 마음속에서는 내려오고 싶지만 감독이 나오라고 할 때까지 공을 던져야만 한다. 내려왔을 때 후련하다는 마음도 있지만 마음은 전혀 편치 않다. 잘릴까 봐 두려워 억지로 일을 하는 이들의 마음도 어차피 꼴찌인데 시험을 치는 초등학생이나 실점을 하고 대신 던져줄 투수가 없어서 공을 던지는 투수의 마음과 비슷할 것이다. 잘리기 싫어서 억지로 일하는 존재라고 자신을 생각하게 되면 마음은 점점 위축된다.

하지만 이런 본능적인 감정을 배제할 수 있다면 실제 상황은 당신이 느끼는 것보다 더 나을 것이다. 따라서 부정적인 쪽으로 기울어져 있는 마음의 축을 긍정적인 쪽으로 억지로라도 돌려야 한다.

스포츠 심리학자들은 오랫동안 올림픽에서 메달을 따는 선수들과 평범한 선수들의 차이에 대해서 연구를 해왔다. 그러면서 그들은 성취동기가 높은 선수는 대체로 과제에 실패했을 때 동기가 상승하고 일단 성공한 후에는 같은 과제를 다시 수행할 때 동기가 저하된다는 것을 관찰할 수 있었다. 반면 성취동기가 낮은 선수는 실패한 후에는 동기가 저하되고 성공을 하면 동기가 상승한다. 따라서 성취동기가 강한 이들은 대체로 성공과 실패의 확률이 50:50으로 반반일 때 적극적으로 임하는 반면에 성취동기가 낮은 이들은 성공할 확률이 거의 100%일 때만 흥미를 느끼고 일을 한다. 그런데 직장 생활에서도 말로는 지루하다고 하면서도 자신이 잘할 수 있는 일만 하려고 한다. 지루한 일이 아닌 일은 그동안 해본 적이 없는 새로운 일이다. 익숙하지 않은 일들은 실패할 확률이 있기에 불확실성이 내포된 일은 골치 아파하면서 남에게 미루려고만 한다. 그렇게 아무 위험이 내포되지 않은 안정된 일만 하던 이들에게 실직을 하고 새로운 일을 찾는다는 것은 두려운 일이다. 만약에 실직이 두렵다면 재테크라는 명분으로 불확실한 주식 투자를 하고 일확천금을 노리는 대신 회사 안에서부터 성공과 실패의 확률이 반반인 일을 찾아 나서야 한다. 도전하는 자세로 회사 생활을 했던 이들에게는 실직이라는 것이 덜 두렵다. 회사에 다닐 때도 항상 불확실한 일에 도전하면서 살았기에 회사 밖에서 새로운 일을 찾는 것도 그저 또 다른 불확실한 일을 하나 더 하는 것에 불과한 것이다.

지하철에서 물건을 팔 수 있는 용기와 막노동을 뛸 수 있는 체력만 있다면 두려울 것이 없다. 살아있는 것은 아름답다. 살아남고자 하는 것도 아름답다. 죽지 못해 사는 삶도 아름답다. 죽지 못해 산다는 느낌에 사로잡혀서 너무 슬프다고 환자들이 이야기하면 나는 영화 〈록키〉(1976)를 보도록 권하고는 한다. 찢어지고 퉁퉁 부은 얼굴로 겨우 살아남은 실베스터 스탤론의 얼굴이 아름답듯이 죽지 못해 사는 인생을 사는 이들 역시 오늘 하루 절망을 이겨내고 버텨냈기에 아름답다.

회사에 속지 말자

대학교 1학년 때 토머스 쿤Thomas Kuhn의 《과학 혁명의 구조》(1962)라는 책을 읽은 적이 있었다. 실험을 통해서 증거를 쌓고 증거를 통해서 가설을 만들어가는 과정이 과학이라고 생각을 했다. 그리고 그렇게 하나의 과학 법칙이 만들어지고 나중에 그러한 기존 과학 법칙을 반박하는 실험이 생기고, 그런 실험 결과가 쌓여서 새로운 법칙이 만들어진다는 것이 고등학교 때 배운 과학의 법칙이었다. 그런데 《과학 혁명의 구조》는 다르게 이야기하고 있었다. 새로운 과학 법칙이 생기기 위해서는 제대로 된 실험 이상의 것이 필요하다고 그는 주장한다. 기존의 법칙에 대해서 도전하는 분위기가 과학 소사이어티society 내부에 형성이 되고 새로운 생각을 받아들일 준비가 되어 있어야 한다는 것이다.

코페르니쿠스가 지동설을 주장했을 때 반대하는 사람들이 많았지만 그의 말에 귀 기울이는 소수 지식인들도 있었다. 코페르니쿠스의 말에 귀 기울이는 소수는 당시에 교회의 권위에 대해서 겉으로는 충성하지만 속으로는 못마땅해하던 집단이었다. 그러한 집단이 형성된 것은 중세의 가치 체계, 경제 체계가 한계에 도달하고 그 안에서 새로운 지식인 계층이 꿈틀대고 있었기 때문이다. 그들이 코페르니쿠스의 주장에 귀 기울이지 않았다면 코페르니쿠스가 지동설을 주장한 순간 미쳤다고 화형을 당했을 뿐이지 파급효과는 없었을 것이다.

우리가 중립적이라고 믿는 과학도 엄밀하게 따지면 중립적이지 않은 경우가 적지 않다. 토머스 쿤의 책을 읽고 일반 대중들의 믿음, 기대, 상식에 기초한 패러다임에 의해서 움직일 수 있다는 것이 충격이었다. 회사와 같은 조직 내 집단 따돌림을 피하기 위해서는 다수 의견을 대놓고 무시하지는 말고 따라가기는 해야 하지만 남들이 아무리 당연히 여기는 것이라도 일단 의심하는 생각이 들면 생각 자체를 무시하지는 말아야 한다.

일도 마찬가지다. 사장은 회사가 잘 되는 것이 세상에서 가장 중요한 일이라고 직원들이 믿어주기를 바란다. '고객 만족', '정도경영', '속도경영', '원가경영' 등 말이 많다. 세상의 패러다임이 바뀌기 때문에 변화해야 한다고 하면서 직원들을 몰아 부친다. 지금은 구멍가게에도 미션이라는 것이 있다. 하지만 회사의 궁극적인 목적은 이윤이다. 좋은 회사로 보이기 위한 홍보용 비전이나 남들 다 하니까 우리도 해야겠다는 겉멋이 든 오너의 그럴싸한 전략에 대해서 드러내놓고 비아냥거릴 필요는 없다. 하지만 오락가락하는 회사 방침에 따라 이리저리 시키는 대로만 하면 승진도 하고 월급도 오를 것이라고 착각해서는 안 된다. 결국 승진하는 사람은 매출을 많이 올리거나 비용을 획기적으로 줄인 회사에 돈을 벌어주는 사람이다. 이익만 머리에 가득한 오너가 그저 대외용 멘트로 떠들어대는 비전에 따른 미션을 백

날 수행해도 그것만으로는 출세하지 못한다.

회사는 직원이 돈을 벌어 주기를 바란다. 그것도 가급적 낮은 비용으로 많은 돈을 벌어주기를 바란다. 직원들이 얼마나 회사에 기여를 하느냐는 다음과 같은 단순한 공식으로 표현할 수 있다.

직원의 가치＝직원이 올리는 매출／급여를 포함한 직원이 발생시키는 비용

월급을 받지 않고 공짜로 일해 주는 사람은 일에 방해만 안 된다면 무한대의 효율 가치를 지닌 인재다. 제로로 매출을 나누면 무한대이기 때문이다. 탁월한 실적을 올리는 직장인들에게 월급을 얼마를 줘도 아깝지 않은 인재라고 추켜세우는 경우가 있다. 하지만 당신이 아무리 탁월한 실적을 올려도 월급이 올라가게 되면 밑변이 커지면서 가치는 하락하게 된다. 매출을 올리기 위해서 급여 이외의 큰 비용을 발생시키는 경우도 마찬가지다. 경기가 좋고 회사가 잘 될 때는 접대비를 많이 발생시키는 영업 사원도 매출만 많이 올리면 OK다. 회사가 잘 나갈 때는 새로운 기계를 자꾸 요구해서 연구 개발비를 상승시키는 엔지니어도 돈 되는 신기술만 계속 개발하면 OK. 하지만 오너는 그런 이들에게 비용을 지불할 때 겉으로는 웃지만 속으로는 이를 간다. 경기가 안 좋아지고 회사가 어려워지면 월급을 많이 받는 순서나 비용을 많이 발생시키는 순서대로 정리해고 대상이 된다. 왜냐하면 매출은 불확실하지만 비용을 줄이는 것은 확실하기 때문이다. 불경기에 스타 세일즈맨이나 스타 엔지니어에게 거액의 연봉을 지불한다고 해서 확실하게 매출을 올릴 가능성은 미지수다. 하지만 그 사람들을 해고하면 비용을 절약할 확률이 100%다. 기업의 입장에서는

일단 해고하고 나중에 필요하면 다른 사람으로 충원하는 것이 낫다. 그래서 기업은 불경기가 되면 무조건 감원을 하고 본다. 경기가 좋아지면 어차피 다시 사람이 필요하다. 하지만 경기가 좋을 때 월급 많이 받는 직원을 해고하기란 쉽지 않다. 명분이 없다. 따라서 회사는 경기가 안 좋을 때 어떻게 해서든지 많은 사람을 정리하고자 한다.

그렇기에 회사에서 열심히 일하면 당신의 미래가 보장된다는 환상에 사로잡히면 안 된다. 항상 언제 그만둘지 모른다는 가정을 하고 회사 일을 해야 한다. 물론 회사 생활을 하다 보면 이 나이에 여기에서 나가면 아무것도 못할 것 같다는 생각에 사로잡힌다. 그래서 회사에서 잘리지 않기 위해서 시키는 일만 죽어라고 하다가 진짜 회사에서 나가게 되면 아무것도 할 수 없는 사람이 된다. 역설적으로 회사 생활을 '열심히' 해야 한다. 그 '열심히'의 결과로 회사 역시 이익을 볼 수도 있다. 하지만 '열심히'의 궁극적인 목적은 회사를 위해서가 아니라 나를 위해서다. 회사 생활을 하던 이가 회사를 그만두고 경쟁력 있는 독특한 치킨 가게를 할 가능성은 거의 없다. 회사 생활을 그만두고 낯선 자영업에 도전하면 실패할 확률이 매우 높다. 자영업을 하더라도 회사와 관련된 일을 할 때 성공의 확률이 높다. 따라서 회사 생활을 적극적으로 해야 한다. 회사 생활을 할 때 적극적으로 한 사람이 나중에 자영업을 할 때도 적극적으로 한다. 회사 생활을 할 때 내 일이 아니라고 생각하고 시켜야 겨우 움직이던 사람은 자기 일을 해도 수동적으로 움직이게 된다. 단지 잘리지 않을 정도로 회사 일을 하는 것으로는 모자라다. 지독하고 열심히 회사 일을 해야 한다.

병원에서 일하는 봉직의 중에서 내 병원도 아닌데 남의 병원에 돈 벌어주느라고 괜히 열심히 일할 필요가 없다고 말하는 이들이 적지 않다. 하지만 그런 사람은 자신이 개원해서도 열심히 하지 않는다. 남의 병원에서 일할 때부터 환자와도 열심히 이야기하고 직원들과도 잘 어울리면서 홍보팀에서 요구하는 홍보 자료도 열심히 만들던 의사가 개원을 해서도 잘 된다. 조직 안에 있을 때 알아서 자기 일을 열심히 하던 사람이 조직에서 뛰쳐나와도 잘 되는 것이다.

컨설팅이나 투자 은행에서 쓰는 속어 중에 '딱새'와 '찍새'라는 말이 있다. '찍새'는 사람들을 만나서 일을 따오는 사람이다. '딱새'는 '찍새'가 따온 일을 열심히 닦아서 빛이 나고 그럴듯하게 만드는 사람이다. 회사 생활을 하면서 익히는 것은 '딱새'의 기술이다. 하지만 독립을 하고 나면 '찍새'가 되어야 한다. 일을 닦을 때도 일을 주는 고객의 입장이 되어야 한다. 그렇기 때문에 회사에 있으면서 계속 고객과 접촉을 하고 회사 외부와 의사소통을 할 수 있도록 열심히 해야 한다. 서류를 만들고 컴퓨터를 두들기고 실험을 하는 것도 열심히 해야겠지만 진정 열심히 해야 하는 것은 고객을 만나는 것이다. 어떤 측면에서는 회사에서 시킨 것 이상으로 일을 열심히 해야 한다.

회사는 당신에게 다른 데 신경 쓰지 말고 시키는 일만 열심히 하라고 한다. 사회에서는 백날 일 해봐야 회사 좋은 일만 시키는 것이기에 회사에서 죽어라 일하는 대신 재테크를 잘해야 한다고 한다. 둘 다 거짓말이다. 회사에서는 더욱 열심히 일을 해야 한다. 하지만 일하는 방향과 목적은 나를 위해서여야 한다.

삶은 직선이 아니다

　　　　　미국 실리콘 밸리의 소니 부사장이 젊은 날 자신이 연주했던 록 밴드의 기타리스트로 다시 되돌아간 이야기가 2010년 미국의 비즈니스 잡지 《포춘》에 실리면서 화제가 되었다. 제임스 윌리엄슨James Williamson은 14세 때 처음 밴드생활을 시작했다. 걸출한 펑크 록 가수인 이기 팝Iggy Pop에게 발탁이 되어서 그룹 스투지스The Stooges의 기타리스트가 된다. 스투지스는 그룹으로서 성공을 했지만 음악 생활에 회의를 느낀 제임스 윌리엄슨은 대학에서 전자공학을 전공한 후 반도체 회사인 AMD에 들어간다. 그는 가정을 꾸리고 직장을 옮겨 소니의 기술표준 담당 부사장이 된다. 그런데 2001년 우연히 이기 팝을 다시 만나게 되고 2009년 이기 팝의 그룹 스투지스의 기타리스트가 갑자기 사망하면서 고민 끝에 소니에 조기 퇴직을 신청하고 밴드의 기타리스트가 된다. 나이 60세의 제임스 윌리엄슨은 록 기타리스트로 시작을 해서 소니의 부사장이 되었다가 다시 록 기타리스트로 돌아가는 물레방아 인생을 살게 된 것이다.

　의대 교수가 되기 위해서 몇 년 동안 박봉을 받으며 전임 의사로 일하던 사람 중 의대 교수를 포기하는 이들이 적지 않다. 부모가 모두 의대 교수인 동료에게 밀리는 이도 있고 병원 내 정치에 떠밀려서 교수가 못 되는 이도 있다. 어쩔 수 없이 개인 병원에서 봉직의로 근무를 시작할 때는 창피한 마음마저 들 수 있다. 하지만 시간이 지나고 나면 도대체 그때 왜 그렇게 대학 병원의 교수가 되기 위해서 기를 썼는지 자신도 이해가 안 간다는 이가 대부분이다. 어차피 의사면 환자를 진료하는 것이 가장 중요하다. 의사로서 환자를 진료하고 대학 병원 교수보다 월급도 많고 시간도 많다. 미리 때려치우지 못한 것이 후회된다는 이도 많다.

이런 경우도 있다. 환자 중 한 명은 사업에서 성공을 하는 게 모든 것이라고 생각을 했고 확장을 계획하는 절정의 순간에 위암에 걸렸다. 아는 사람의 부탁으로 종신보험에 들었고 무료로 대학 병원에서 건강 검진을 해 준다고 해서 아무 생각 없이 처음 위내시경 검사를 받았는데 위암이 발견되었다. 위암 2기였기 때문에 수술을 하고 항암 치료도 받아야 했다. 어쩔 수 없이 회사를 남에게 넘기게 되었다. 처음에는 속이 상해서 우울증이 왔고 정신과 치료도 받게 되었지만 시장의 경쟁이 치열해지면서 회사를 넘겨받은 이는 고전을 면치 못했다. 제일 좋은 때 매도한 셈이 된 것이다. 더군다나 막상 사업을 접게 되자 새삼 돈 말고도 중요한 것이 많다는 것을 느꼈다고 한다. 더군다나 투병 생활을 통해서 죽음의 위기를 넘기고 나자 자신이 인생을 바라보는 시야가 얼마나 좁았는지 깨닫게 되었다. 그는 항상 세상을 상대로 싸워서 이기려고만 했는데 그것이 얼마나 무지한 짓인지 알게 된 것이다.

서점에 가서 책을 보다가 보면 '재테크 전략', '인맥 쌓기 전략', '내 집 마련 전략' 등 '전략'이라는 단어가 들어간 책이 많다. 하지만 인생에 진실이 있다면 그것은 절대 전략적으로 생각한 것처럼 삶을 살 수 없다는 것이다. 전략적 인생은 길을 비유로 들면 목적지를 향해서 최단 거리, 최고 속도로 달려가는 것을 말한다. 하지만 세상은 복잡하다. 사람은 기계가 아니다. 생각지도 않은 병에 걸리기도 하고 감정적인 결정을 해서 애초에 생각한 전략이 완전히 무산되기도 한다. 사람 사는 세상은 내 생각대로 되지 않는다. 상대방이 예상치 못한 반응을 보이는 경우는 부지기수다. 내 마음도 다스리기 어려운 판에 남의 마음은 더더욱 컨트롤하기 어렵다. 다양한 사람이 모여 사는 세상이기 때문에 내 머릿속의 전략대로 일이 이루어지기 어렵다. 삶이 계획적으로 된다는 생각은 오류다. 전략적 스펙 쌓기는 실패할 수밖에 없다. 전략대로 살고자 하는 것을 고집하다가 내가 생각한 인생 전략에서 벗어나면 기차가 탈선하는 것처럼 인생에서 탈선하는 것 같을 것이다.

인생이 계획대로 안 될 때 개인은 불안을 느낀다. 회사가 계획대로 일이 안 풀릴 때는 불확실성에 직면하게 된다. 《불확실성 경영》(1987)에 있는 휴 커트니Hugh Courteny, 제인 커크랜드Jane Kirkland, 패트릭 비구에리Patrick Viguerie가 함께 쓴 〈불확실한 경영환경에서의 전략수립〉이라는 논문을 보면 불확실함의 수준을 '레벨1: 예측이 가능한 명확한 미래', '레벨2: 선택 대안이 있는 미래', '레벨3: 발생 가능한 범위 내의 미래', '레벨4: 완전히 모호한 미래'로 분류한다. 저자들에 따르면 절반 정도가 레벨2 또는 레벨3에 속하고 나머지는 레벨1의 문제다. 그런데 대부분 CEO는 모든 문제가 레벨1이나 레벨4에 속한다고 생각하는 경향이 있다고 한다.

인생이 뜻대로 안 풀리는 개인의 불안도 마찬가지다. 일단은 자신이 처한 상황의 불안 수준을 한번 냉정히 분석해보는 것이 필요하다. 그리고 각각의 불안 수준에 따른 대응책을 생각해봐야 할 것이다. 처음에는 막연히 불안하다고 느꼈지만 곰곰이 생각하니 레벨1 수준의 '예측이 가능한 명확한 미래'라는 생각이 들면 급격히 변화를 주기보다는 손해 보지 않는 쪽으로 행동하는 것이 낫다. 레벨2 수준의 '선택을 해야 하는 상황'이라고 판단이 되면 정보를 수집하고 추이를 분석하면서 가장 최선이라고 생각하는 쪽을 선택하면 된다. 선택할 수 있다는 것이 냉정함을 되찾게 해줄 것이다. 레벨3 수준의 '불안하기는 하지만 대략이나마 미래가 예상될 때'는 변화의 폭에 따른 예상 시나리오를 만들어본 후 결정을 하면 도움이 된다. 만약에 레벨4 수준의 '어떻게 될지 완전히 모호한 상태'라면 모 아니면 도인 상황이다. 가만히 있는 것이 최악이고 어떻게든 움직여야 한다. 그리고 이러한 상황에서는 내가 어떻게 움직이느냐에 따라서 상황도 변화하게 된다. 불안에 떨면서 아무것도 안 하는 것은 최악의 선택이다. 뭐가 되었건 확실하게 선택을 하고 최선을 다할 수밖에 없다.

같은 일상이 반복되고 삶이 지루할 때 많은 사람이 여행을 간다. 갈 때도 피곤하고 올 때도 피곤하지만 여행은 삶으로부터의 자그마한 일탈이다. 삶의 의미를 잃어서 왜 사는지도 모르겠는 큰 번민이 닥쳐올 때 우리는 긴 여행을 꿈꾼다. 어떤 이는 유럽이면 유럽, 남미면 남미 한 곳을 정해서 배낭여행을 계획한다. 또 다른 어떤 이는 세계 일주를 꿈꾼다. 낯선 곳에 가서 낯선 사람을 만나며 또 다른 나를 발견할 수 있기를 꿈꾸는 것이다. 우리는 여행을 꿈꾼다고 생각하지만 결국 꿈꾸는 것은 또 다른 나의 모습이다. 인생이 뜻대로 안 된다는 것은 나를 둘러싼 환경이 내 뜻과는 다르게 움직이고 있다는 것이다. 인생이 뜻대로 안 된다는 것은 내 삶이 위험지대가 되었다는 것을 의미한다. 위험한 곳에 여행을 가서 또 다른 나를 찾을 수 있듯이 내 삶에 닥쳐온 불확실성이라는 위험 역시 또 다른 나를 발견할 기회다.

나는 정신분석가들이 환자들에게 삶의 진정한 의미를 찾아줄 수 있다고 믿지 않는다. 단지 안다는 것만으로 바뀌지 않는 것이 사람이기 때문이다. 그리고 환자 본인도 모르는 무의식을 정신분석가가 아는 것은 어렵다. 나도 모르는 내 마음을 어떻게 남이 알 수 있겠는가? 어떤 이들은 자신이 진정 무엇을 원하는지 깨닫고 그것을 추구하면 행복할 수 있다고 믿지만 나는 '아니올시다'라고 생각한다. 내가 진정 원하는 것은 내 마음속 어딘가에 있는 것이 아니라 세상에 부딪쳐가면서 발견하고 만들어 가는 것이다. 자신이 진정 원하는 것을 알기 위해서는 마음이 세상을 만나야 한다. 그 세상이 항상 내가 계획하는 대로만 돌아간다면 더는 나의 새로운 모습을 발견할 수 없다. 세상이 내 뜻대로 돌아가지 않을 때 화내고 불안해하며 절망하지 말자. 그 세상에 부딪치며 깎여나가다 보면 또 다른 나의 진정한 모습이 드러난다. 그러면서 나는 성장하게 되는 것이다.

중년의 실직

과거에는 아이에서 성인이 되어가는 청소년기가 인생의 전환기로 주목을 받았다. 하지만 고령화 시대가 되면서 청년에서 노년으로 넘어가는 중년기가 인생의 전환기로 주목을 받고 있다. 부모의 중년기에 아이들은 중고등학교를 졸업하고 대학에 입학하게 된다. 아이를 금전적으로 부양하는 것도 힘들지만 커지는 아이들과 대화하고 마음을 나누기도 쉽지 않다. 중년기가 되면 부모도 책임져야 한다. 부모님께 경제적으로도 도움을 드리는 것은 물론이고 몸과 마음이 쇠약해진 부모님을 자식으로서 위로하고 돌봐 드려야 한다. 그러면서 중년 남녀들은 자신의 노후도 계획해야 한다. 생각만 해도 막막하다.

중년은 이런 사회경제적인 현실과 더불어 쇠퇴가 시작되는 시기다.

중년기 초반은 보통의 성인기와 큰 차이가 없다. 하지만 밤을 새워 일을 하면 다음날 무척이나 피곤하다. 술도 약해지고 일이 버거워진다. 인생이 뜻대로 되지 않는다는 것도 알게 된다. 중년기 초반에 진입하면 성인기에 지속되었던 행운에 태클이 걸린다. 누구를 막론하고 마치 자석에 끌리듯이 들러붙는 한두 가지 불행 때문에 인생이 힘들게 느껴진다. 그 불행의 형태는 사람마다 다르다. 잘못된 투자로 인한 금전적 손해일 수도 있고, 부부 간의 문제로 인한 가정불화일 수도 있다. 자녀에게 예상치 않은 사고나 질병이 발생할 수도 있다. 이 모든 것이 상호 작용을 일으켜 중년의 위기가 된다.

중년의 나이에 실직 위기를 맞이하면 그동안 밀어놓았던 인생의 숙제들이 한꺼번에 밀려오는 수가 있다. 그래서 그런지 알코올 의존증 환자 중에서는 술을 마시면서 근근이 버티다가 중년에 이르러 와르르 무너지는 경우가 적지 않다. 돈만 벌어주면 아무 문제 없다고 생각하며 자녀, 배우자와 유대감을 가지지 않았던 경우 직장이 없어지면서 완충 역할을 하던 부분이 사라진다. 가족들과 사이가 좋지 않을 때 직장에서 일을 하며 고민거리를 잊었는데 이제 직장이 없어지고 집에 있는 시간이 늘어나니 가족들과 갈등이 증폭된다. 회사에서 업무를 달성하면서 나는 나름의 쓸모 있는 사람이라는 자기존중감을 유지했다. 하지만 그저 일에만 몰두하고 그것을 제외한 나머지 부분에는 소홀했다면 직장을 그만두는 순간 나는 아무것도 아닌 사람이 된다. 그야말로 무가치한 존재가 되는 것이다. 직장을 그만두게 되면 만날 사람이 없다. 마음을 털어놓을 친구도 없고 개인적으로 소속감을 느낄 수 있는 모임이 없어 하소연할 곳도 없다. 이런 상황에서 중년의 알코올 의존증 환자들은 술에 의존하면서 무너진다. 정도의 차이만 있을 뿐이다.

만약에 미뤄왔던 개인적인 숙제들을 나름 현명하게 대처할 수 있다면 실직의 공포도 감소할 수 있다. 마음의 축을 바로잡기 위해서는 우선 사람들과 만나고 이야기해야 한다. 그런데 실직과 같은 두려운 상황에 놓이면 대인관계가 더더욱 위축된다. 인간에게는 일이 잘 풀리면 쓸데없이 사람을 많이 만나고, 일이 안 풀려서 남의 도움이 필요할 때는 사람을 만나지 않는 청개구리 같은 습성이 있다. 무리를 지어서 살아가던 동물 시절에서 비롯된 습관이다. 동물에게 무리에서 떨어져 혼자 남겨진다는 것은 죽음 혹은 그에 준하는 위험을 의미한다. 병들고 나약해져서 무리를 쫓아가지 못하면 혼자 남게 된다. 따라서 동물의 세계에서는 힘이 약해지고 곤경에 처하면 옆에 아무도 없다. 위기에 처하게 되었을 때 누군가 나를 도와줄 이를 찾으려 해도 찾을 수 없다. 강아지는 죽음을 예감하면 집에서 달아나 낯선 곳으로 가는 본능이 있다고 한다. 쇠약해지게 되는 순간 어차피 도움을 받지 못하기 때문에 스스로 고립을 자초하는 것이다. 위기를 맞이하면 혼자 있고 싶어진다. 인간도 예외가 아니다. 하지만 회피 본능은 인간 세상에서는 상황을 악화시킨다. 잘 나갈 때는 사람들을 피하는 것이 낫다. 그때는 사람들에게 자랑을 늘어놓아 적을 만들 수 있기 때문이다. 반대로 당신이 힘들고 어려울 때는 사람들을 많이 만나야 한다. 마음이 감당할 수 있는 한 많은 사람을 만나고 위로 받아야 한다. 위축되지 않는 당신의 모습을 보여야지 또 다른 좋은 기회가 찾아온다. 구조조정 때문에 두려움에 떨면서 위태로운 모습을 보이게 되면 실제로 구조조정 대상자가 될 확률만 올라가는 것이다.

남을 원망하거나 나를 자책하는 감정적인 태도를 피해야 한다. 실직할지도 모른다는 위기감에 사로잡히면 객관적인 입장을 취하기 어렵다. 우선 원망할 대상을 찾게 되고 해고를 결정한 상사나 인사팀을 원망하고 정부 정책을 원망한다. 누가 되었건 무엇이 되었건 어디엔가 분노를 투사하고자 한다. 하지만 이런 피해자 콤플렉스는 상황을 대처하는 데 전혀 도움이 되지 않는다. 그렇다고 모든 것을 당신의 능력이 모자란 탓으로 돌리지도 말자. 당신이 불안해하는 이유 중 상당 부분은 경기 부진, 본사 차원의 전략, 세대교체와 같이 당신의 힘으로는 어쩔 수 없는 부분에서 비롯된다. 위기에 놓이게 되면 많은 이가 남을 원망했다가 자신을 자책했다가 하기를 반복한다. 아직 생기지 않은 일에 대해서 분노했다가 자책했다가 극단적인 태도를 왔다 갔다 하는 것은 아직 있지도 않은 불행을 현실화하는 결과를 가져올 뿐이다. 눈을 감고 천천히 숨을 쉬자. 그리고 그것에 집중하다 보면 위안이 되고 있음을 느낄 수 있을 것이다.

실직의 위기에 처하게 되었을 때 아무리 안달복달해도 결론을 바꿀 수는 없다. 끝이 어떻게 될까 봐 미리 걱정하고 노심초사해도 소용이 없다. 차라리 끝이 날 때까지 최선을 다해보자는 마음이 필요하다. 위기에 처해서도 흔들리지 않고 내 길을 가는 태도를 익히자. 그러면 다음에 또 다른 위험이 찾아왔을 때 그 위험은 더 이상 위험이 아닌 나를 준비시켜주는 시련이 될 것이다. 구조조정 등의 고통스러운 상황이 왔을 때 위험이라고 느끼고 두려움 속에 안절부절못하는 대신 시련이라고 생각하며 끝까지 최선을 다하자.

소외되어도 삶에 대한
꿈을 잊지 말자

오래 직장 생활을 하다가 보면 가족 같이 지내게 되는 직장 동료가 있다. 아이들 얼굴 보는 시간보다 직장 동료 얼굴 보는 시간이 더 길다. 아내도 모르는 비밀을 나눌 정도로 친한 경우도 있다. 그렇기 때문에 직장을 떠나는 게 더 두려워진다. 가족이 제대로 기능하지 못한다면 직장에서 해고당할 때 가족과 헤어지는 것에 버금가는 슬픔과 애도 반응을 보이기도 한다. 정도는 저마다 다르지만, 직장에서 일하면서 집안의 고민거리를 잊기도 하고 사람들을 만나거나 업무를 달성하면서 내가 나름의 쓸모 있는 사람이라는 자기 존중감도 확보한다. 그런데 실직은 이런 버팀목을 없어지게 만든다. 만날 사람도 줄어든다. 우리가 만나는 인적 네트워크의 상당수는 직장과 연결이 되어 있는데 위축된 마음에 옛 직장과 관련된 사람들을 피하기 시작하면 만날 사람이 없다.

실직을 비롯한 모든 상처는 궁극적으로 소외감을 가져온다. 내가 이 세상에 살아가는 것이 아무런 의미가 없고 존재 가치가 없다. 실직 상태이기 때문에 나를 필요로 하는 곳이 없다. 학교에서도 바닥이기 때문에 있으나 마나다. 이혼하고 가족에게도 버림받았다. 잘하는 것이 하나도 없다. 그나마 잘하는 것이 있더라도 세상에는 쓸모없는 것이다. 이렇게 모든 상처의 최종점은 절망으로 이끌어진다. 사회와 역사에서 철저히 소외된다. 세상은 나를 마음대로 휘두르지만 나는 세상에 아무런 영향을 못 주는 벌레보다도 못한 존재다.

나를 기억해주는 이는 아무도 없을 것 같다. 불행에 빠지면 끝이 없을 것 같고 아무리 시간이 지나도 내 불행은 계속될 것 같다. 신이 나를 버린 것 같고 달아날 곳도 없을 것 같다. 내 부끄러움을 추적해 들어오는 이들은 내가 지구 반대편에 가도 쫓아올 듯하다. 내 마음은 괴로움밖에 남지 않고 그런 괴로움의 끝은 없을 것 같다. 그렇다면 절망에서 우리를 지켜주는 것은 어떤 것인가?

도스토옙스키나 키르케고르 같은 실존주의 작가들은 죽음에 대한 생각을 떨치지 못하면서 글을 썼다. 쇼펜하우어 같은 이는 삶이 무가치하다면서 남들에게 죽음을 권하는 글을 썼지만 막상 본인은 죽지 않고 천수를 다 누렸다. 괴테는 질풍노도의 시기 실연의 상처 때문에 죽음을 선택하는 청년에 관한 《젊은 베르테르의 슬픔》(1774)이라는 명작을 썼다. 수많은 젊은이가 그 책을 읽고 자살을 했지만 막상 괴테 자신은 자살을 선택하지 않았다. 남들은 죽음의 유혹에 빠지도록 해놓고 막상 본인들은 자살하지 않은 이유가 무엇이었을까? 여러 가지 이유가 있었지만 가장 큰 이유는 그들에게는 아직도 써야 할 글이 남아 있었고 글을 쓰면서 느끼는 즐거움이 있었기 때문이다. 죽음에 대해서 생각하며 죽어야겠다고 결심을 했어도 글을 쓰는 데 몰입하면 죽음에 대해서 잊을 수 있었을 테고 그것이 죽음에 대해서 글을 쓰면서 죽음을 미루는 역설적인 상황으로 나타난 것이다.

우리도 마찬가지다. 몰입할 수 있는 잔재미가 인생에 남아 있다면 사람은 쉽사리 죽지 않는다. 재미라는 것은 인생이라는 사막을 횡단하다 물이 떨어졌을 때 목마름을 달래줄 수 있는 한 가닥 빗줄기 같은 역할을 한다. 아무리 황무지라도 잡초와 잡목, 하다못해 벌레들이 있기 마련이다. 얼핏 봐서는 귀찮고 쓸모없는 것처럼 보이지만 이런 존재들이 사막이라는 생태계를 그나마 유지시켜주고 있다. 어떤 이가 귀찮고 쓸모없다는 이유로 마음속에서 잡초, 잡목, 벌레들을 완전히 박멸한다면 그 대가를 치르게 된다. 그는 가시에 찔리면 아플 수도 있다는 이유로 선인장도 없애버렸다. 그렇게 모든 것이 다 사라져버린 후 길을 잃어버리게 되었다. 저 멀리 바라보면서 걸어가기만 하면 목표에 다다를 수 있다고 생각했는데 이정표가 될 수 있는 것들을 모두 없애버렸으니 길을 찾을 수가 없게 되었다. 목이 말라 죽겠는데 비가 내려도 입을 축일 수 없다. 비가 내려도 메마른 모래에 흡수되어 물이 고일 여지마저 없기 때문이다. 자살을 선택하는 사람의 마음은 살아있는 생물이라고는 벌레 한 마리조차 찾아볼 수 없는 사막보다도 더 삭막하다. 자그마한 기쁨과 재미가 뿌리내리고 싶어도 뿌리내릴 곳이 없다.

때때로 연이은 불행과 불운으로 인해서 마음이 황폐해지기도 한다. 하지만 어떤 경우는 마음의 주인인 나 자신이 마음을 삭막하게 비워버리기도 한다. 성공이라는 목표에 방해되는 것은 다 필요 없는 것이라고 생각하면서 자신의 마음을 황폐화하는 것이다. 이렇게 목표지향적인 인간들이 현대사회의 영웅으로 칭송을 받는다. 그들은 어떻게 삶을 황폐하게 하는지에 대해서 강연을 하고 책을 낸다. 마음을 황폐화하는 기술이 성공하는 기술과 동일시되면서 우리 사회는 사는 게 사는 게 아닌 세상이 된다. 당연히 자살이 늘어나고 사람들은 인생이 실패해서 자살한다고 생각한다. 하지만 살면서 죽고 싶을 정도의 괴로움 한두 번 겪지 않는 사람은 없다. 누구에게나 실패와 좌절은 찾아온다. 그러나 절망에서 벗어나는 데 필요한 생명의 샘을 막아버렸기 때문에 자살이라는 밑도 끝도 보이지 않는 어둠으로 가득 찬 우물에 몸을 던지게 된다. 한쪽에 치우친 인간의 합리성이 생존의 본능까지 뒤덮어 버릴 때 자살을 생각하게 되는 것이다. 어떻게 보면 자살은 불행에서 탈출할 수 있는 지나치게 합리적인 방법이다. 자살을 결심한 이에게 있어서 자살은 극도의 이성적 결정이기에 아무리 이성에 호소해도 그 결심을 뒤집을 수 없다. 자살을 막고자 한다면 그가 잊고 있던 인생의 기쁨과 재미를 맛보게 하는 것이 차라리 더 효과적이다.

과거 고성장 국가였을 때는 신분 상승, 재산 증식이 대다수가 동의하는 삶의 재미였다. 단지 성장만을 기준으로 한다면 성장률이 떨어지는 지금은 삶의 재미가 줄어들 수밖에 없다. 물론 국가는 조금이라도 성장을 도모해야 한다. 그 국가에서 살아가는 우리 개개인은 저성장 속에서 새로운 재미를 찾아내야만 한다. 재미있게 살자고 하면 무언가 한눈파는 것과 동일시하는 사람이 지금도 많다. 하지만 죽음에서 우리를 지켜주는 것은 원대한 목표가 아니다. 자그마한 것들이 오히려 우리를 지켜준다. 시시덕거리며 함께 낄낄거릴 수 있는 친구, 내일 죽더라도 오늘은 꼭 봐야겠다고 생각이 드는 드라마, 사랑하는 사람이 엉뚱하게 터뜨리던 방귀 소리, 음치인 딸아이가 부르는 노랫소리와 같이 사소한 것들이 우리를 절망으로부터 지켜준다. 평소에도 재미있는 인생을 만들어주는 잔잔한 것들을 소중히 여겨야 한다. 고성장 시대에 더욱 부유해지는 것, 더욱 강해지는 것, 더욱 유명해지는 것이 삶의 주된 목표였다면 저성장 시대에는 재미있게 사는 것도 삶의 한 목표가 될 수 있다. 잔재미와 잔사랑이 주는 웃음과 기쁨이 중요한 시대가 왔다.

불안에 스트레스 받으며
일하지 말자

어렸을 때 나는 초등학교에 들어가면서 창고로 쓰던 좁은 문간방을 혼자 쓰게 되었다. 그래서 책꽂이에는 아버지가 읽으시던 책이 잔뜩 꽂혀있었다. 그중에는《돈으로 목을 졸라라》라는 책이 있었는데 진짜 돈으로 사람의 목을 졸라 죽이는 이야기인 줄 알고 무서워서 읽지 못했다. 사람이 벌레로 변신하거나 고문 기계에 대해서 장황하게 설명을 하는 소설이 실린《카프카 단편집》은 그림이 없지만 신기한 이야기가 실린 책이라고 생각을 하면서 읽었다. 제일 열심히 읽었던 책은《그리스 로마 신화》였다.

《그리스 로마 신화》중에서 가장 신 나게 읽었던 것은 페르세우스의 영웅담이었다. 페르세우스가 페가수스를 타고 안드로메다를 구출하는 이야기는 읽고 또 읽었다. 그런데 어린 나이에도 신화의 주인공이 왜 이런 고생을 하는지 이상한 생각이 드는 인물이 셋 있었다. 우선 프로메테우스였다. 아무리 인간을 좋아했다지만 신들로부터 불을 훔쳐서 인간에게 주고 사슬에 묶인 채 매일 아침 독수리에게 심장을 쪼이는 프로메테우스의 고생은 너무 심했다. 시시포스 역시 불쌍했다. 시시포스는 지옥의 신 하데스로부터 산꼭대기까지 바위를 올리도록 명령을 받았다. 그런데 시시포스가 산꼭대기로 바위를 올리자마자 바위는 굴러떨어져 버린다. 그러면 시시포스는 또다시 바위를 산꼭대기로 올려야 했다. 그렇게 끝없이 무의미한 명령을 수행하는 것이 시시포스의 형벌이었다. 마지막으로 제우스에 맞섰다는 이유로 하늘을 떠받고 있게 된 아틀라스 역시 불쌍했다. 헤라의 나무에서 황금 사과 세 개를 따게 하기 위해서 헤라클레스는 아틀라스 대신 잠시 하늘을 떠받든다. 그리고 아틀라스는 하늘을 떠받드는 일을 헤라클레스에게 넘기고 떠나려 하는데 헤라클레스의 잔꾀에 속아서 다시 하늘을 떠받들게 된다. 그 장면을 읽으면서 왜 그리도 아틀라스가 측은했는지 모른다. 영원히 매일 똑같은 고생을 하고 똑같은 고통을 겪는다는 것이 어떤 의미인지 어렸을 때지만 신화를 통해서 어렴풋이 느꼈던 것 같다. 명령 때문에 매일 똑같은 일을 해야 하는데 그 일이 무의미하게 느껴지면 나 자신 역시 쓸모없이 느껴지게 된다. 신화의 비극적 주인공들처럼 벗어나고 싶지만 벗어나지 못할 때 우리는 스트레스를 받는다.

기업에 스트레스 관리 교육을 하러 갈 때가 자주 있다. 처음이나 지금이나 직장인들을 대상으로 하는 스트레스 관리 교육이 가장 힘들다. 마음을 편하게 가지라고 말씀드리자니 업무량과 그 강도가 줄어들지 않는데 어떻게 마음을 편하게 가질 수 있느냐는 질문을 받을까봐 걱정이 된다. 상사와의 갈등은 대화로 풀라고 하자니 인사고과를 매기는 직장 상사에게 뭐라고 말을 꺼내야 하느냐고 질문하면 어떻게 대답을 해야 할지 걱정이 된다. 찍히기로 마음먹지 않는 한 시키는 대로 일을 할 수밖에 없지 않은가? 거기에다가 성장률은 떨어지고 고령화는 점점 심해지는데 다가올 미래에 대한 불안은 스트레스를 가중시킨다. 고령화에 따른 불안은 결국 기업의 불안과 연결된다. 기업 역시 고령화에 따라서 앞으로는 일 잘하는 젊은 사람을 구하기도 어렵고 인구가 줄어들어 소비 시장이 위축될 것이라고 예상한다. 그래서 일은 많이 시키면서 월급은 조금 주고 확장은 하지 않는다. 그러다 보니 직장 분위기는 점점 살벌해지고 스트레스가 더욱 심해진다. 사실 지금 우리나라 직장인들이 겪는 고통은 그리스 로마 신화 속 비극의 주인공들이 겪는 고통보다 더하면 더했지 덜하지 않다. 신화 속에서 그들이 겪는 고통은 적어도 더 심해지지는 않는다. 매일 같은 고통을 겪는다. 대한민국에서 오늘을 살아가는 우리는 고통이 더 심해질까 항상 노심초사다.

지구를 하나의 유기체로 보는 이론을 '가이아 이론'이라고 한다. 달에 인류가 발을 디디면 인류는 인간이 달을 정복했다고 본다. 그런데 '가이아 이론'에 따르면 인간이 달을 정복한 것이 아니다. 지구라는 유기체가 인간을 이용해서 지구 생태계의 영향력을 달에 끼치기 위한 시도를 한 것이다. 나사의 우주선 승무원들 몸에 따라간 세균은 지구의 것이며 승무원들이 신은 신발과 물질 역시 지구에서 나온 것이다. 떨어져 나간 미세한 먼지들은 지구의 흔적이다.

지구가 하나의 유기체라면 생물 집단 역시 하나의 유기체다. 개미굴 역시 하나의 유기체이며 생태계다. 개미굴을 구성하는 개미들이 줄어든다면 나머지 개미들은 페로몬을 더 짙게 내뿜어 서로 자극하면서 열심히 일을 해야 한다. 개미굴은 개미에게 있어서 하나의 나라다. 개미 나라가 하나의 커다란 유기체라면 대한민국 역시 하나의 커다란 유기체라고 볼 수 있다. 우리는 대한민국이라는 국가 유기체의 세포에 해당하는 존재다. 개미가 페로몬에 영향을 받아서 무조건적으로 행동을 한다면, 우리는 대한민국이라는 국가 유기체 집단 지성이 만들어낸 믿음에 근거해서 무조건적으로 행동을 한다. 대한민국이라는 유기체를 계속 유지하고 확장하려는 생각의 코드를 만들어서 사람들을 통해 유포한다.

그중 한 가지가 고령화에 따른 공포다. 인구가 줄어들고 노후 대책이 불안하니까 일단은 명령대로 무조건 열심히 일을 해야 한다는 것이다. 하지만 우리가 열심히 일을 한다고 해서 노후 대책이 세워지는 것이 아니다. 노후 대책을 위해서는 부자들의 세금을 늘리면서 정부 지출을 줄이고 거기에서 늘어난 세원으로 일반인들의 노후 보장을 위한 사회보장 비용을 늘려야 한다. 하지만 개미굴의 목적이 개미 한 마리 한 마리의 편안함을 보장해주는 것이 아니었듯이 대한민국 국가 유기체의 목적 역시 대한민국 국민 개인의 평안함이 아니다. 세금을 줄이고 정부 지출을 줄이면 대한민국이라는 국가 유기체의 규모가 줄게 된다. 따라서 대한민국이라는 국가 유기체는 대한민국 국민의 능력을 쥐어짜는 쪽으로 움직이게 된다. 개미굴이 위험에 처하면 각각의 개미가 무조건적으로 더욱 열심히 일을 하듯 대한민국이라는 국가 유기체가 위기에 몰릴 때 각각의 국민은 더욱 열심히 일을 하게 된다. 하지만 그것이 결과적으로 대한민국이라는 국가 유기체의 이익만 늘리게 된다고는 생각하지 않고 나를 위한 것으로 생각하면서 죽어라고 명령을 수행한다.

출산율이 저하하고 아이들의 수가 줄어드니까 대한민국 유기체는 한 명 한 명의 능력을 향상시켜야 한다. 아이들 사교육비로 모든 여유 소득을 올인하도록 유도한다. 그렇게 대한민국이라는 개미굴 속의 집단 지성은 경쟁적으로 아이들을 더 공부시키도록 유도한다. 어른들은 남는 돈이 하나도 없고 저축도 없지만 아이들의 사교육에 거의 모든 돈을 쓴다. 저마다 아이들의 미래를 위해서라고 합리화하지만 각자의 아이들이 고가의 사교육을 받는다고 해서 성적이 좋아질 것이라는 보장은 없다. 내 아이가 받는 만큼 다른 아이도 받기 때문이다. 어느 순간 대한민국 모든 부모가 사교육을 중단한다면 그것은 대한민국을 살아가는 개인에게는 이득이다. 하지만 대한민국이라는 국가 유기체는 미래를 위한 투자가 줄어들면서 확장을 할 확률이 줄어든다. 그래서 우리나라의 부모들은 누가 끝까지 아이들의 사교육비를 감당할 수 있는지 사교육에 대한 치킨 게임chicken game을 하고 있다. 국가 유기체에게 자식을 다 키운 부모는 아무런 가치가 없다. 노동력 가치가 없어지는 시점에서 국민 개개인이 알아서 죽어주면 그것처럼 고마운 것이 없다. 아마도 그래서 자살이 늘어나고 있을 것이다.

명령은 내 직장 상사의 지시로 내려지는 것 같고 회사의 사장이 내리는 것 같다. 하지만 직장 상사와 사장이 명령을 내리기까지는 다양한 사고 과정이 개입한다. 개인의 이익을 위해서 이런 명령을 내린다고 생각을 하지만 그들의 사고 과정은 대한민국이라는 집단 지성의 영향을 벗어나지 못한다. 우리가 명령을 수행하도록 능력을 쥐어짜기 위해서 국가 유기체가 가장 많이 쓰는 메커니즘은 불안이라는 감정일 것이다. 예를 들어 가난하고 늙어 쪽방에서 죽어가는 노인에 대한 뉴스를 보면 우리의 마음은 불안해진다. 설혹 경제적인 여유가 있더라도 그런 뉴스를 접하게 되면 불안해진다. 늙어서 비참해지지 않으려면 아득바득 모아야겠다고 결심한다. 모진 고생과 수치와 수모를 참아가면서 노후를 위해 위에서 시키는 대로 일을 하는 것이다.

불안은 모든 인간의 마음에 내재되어 있다. 실존주의 심리학자들은 불안의 근원을 죽음에서 찾는다. 우리는 불행이 닥치게 되었을 때 그것이 죽음과 관련된 일이 아니더라도 무의식적으로 죽음의 공포를 떠올리게 된다. 연애가 끝날 때도 삶이 끝난 듯 괴로워하고 직장에서 실직할 때도 삶이 끝난 듯 괴로워한다. 그것이 사소한 일이건 큰일이건 상관없이 어떤 일이 매듭지어지면 허탈한 감정을 느끼게 된다. 모든 끝은 우리에게 죽음을 연상시킨다. 그리고 삶이 불행하게 끝날지도 모른다는 우려는 우리를 불안하게 한다.

불안에 떨면서 일하는 습관은 어려서부터 형성된다. 어렸을 때 아이들은 부모에게 야단맞기 싫어서 공부한다. 공부를 재미있어하는 아이는 거의 없다. 고등학교 때는 대학에 떨어지기 싫어서 공부한다. 자기가 진정 하고 싶은 일이 있어서 어느 대학 어느 학과에 가고 싶다는 아이는 많지 않다. 일부 특별한 경우를 제외하고 대부분 학생은 부모님과 학교가 정해준 목표 대학과 목표 학과에 떨어지지 않기 위해서 공부하고 직장에 지원했다가 떨어질까 두려워 대학에 가서도 준비를 한다. 그리고 회사에 들어가면 승진에서 혼자만 뒤처질까 일을 한다. 직장에서 높은 지위에 오르면 대단해 보이지만 영장류를 연구하는 학자들이 말한 바로는 대기업 이사회와 원숭이들이 회의하는 모습에는 큰 차이가 없다고 한다. 원숭이 집단에서 우두머리는 다른 원숭이들이 모두 앉아 있는데 혼자 서 있다. 때로는 반대다. 다른 원숭이들이 모두 서 있는데 혼자만 앉아 있으면 우두머리다. 인간 사회도 마찬가지다. 사장들은 보통 남들이 모두 서 있을 때 혼자 앉아 있거나 모두 앉아 있을 때 혼자 서 있다. 좋은 말로 리더, 나쁜 말로 우두머리가 되지 못할까 불안해서 죽어라고 일을 한다. 경쟁에서 뒤처지면 뒤처지는 대로 두려움에 일을 하고 상사에게 미움받기 싫어서 일을 하며 정리해고 당하지 않기 위해서 일을 한다. 일을 하지 않아도 되는 순간 해방감을 느끼기보다는 마치 시험에 떨어지고 부모님을 만날 생각에 전전긍긍할 때와 같은 불안함이 마음 한구석에서 고개를 든다. 그래서 또다시 회사 일을 만지작거리며 불안을 달랜다.

여기서 문제점은 일을 하는 가장 큰 이유가 불안인 경우 그저 명령에 쫓아서만 일을 하게 된다는 것이다. 아무 생각 없이 무조건적으로 일을 하면 결국 그 한계에 봉착하게 된다. 불안에 의해서 일을 하면 할수록 이미 하던 일은 기계적으로 더 잘할 수 있지만 새로운 일을 계획할 여유가 없어진다. 지금은 아니지만 옛날에는 성적이 안 나오면 체벌을 하는 경우가 많았다. 아이들은 야단을 맞으면 정신이 멍해지는데 스트레스 호르몬이 분비되기 때문이다. 스트레스 호르몬은 다른 말로 생존 호르몬이라고 한다. 맹수에게서 달아날 때나 사냥을 나가서 죽느냐 사느냐의 갈림길에 설 때 분비되는 호르몬이다. 스트레스 호르몬이 분비되면 배도 고프지 않고 웃음이 나오지도 않으며 똥도 마렵지 않다. 이런 상태에서는 새로운 계획을 세우고 학습을 하는 것이 불가능하다. 단지 현재의 위험을 넘기는데 모든 신경이 곤두서게 된다. 하지만 스트레스를 받는 상황에서도 스트레스 호르몬이 일정 수치를 넘지 않는 사람들은 밖에서 볼 때 여유 있어 보인다. 이렇게 여유가 있는 사람들이 웃으면서 융통성 있게 해답을 찾아간다. 불안은 여유를 없애고 여유가 없어지면 위에서 시키는 대로 그동안 해오던 관성대로만 일을 해결하려고 하게 된다. 따라서 점점 상황은 안 좋아진다. 불안은 자리에서 엉덩이를 떼게 하고 이리저리 몸을 움직이게는 할 수 있다. 하지만 두뇌를 움직이게는 못한다. 머리로 하는 일이더라도 단순한 일만 계속할 뿐 복잡한 일은 감당을 못한다. 조직에서 살아남겠다고 기를 쓰고 일을 하지만 불안에 쫓기는 이에게는 점점 단순한 일만 맡긴다. 단순한 일은 아무나 할 수 있는 일이고 단순한 일만 하다 보면 월급도 오르지 않고 도태된다.

따라서 현재 다니는 직장에서 조금이라도 복잡한 일이나 해결책을 만들어내야 하는 일을 맡아야 한다. 새로운 방식으로 스스로 명령을 만들어 다른 사람이 내가 만든 명령대로 일하게끔 해야 한다. 그런 능력을 갖추게 되면 저절로 승진을 한다. 하지만 사람들은 남이 내게 명령을 내리면 짜증 내고 미워할 뿐 자신이 명령을 내리는 위치가 되기 위해서 무엇이 필요한지는 생각하지 않는다. 그저 승진하고자 생각하고 월급이 오르기를 기대할 뿐이다. 그렇게 되기 위해서 어떤 능력이 필요한지 생각하려 하지 않는다. 명령을 내리는 윗사람들의 짜증나는 단점만 눈에 보이고 어떤 능력이 남에게 명령을 내리는 지위로 그 사람을 끌어올렸는지는 보이지 않는다. 명령을 수행해야 하는 아랫사람들로서는 그저 윗사람들은 다 무능력하게 보일 뿐이다.

《피터의 원리》(1968)에서는 회사에서 높은 지위를 차지하는 사람들일수록 무능력한 사람들이 많이 포진하는 이유에 대해서 다루고 있다. 처음에 능력이 있던 이도 승진을 할수록 무능력해진다. 누군가 승진을 하는 것은 그 나름의 능력이 있어서다. 그런데 승진을 하면 할수록 업무가 더욱 어려워지고 복잡해진다. 과거에 상대적으로 단순하고 쉬운 일을 잘 해내던 이도 승진을 하면서 더 힘든 일을 맡게 되면 실패할 확률이 커진다. 승진을 해 자신의 능력을 넘어서는 일을 맡게 되면서 무능력이 드러난다는 것이다. 개인적인 생각으로는 '피터의 원리The Peter Principle'에 한몫을 하는 것이 불안에 따른 압박이다.

직장에서 신입사원으로 처음 일을 시작할 때는 실수를 해도 초보이기 때문에 봐주지만 시간이 지날수록 실수를 하면 안 되고 불안이 커진다. 불안에 시달리는 사람들은 그만큼 일에 시간을 쏟게 되고 그만큼 더 많은 일을 빠른 시간에 처리할 수 있다. 나중에 승진을 하면 남의 불안을 다루고 회사의 불안을 다루는 것이 주된 일이 된다. 예상할 수 없는 사람들의 변덕과 불확실성을 다뤄야 한다. 본인이 불안한 데 불확실한 사업 환경에 대처할 수는 없다. 불확실성이 높아지면 회사에서 일하는 사람들의 불안도 커진다. 자신이 불안해하면서 불안한 사람들을 이끌어갈 수는 없다. 사람들은 불안해지면 대게 두 가지 중 하나를 선택한다. 이랬다저랬다 갈팡질팡하거나 과거에 하던 방식대로 초지일관 밀어붙인다. 대체로 둘 다 성공적이지 않다. 차라리 불안할 때는 아무것도 하지 말고 마음이 차분해질 때까지 기다리는 것이 낫다. 그러다 보면 길이 보인다. 눈에 보이지 않던 길이 눈에 보이게 되면 그때는 누가 뭐라고 하건 한 걸음씩 조심스럽게 발을 디디면서 앞으로 나아가야 한다.

04

성취감

WORK

인생을 살면서 무언가 성취한다는 것은 중요하다. 하지만 성취만 추구하다 보면 오히려 마음의 균형이 깨지는 수가 있다. 무언가를 이룰 때마다 마음 자체의 모양은 오히려 더 일그러지게 되는 것이다. 균형이 맞지 않는 탑에 무언가를 올릴 때마다 더 비틀거리듯이 말이다.

무언가를 계속 성취하려고 도전하는 태도를 심리학자들은 성취동기라고 표현한다. 학교 폭력이나 게임 중독에 관해 학부모 시민 단체에서 의뢰가 들어와 강의를 하게 될 때가 종종 있다. 그런 시민 단체는 자원봉사자가 많다. 그중 한 분에게 어떻게 학부모 시민 단체에서 일하게 되었는지 물어보았다. 그분은 명문 여대를 졸업하고 대학원까지 나온 후 결혼을 했다. 한때 교수가 될 생각도 있었지만 포기하고 가정주부로 지냈다. 그런데 중년에 들어서면서 내가 해놓은 것이 무엇이 있나 하는 생각이 들면서 우울증에 걸렸다고 한다. 남편은 대기업 임원이고 자식도 공부를 잘해서 명문대에 다니고 있으나 정작 자신이 성취한 건 아무것도 없다는 생각이 들었다는 것이다. 그래서 스스로 무언가 성취하고 싶은 생각에 학부모 시민 단체에서 일을 하게 되었다. 보수는 받지 못하더라도 자신이 기획한 교육 프로그램이나 강좌에 사람들이 모이는 것을 보면 뿌듯하다고 한다. 이렇듯 가정도 화목하고 경제적으로도 여유가 있어서 그냥 인생을 즐기면서 살아도 될 것 같은 이들도 무언가 자신이 이루어냈다는 성취감이 없으면 삶이 만족스럽지 않다. 왜일까?

우선 자신이 속한 집단에서 의미 있는 존재가 되고자 하는 욕구를 들 수 있다. 어떻게 생각하면 지위에 대한 욕구다. 집단을 이루는 모든 동물은 우두머리가 있다. 원숭이 무리, 사자 무리, 사슴 무리 모두 다 우두머리가 있다. 우두머리부터 시작해서 서열이 존재한다. 가장 낮은 서열이 된다는 것은 가장 의미가 없고 존재감도 없다는 것을 뜻한다. 회사를 예로 들면 오너가 기업이라는 사회의 우두머리다. 수익이 남아서 돈을 더 많이 버는 것도 중요하지만, 회사를 통해서 우두머리가 된다는 것도 중요하다. 회사의 규모가 커질수록 지배할 수 있는 집단도 커진다. 가급적 무리를 키워서 더 큰 무리의 우두머리가 되고자 한다. M&A를 통해서 무리하게 확장하다가 곤란을 겪는 기업인들의 비이성적인 판단의 밑에는 더 큰 집단의 우두머리가 되고자 하는 욕구가 깔렸다.

자신이 관여하는 영역을 넓히고자 하는 욕구도 있다. 이동하면서 사냥을 해야 하는 육식 동물은 냄새를 남김으로써 자신의 영역을 표시한다. 집에서 애완견으로 키운 강아지들도 밖에 데리고 나가면 전봇대 밑에 소변을 봐서 냄새로 영역을 확보하려 한다. 애완동물은 나가서 산책을 하고 싶어 하고, 아직 말도 제대로 못 하는 아이도 부모가 나가려고 하면 자기도 따라나가겠다고 하면서 떼를 쓴다. 집에서 살림만 하던 가정주부는 집 밖에서 자원봉사를 하며 사회라는 영역에 발을 디디고 성취감을 느낀다. 회사의 한 부서 안에서 주어진 일만 하던 이는 승진을 하면서 관장하는 부서가 늘어날 때 성취감을 느낀다. 식당을 해서 성공하게 돼도 분점을 내고자 하고 병원도 하나가 잘 되면 분원을 계획한다. 조금만 회사가 커지면 국외 진출을 모색한다. 삼성, 현대, LG 같은 대기업의 로고는 전 세계에 걸쳐 있다. 우리 회사의 로고와 상표가 곳곳에서 눈에 띈다는 것은 나의 활동 영역이 그만큼 커졌다는 것을 의미한다. 영역을 넓히고자 하는 본능이 충족된다. 다국적 대기업의 로고는 국경과 지역을 넘어서 시베리아 동토, 아프리카 오지로 확장되었다. 개가 오줌을 싸서 자신의 영역을 알리는 것이나 재벌 회장이 거대한 광고판을 설치하는 것이나 같은 심리적 동기에서 비롯되었다고 할 수 있다.

자식에게 무언가를 물려주고자 하는 본능도 무시할 수 없다. 왜 부모는 그토록 자식을 위해 희생을 하는지 그 신비는 DNA가 발견되면서 비로소 풀렸다. 내 몸의 46개 염색체 중 절반은 아버지, 절반은 어머니에게서 왔다. 자식은 말 그대로 내 분신이다. 나라고 하는 사람이 죽어도 내 유전자는 세상에 남는다. 만약에 두 명의 자식을 낳아서 성인이 될 때까지 잘 키운다면 내가 죽어도 내 자식의 자식을 통해서 내 유전자는 전달된다. 만약에 대가 끊어지지 않고 계속 평균 두 명 이상의 자녀를 낳는다면 유전자의 형태로 영생을 누리는 것이다. 따라서 후손들이 대가 끊어지는 법이 없도록 안전을 확보하고자 한다. 유산은 그런 안전 수단의 하나다. 내 후손들이 내가 일궈놓은 사업으로 인해서 안전하게 대를 잇기를 원하는 것이다.

아울러 죽더라도 무언가 내 흔적이 남아 있기를 바란다. 평생을 가족도 없이 삯바느질해서 재산을 모은 어르신이 전 재산을 대학에 기증한다. 본인의 삶이 헛되지 않았다는 것을 확인하고 싶은 것이다. 파라오는 없어졌어도 피라미드는 남았다. 교황은 죽었더라도 성당은 남았다. 세종대왕은 죽었지만 한글은 남았다. 이렇게 시간을 초월한 대단한 것은 아니더라도 우리는 자신이 죽어 없어지고 나서도 자신의 흔적이 남기를 바란다. 지금은 묘지가 부족해서 화장이 대세이지만 과거에 매장을 선호했던 이유도 무덤이라는 흔적이 있다면 자손이 찾아올 것이라는 기대에서 비롯되었다. 거기에 내가 지어 평생 살아온 집이 되었든 정원의 나무가 되었든 무언가가 더해질 때 나름대로 삶이 의미가 있다고 느낀다. 그런데 그렇게 남기는 것이 꼭 무형의 것만은 아니다. 내가 평생 열심히 해온 일을 통해서 이루어진 업적도 어떤 점에서는 내 흔적이다. 그런 점에서 기업 역시 어떤 측면에서는 세월이 흘러도 없어지지 않을 모뉴먼트 monument다. 이병철 회장이 죽어도 삼성은 남았다. 이건희 회장은 죽었지만 삼성은 남았다. 대기업에 지분을 가진 대주주 일가가 몰락해서 기업이 남에게 넘어간다고 해도 그룹의 이름이 남으면 된다. 나이가 들어 죽음이 다가올수록 죽음을 부정하고 싶은 마음도 더욱 강해진다. 암에 걸렸음에도 불구하고 죽기 며칠 전까지 아픈 몸을 이끌고 일을 하는 사람들은 자신이 일을 할 수 있는 한 죽음이 오지 않을 것이라는 심리를 가지고 있다. 내가 이렇게 일을 하는데 암 때문에 죽는다는 것은 말도 안 된다는 식으로 다가오는 죽음을 부정한다.

하지만 인생은 일장춘몽이다. 나이가 들수록 시간은 더 빨리 지나간다. 얼마 전에 있었던 일이라고 생각했는데 다이어리를 보면 몇 달 전의 일이다. 작년에 있었던 일이라고 생각했는데 몇 년 전에 있었던 일이다. 시간이 쑥쑥 지나간다. 여름인가 싶었는데 금세 겨울이 온다. 삶도 그렇다. 인생을 가장 값지게 보내는 방법은 돈을 많이 벌고 지위가 올라가는 것이 아니다. 우리는 운동도 하고 몸에 좋은 음식을 먹으면서 객관적인 시간, 즉 수명을 늘리고자 한다. 하지만 더 중요한 것은 주관적인 시간을 늘리는 것이다. 모든 사람에게 24시간이 주어지지만 똑같은 하루가 아니다. 누군가에게는 그 하루가 엄청난 스트레스를 받으면서 정신없이 지나간 24시간이고 누군가에게는 순간순간의 감정과 의미가 부여된 24시간이다. 내가 깨닫지 못한 무의식적인 욕망 때문에 혹은 나에게 선택을 강요하는 상황에 휘말려서 보낸 하루의 가치는 존재의 측면에서 바라볼 때 24시간은커녕 0秒에 불과할 수도 있다. 반면에 하루를 사랑하는 이들과 아름다운 곳에서 죽어도 잊지 못할 추억을 만들며 보낸 이의 주관적 시간은 48시간, 72시간, 어쩌면 1년에 해당될 것이다.

사회에서 의미 있는 존재가 되고 싶은 욕구, 우두머리가 되고 싶은 욕구, 관여하는 영역을 넓히고 싶은 욕구, 유전자를 안전하게 후세로 전달하고 싶은 욕구, 삶의 흔적을 남겨 죽음을 이기고 싶은 욕구를 떨쳐버린다는 것은 일반인에게 불가능하다. 이런 욕구를 떨쳐버리기 위해서는 스님이 되든지 신부가 되어야 할 것이다. 스님과 신부가 결혼을 하지 않고 소유하지 않는 이유는 사실 욕망을 벗어난 삶을 추구하기 위해서다. 일반인인 우리는 이런 욕망을 실현하면서 살아가야 하지만 그렇다고 욕망만으로 인생이 구성되어서는 안 된다. 때로는 욕망의 범주를 벗어나서 삶을 바라보고 삶을 느낄 수 있어야 한다. 공간 이동에 해당하는 것이 여행이고 시간 이동에 해당하는 것이 회상과 인생 계획일 것이다. 아무도 나를 알아보지 못한 낯선 곳에 여행을 가서 직장인이 아닌 한 사람의 자연인으로서 시간을 보내며 우리는 욕망의 범주를 벗어난 삶을 살아가는 시간을 가진다. 교회에 가서 기도를 하든 절에 가서 불공을 드리든 집에서 묵상을 하든 우리는 그 순간에 인간이라는 동물의 껍데기를 벗어나 다른 차원의 삶에 혀를 대어보고 맛볼 수 있다. 자전거 타기가 되었든 낯선 외국어 공부가 되었든 평소에 하지 않던 무엇인가를 시도하면서 민낯의 나를 만날 수도 있다. 가끔 어렸을 때부터 모은 사진 앨범을 보면서 지난 시간을 추억하고 거울을 보며 미래의 내 얼굴을 상상해볼 수도 있다. 이런 시도를 통해서 본능과 욕망에 지배당하는 대신 본능과 욕망을 에너지로 이용할 수 있게 된다. 나라는 자아가 핸들이 되고 본능은 추진 엔진이 되어서 인생을 원하는 방향으로 몰고 가보자.

때로는 돌아보는 것도 필요하다

성취욕이 강한 사람들은 무언가 확실히 손에 잡히는 것을 선호하며 앞으로 계속 나아가는 데서 기쁨을 얻는다. 성취감에 중독되면 점점 성취의 속도도 빨라져야 하고 성취의 양도 많아져야 한다. 진짜 정신없이 살아간다. 그래서 성공한 이들은 그렇게 정신없이 사는 삶을 열심히 사는 삶과 동일시하면서 자랑스러워하기도 한다. 하지만 그렇게 정신없이 사는 삶이 과연 잘 사는 삶일까? 나이는 문제가 아니라고, 마음만은 청춘이라고 하면서 앞만 보고 정신없이 달려가는 삶이 과연 최선의 삶일까?

정신없이 사는 이의 삶은 모래로 건물을 짓는 것과 같다. 그 건물이 무너지든 말든 앞만 보고 또 하나의 건물을 짓는다. 건물이 완성될 때쯤 이미 지어놓은 건물은 무너져 내리고 있다. 그러나 본인은 앞만 보고 또 다른 건물을 지으려고 한다. 그러면서 본인은 열 개, 백 개, 천 개의 건물을 가지고 있다고 상상하지만 실제로 나머지 건물은 모두 무너진 후이기 때문에 가지고 있는 건물은 지금 짓고 있는 건물 하나 뿐이다. 하지만 그것마저도 곧 무너질 것이다.

모래로 건물을 지으면 금세 허물어진다. 기둥을 세우고 벽돌과 회반죽으로 형태를 만들어야 무너지지 않는다. 그리고 외벽을 마감하거나 색칠을 해야 아름답다. 세월이 지나도 그 기능과 아름다움을 유지하기 위해서는 정기적으로 손을 봐야 한다. 인생도 마찬가지다. 계속 앞으로 나아가면서 성취만 이루고자 하는 삶은 그 순간에는 성공으로 느껴지지만 세월이 지나 뒤돌아보면 도대체 내가 뭐 하고 살았나 하는 멍한 느낌에 사로잡히게 된다.

인생을 살면서 무언가 성취한다는 것은 중요하다. 하지만 성취만 추구하다 보면 오히려 마음의 균형이 깨지는 수가 있다. 무언가를 이룰 때마다 마음 자체의 모양은 오히려 더 일그러지게 되는 것이다. 균형이 맞지 않는 탑에 무언가를 올릴 때마다 더 비틀거리듯이 말이다.

카를 융은 인간의 정신에는 생각, 감정, 직관, 감각의 네 가지 기능이 있다고 주장한다. 이 중에서 사고와 감정은 내가 어떤 판단을 내리고 어떤 마음인지를 스스로 알 수 있다는 의미에서 합리적 기능이라고 한다. 직관과 감각은 내가 왜 이런 결정을 했고 왜 이런 감각을 좋아하는지 설명을 하기 어렵다는 이유에서 비합리적 기능이라고 융은 말했다.

찬찬히 계획을 세우고 심사숙고하는 사람은 생각형 인간이다. 희로애락의 감정이 오래가고 그에 근거해 행동하는 사람은 감정형 인간이다. 직관형 인간은 무슨 일이 닥치면 자신의 판단을 믿고 순간적으로 결정한다. 감각형 인간은 오감이 예민해 아름다운 것을 보면 좋아하고 맛집을 즐겨 찾는다. 생각형 인간은 철학 교수가 맞을 것이고 감정형 인간은 뉴에이지 음악가가 되면 맞을 것이다. 직관형 인간은 펀드 매니저가 맞을 것이며 감각형 인간은 패션 디자이너가 맞을 것이다. 이런 기능을 살려 직장 생활을 하고 이 세상을 살게 된다. 남들이 잘한다고 하고 나도 잘한다고 믿는 기능을 우월기능이라고 한다. 그리고 내게 모자란 기능은 열등기능이다.

생각형 인간은 아무래도 감각적인 면을 등한시할 것이기에 인생이 주는 즐거움을 맛보는데 망설이고, 감정형 인간은 무슨 일이 닥쳤을 때 변화하는 상황에 맞춰 순간적으로 판단하고 결정하는 직관적인 면이 모자랄 것이다. 직관형 인간은 자신의 감만 믿고 판단하기에 머리 아프게 생각하는 것을 싫어하고, 감각형 인간은 눈에 보이는 현상에 매료되어 자신의 내면을 깊숙이 들여다보지 않을 것이다. 그런데 직장이나 인생에서 문제가 생겼을 때 사람들은 자신이 잘하는 우월기능을 추구하여 문제를 해결하려 할뿐 열등한 기능을 살릴 생각은 하지 않는다.

사고가 생겨서 한쪽 다리가 부러져 수술을 받은 사람이 있다. 수술 후유증이 남아서 한쪽 다리의 힘이 약해졌고 그러다 보니 정상인 다리를 더 사용하게 되었다. 힘이 센 다리가 힘이 약한 다리를 끌고 가게 되면서 절룩거리게 되었는데 이런 현상을 없애려면 어떻게 해야 할까? 정상인 다리를 운동을 통해 강하게 하면 할수록 더욱 절룩거리게 될 뿐이고 힘이 약한 다리를 점점 사용하지 않게 되면서 절룩거리는 것이 심해진다. 나중에는 허리까지 무리가 간다. 문제를 해결하기 위해서는 약한 다리의 힘이 강해지도록 운동을 해야 한다. 그래야 균형이 맞아가면서 절룩거리는 것이 줄어들 것이다.

강점만 더 가다듬어서는 나아지는 것에 한계가 있다. 자신의 약점을 끌어올리는 것이 중요하다. 수학이 95점, 국어가 95점, 영어가 70점인 학생이 평균 점수를 올리기 위해서는 수학, 국어를 죽어라고 공부하는 대신 영어 성적을 올려야 한다. 하지만 영어에는 자신이 없기에 이미 잘하고 있는 수학과 국어만 더 열심히 하게 된다.

행복하기 위해서 무언가를 할 때도 여태까지 살아온 방식에 근거해 행동한다. 나중이야 어떻게 되건 우선 현재를 즐기고 보는 이들은 아무리 더한 쾌락을 느껴도 공허하다. 그러나 인생은 즐기고 보는 것이라고 생각을 하기에 더 자극적인 쾌락을 찾는다. 반면 이미 많은 것을 성취한 이들은 더 많은 것을 성취할수록 더 행복해진다고 생각한다. 그러나 더 많은 것을 성취해도 마음이 채워지지 않는다. 이미 가지고 있는 것을 과감히 버릴 수 있을 때 진정한 행복에 다가설 수 있다. 많은 것을 성취한 이는 성취에 대한 욕망 자체를 일정 부분 버릴 수 있을 때 삶이 내 것이 된다. 목표에 대한 지나친 성취욕을 버림으로써 진정으로 성숙한 삶을 성취할 수 있을 것이다.

살면서 미뤄서는
안 되는 것들

듀크 비즈니스 스쿨에서 같이 MBA 과정을 밟은 동기 중에 직장인의 꿈인 억대 연봉을 이룬 이들이 있다. 하지만 실적에 대한 끝없는 스트레스에 시달린다. 40대에 들어선 이 마당에 노후는 불안하고 벌 수 있을 때 벌어 놓아야 한다는 불안감이 스트레스를 더욱 심하게 한다. 때로는 이러다가 갑자기 죽어버리면 어떻게 하나 하는 걱정이 들고 좀 쉬엄쉬엄해야지 하는 생각도 든다. 그런데 어느 한순간 자의 반 타의 반으로 회사를 그만둔 동료를 보게 되면 그런 마음이 싹 가신다고 한다. 쉬엄쉬엄 일하면서 억대 연봉을 받겠다는 것은 회사에서 쫓겨나는 것을 각오했을 때나 가능하다. 회사에 가서 좀 편하게 일하는 대신 연봉을 덜 받겠다고 말을 할 수도 없다. 회사를 그만두겠다고 말하는 것과 다름없다. 이것이 과연 억대 연봉자들만의 고민일까? 그렇지 않다. 억대 연봉자들은 금전적인 보상이라도 받는다고 치자. 우리나라의 20~60대 직장인들은 많이 벌건 적게 벌건 모두 이런 절박함에 시달리고 있다. 수입이 적은 대다수 서민은 더욱 불안하다. 그러다 보니 우리는 인생을 살면서 진짜 중요한 것들에 대해서 고민하고 대비하는 것을 미루게 된다. 특히 성취욕이 강한 이들은 그런 경향이 더 강하다.

자신이 원하는 때에 원하는 방식으로 영광스럽게 은퇴를 하는 선수를 본 적이 거의 없다. 운동선수 대부분은 갑자기 부상을 당하거나 아니면 출전 기회를 잡지 못해 벤치만 지키다 은퇴하게 된다. 한순간이라도 주전으로 뛰었던 이들은 그나마 행복하다. 운동선수로 생활하는 내내 주목받지 못하다가 현역에서 은퇴하게 된 무명 선수에게 은퇴의 순간은 실패했다는 것을 확인하는, 세상에서 가장 고통스러운 순간이다. 말이 현역에서 은퇴하는 것이지 실상은 해고이다. 그동안 주전이 되기 위해서 몇 년간 매달렸던 자신이 바보 같이 느껴진다. 과거에는 가난했을지언정 꿈이 있었다. 지금은 꿈도 없고 가난하다. 운동선수로 성공하기 위해서 미뤄왔던 모든 것이 후회로 다가온다. 이것은 운동선수들만의 일이 아니다. 성취욕이 강한 사람들이 목표를 이루지 못하고 실패를 인정하게 될 때 역시 마찬가지다. 성공하게 되면 나중에 하겠다고 미뤄놓은 일들이 떠오르면서 지나간 세월이 원망스럽다.

특히 성취욕이 강한 이들은 성공의 환영에 미혹되는 경향이 강하다. 자본주의 사회는 성공과 관련된 상징 코드를 끝없이 확대 재생산해서 성취욕을 고취시킨다. 그 상징물은 대한민국에 단 한 대밖에 없는 슈퍼카일 수도 있고, 강남의 백 평 아파트일 수도 있으며 국회의원 배지이거나 공중파에 노출되는 유명인일 수도 있다. 그렇게 꿈을 먹고 살다 보면 진정 고민하고 준비해야 하는 것들을 자꾸 뒤로 미루기 마련이다. 자의에 의한 퇴직이든 타의에 의한 퇴직이든, 여유 있는 은퇴이든 가난한 은퇴이든 일단 밀려나게 될 때까지는 아무 생각 없이 열심히 해보자고 다짐을 한다. 그리고 막상 세상에서 밀려나게 되었을 때 자신이 성취라고 생각한 것들이 사상누각이었다는 것을 깨닫게 된다. 그렇다면 우리가 살면서 미루지 말고 항상 준비해야 하는 것은 어떤 것일까?

우선 건강이다. 일하다 보면 운동할 시간이 없다. 종일 앉아 있다가 보면 허리도 아프다. 젊었을 때와 달리 나이가 들면 들수록 계속 일하기 위해서는 체력이 관건이다. 많은 인간이 이렇게 오래 살리라는 것은 20세기가 되기 전에는 아무도 상상하지 못했다. 사회가 발달하면서 우리의 정신은 포스트모더니즘 시대에 살고 있지만 우리의 몸은 여전히 석기시대다. 특히 과거 인류의 평균수명이 40을 넘지 못했던 것을 고려하면 40세가 넘어가면서 체력의 저하도 현저하고 고혈압, 당뇨, 고지혈증 같은 만성질환이 발생하기도 한다. 그리고 암도 늘어난다. 여자는 폐경으로 고통받고 남자는 전립선비대증으로 소변을 보려면 종일 변기 앞에 서 있게 되기도 한다. 젊어서 죽어라고 일을 해서 부를 일군 사람 중에서는 나이가 들어 은퇴를 한 후 돈을 쓰려고 하니까 몸이 아파 꼼짝을 못하게 되었다면서 후회하는 이들이 적지 않다.

따라서 노후가 걱정된다면 체력을 유지해야 한다. 아무리 운동을 많이 한다고 해도 고혈압, 당뇨, 고지혈증 같은 병을 피할 수는 없다. 피할 수 없다면 받아들여야 한다. 고혈압에는 혈압약, 당뇨병에는 혈당강하제, 고지혈증에는 고지혈증 치료제를 꾸준히 복용해야 한다. 아울러 아무리 음식을 조심하고 운동을 많이 해도 암은 막을 수 없기 때문이다. 매년 암 검진을 받아서 조기 진단을 해야 한다. 직장에서 1년마다 한 번 하는 피검사와 엑스레이는 암의 조기 진단에는 아무 도움도 되지 않는다. 위암과 대장암 조기 진단을 위해서 내시경을 하고, 유방암 조기 진단을 위해서는 유방조영술, 자궁암 조기 진단을 위해서 팝스미어를 받아야 한다. 오래 살고 싶다면 효과도 명확지 않은 건강 보조식품과 비타민을 먹는 대신 술과 담배를 끊어야 한다.

다음으로 자신의 미래를 위한 무기를 갈고 닦아야 한다. 옛날에는 회사들의 수명이 길었다. 그래서 평생직장이 가능했다. 그러나 현재 우리나라 대기업의 평균수명은 30년이 조금 안 된다. 중소기업의 경우는 12.3년이다. 대기업에 들어가는 것은 하늘의 별 따기다. 중소기업에서 일을 한다면 나는 평생 참고 다니고 싶어도 회사가 망해서 다니지 못한다. 회사에 다니면서 열심히 일해서 성취감을 얻는 것도 좋지만 결국 자신의 미래는 자신이 알아서 대비해야 한다.

미국의 컨설팅 회사인 보스턴 컨설팅 그룹에서는 기업전략과 관련된 BCG 매트릭스라는 생각의 틀을 만들었다. BCG 매트릭스의 한 쪽 축은 시장점유율, 즉 마켓쉐어 market share 이고 다른 한쪽 축은 시장성장률이다. 마켓셰어가 커서 현재 돈은 되지만 시장의 성장성은 낮은 사업을 캐쉬카우cash cow라고 부른다. 그런데 지금 돈이 되는 사업도 시장이 성장하지 못하고 경쟁이 심해지면 언젠가는 돈을 벌 수 없다. 이렇게 성장성도 없고 마켓셰어도 줄어드는 사업을 BCG 매트릭스에서는 개dog라고 칭한다. 반면 마켓셰어는 낮지만 미래의 성장성이 높은 사업은 물음표question mark라고 정의한다. 시장점유율도 높고 성장성도 높으면 그야말로 스타star다. 즉 회사는 캐쉬카우에서 벌어들인 돈으로 물음표 사업을 스타 사업으로 전환해야 한다. 그리고 개에 해당하는 사업에서는 적절할 때 손을 떼야 한다. 이렇게 기업이 사업을 판단해야 하듯이 개인 역시 자신이 지금 하고 있는 일을 판단해야 한다. 지금 내가 하는 일이 돈도 벌리지 않고 가능성도 없다면 그 일에 매달릴수록 상황은 점점 악화한다. 지금 하는 일을 통해서 돈은 어느 정도 벌고 있지만 미래가 불투명하다면 대비를 해야 한다. 당장 돈은 안되지만 성장성이 있는, 물음표에 해당하는 일에 관해서 관심을 두고 준비해야 한다. 현재의 일에서 성취를 극대화하는 것도 중요하지만 성취감이 벽에 부딪히는 순간에는 인생의 물음표를 찾아 나서야 한다. 그래서 그 물음표를 스타로 바꿀 수 있어야 한다. 물음표를 준비하지 않으면 성취감이 한계에 부딪혔을 때 몰락하게 된다. 그때 가서 물음표를 준비하려면 너무 늦다.

추억 만들기 역시 미루게 되는 것 중 하나다. 내가 아는 분 중에 의사회 고문인 분이 있다. 젊어서 의사회 일을 했을 때 당시의 원로 고문님들이 만나기만 하면 똑같은 옛날이야기를 반복하는 것을 옆에서 지켜보면서 지루했었다고 한다. 그런데 지금 자신이 지역 의사회장을 하고 원로가 되고 나니 똑같다는 것이다. 젊은 사람들이 듣기에는 지루한 이야기일지 모르지만 본인들에게는 소중한 추억이다. 앞으로 새로운 일들이 벌어질 시간이 줄어들면 들수록 과거의 추억이 더 생각나게 된다. 그런 추억을 나눌 수 있는 이들을 만났을 때 반갑고 상대방이 조금 지겨워하는 눈치가 보여도 어찌 되었건 옛날이야기를 하면서 나는 즐겁다. 그런데 우리가 자꾸 생각하게 되는 추억은 과연 어떤 일일까?

추억은 열심히 일해서 무언가를 성취한다는 것과는 결이 다른 의미의 기억이다. 학창 시절을 돌이켜봤을 때 떠오르는 좋은 추억이 백점짜리 시험지인 이가 있을까? 아마 그런 이는 거의 없을 것이다. 운동회 날이나 친구들과 어울려 놀던 것을 떠올리는 이들이 대부분이지 않을까? 직장 생활도 마찬가지다. 거액의 계약을 성사시키거나 신제품을 개발해서 엄청난 성과급을 받았을 때와 같이 최고의 성취를 이룬 순간이 반드시 좋은 추억으로 남게 되는 것이 아니다. 추억은 대단한 일이 아닌 사소한 일들이다. 직장이 추억의 장소가 될 수 있다면 나중에 인생을 돌이켜볼 때 풍요로움이 더해질 것이다. 직장은 깨어 있는 대부분 시간을 보내야 하는 곳이다. 감옥이 되어서는 안 된다. 성취감에 사로잡힌 사람들은 직장을 하나의 목표를 이루기 위한 장소로만 여기고 자신의 성취와 관련이 없는 것에 대해서는 의미를 두지 않으려고 한다. 시시덕거리고, 시간을 낭비하고, 농땡이 부리고, 직장 상사들 뒷말이나 하는 동료에 대해서 싸늘한 시선을 보내기도 한다. 하지만 어쩌면 그런 보통 사람들이 더 의미 있는 직장 생활을 하고 있을지도 모른다. 그들이야말로 인생의 추억을 만들고 있는 것이다.

그만두고 나서 다시는 돌아보고 싶지 않은 직장이 있다. 어쩔 수 없이 돈이 더 필요해 월급이 많은 곳으로 옮기려고 그만뒀지만 자꾸 아쉬움이 남는 직장도 있다. 그것은 직장 탓이기도 하지만 어느 정도는

117
성취감

본인 탓이기도 하다. 자신이 일했던 직장들에 대해서 나름대로 아련한 추억을 가지는 이가 있다. 반면 자신이 다녔던 직장들에 대해서 단지 뼈 빠지게 고생만 한 곳으로 기억하는 이도 있다. 힘들 때 위로가 되는 것이 추억이다. 어디 가서나 그런 추억 하나쯤 만들 수 있는 사람이 된다면 삶이 더욱 풍요로워질 것이다.

마지막으로 죽음이 있다. 지구에 존재하는 인간을 포함한 모든 생물은 영원히 존재하기 위해 태어난 것이 아니다. 죽음이라는 과정을 거쳐서 소멸하는 것이 그 운명이다. 삶이라는 것은 전 우주적으로 매우 예외적인 상황이다. 죽음은 그야말로 만인에게 평등하다. 이 세상에 죽지 않는 사람은 없다. 누구나 죽음을 두려워한다. 누구나 죽는 순간은 고통스럽다. 다만 그 두려움과 고통의 정도가 다를 뿐이다. 누가 덜 두려워하나, 누가 덜 불행한가, 누가 덜 외로운가의 문제다. 아무리 한 인간이 스스로 생각하기에 완벽하고 만족한 삶을 살았더라도 죽음의 순간은 항상 대차대조표가 마이너스다. 그 무엇하나 저세상으로 가지고 갈 수 없다. 절대로 플러스가 되지 못한다. 내가 이룬 성취 중 티끌 하나도 저세상으로 가지고 갈 수 없다는 것을 인식하면서 사는 이는 거의 없다.

그런데 유난히 죽음을 부정하는 사람들이 있다. 나이는 숫자에 불과하다면서 이팔청춘 같이 사는 이들에게는 어느 날 훌쩍 찾아오는 죽음이 야속하기만 하다. 자신이 자랑스러워하는 성취들을 무가치하게 만들어버리는 죽음에 대해서 화가 난다. 죽음을 앞두고 가족도 싫고 친구도 싫다. 자신은 죽어야 하고 가족과 친구들은 살아남는다는 것이 화가 난다. 이처럼 성취라는 이름으로 죽음을 피해만 다니면 죽음이 찾아왔을 때 준비 안 되고 화가 난 상태로 죽음을 맞이하게 된다. 어떤 사람이 죽기 바로 직전 행복하다고 생각을 했다면 그의 인생은 행복하게 끝난다. 어떤 사람이 불행을 느끼면서 죽는다면 그의 인생은 불행하게 끝난 것이다. 따라서 조금이라도 덜 불행하고, 덜 괴롭고, 덜 외롭게 죽어갈 준비를 해야 한다. 그러기 위해서는 종종 죽음의 얼굴을 마주 봐야 한다.

현재 무언가를 성취하는 것이 인생의 모든 것으로 생각하며 몰두하지는 말자. 인생은 무조건 열심히 살았다고 해서 보상받는 것이 아니다. 건강 관리를 미루지 말고, 미래에 대한 준비를 소홀히 하지 말고, 추억을 많이 만들고, 언젠가 죽음이 찾아온다는 것을 인정하고 마음을 가다듬자.

포기하는 것도
어떤 의미에서 성취다

옛날에 어떤 바보가 있었다. 바보는 추운 겨울이 싫었다. 그래서 곰곰이 생각하다가 여름에도 두꺼운 옷을 껴입고 지냈다. 여름에 두꺼운 옷을 껴입고 체온을 유지하면 겨울에 덜 추울 것이라고 생각했다. 하지만 겨울은 여전히 추웠다. 그래서 이번에는 겨울에 벗고 다니기로 했다. 겨울에 옷을 벗고 춥게 지내면 여름이 시원할 것으로 생각한 것이다. 하지만 여름이 왔을 때 땀이 비 오듯 흐르는 것은 마찬가지였다. 바보는 완벽히 준비만 하면 미래를 준비할 수 있다고 생각했다. 하지만 아무리 완벽히 준비를 해도 한계가 있기 마련이다. 성공을 위해서 열심히 노력하는 직장인 중 바보와 비슷하게 세상을 바라보는 이들을 종종 만나게 된다.

열심히 노력해서 성공한 사람들은 어쩔 수 없는 상황을 있는 그대로 받아들이지 못한다. 더는 어떻게 해볼 수 없는 상황에서도 계속 그때 이랬다면, 그때 저랬다면 하고 생각을 한다. 불굴의 의지로 곤경을 헤쳐나가는 것도 중요하다. 하지만 한계를 받아들이고 포기할 것은 포기해야 새로 시작할 수 있다. 밑에서부터 토대를 쌓아 차곡차곡 탑을 올리는 것도 필요하지만 탑이 더 이상 손쓸 수 없이 망가졌을 때는 허물어버리는 것도 필요하다.

미래를 예측하고 전략적으로 움직이는 것의 중요성을 경영학자들은 이야기한다. 물론 최선을 다해야 하지만 인간의 예상과 행동은 한계가 있기 마련이다. 때로는 그 한계를 받아들이고 기다리는 것이 필요하다.

우리의 몸에는 피드백 시스템이 있다. 한 예로 식사를 많이 해서 혈당이 오르면 인슐린이라는 호르몬이 나와서 혈당을 떨어뜨린다. 혈당이 너무 떨어지면 혈당을 올리는 역할을 하는 호르몬들이 작용하고 적절하게 혈당 수치를 조절한다. 그런데 이런 과정이 깨지게 되면 당뇨병이 생기게 된다. 당뇨병이 생겨서 몸에 과다하게 당이 많아지면 신장이 망가지고 망막에 손상이 오며 말초신경염이 생긴다. 그래서 당이 너무 올라가면 떨어뜨리고 당이 너무 떨어지면 당을 올려야 하는 것이다.

이런 피드백 시스템은 우리 몸의 모든 부분에 작용한다. 며칠 잠이 부족하면 졸려서 저절로 잠이 온다. 운동을 갑자기 많이 하면 근육에 통증이 와서 운동을 쉬게 되고, 달리다가 심장에 부담이 되면 멈추게 된다. 그러나 자동차를 몰 때는 상황이 다르다. 물론 기름이 떨어지면 차가 멈추겠지만 내가 속도를 내고 싶으면 가속페달을 밟게 된다. 인적이 없는 도로라면 내가 원할 때까지 마음껏 달릴 수 있다. 내 몸은 전혀 힘들지 않다. 갑자기 뭐라도 튀어나와서 사고가 나지 않는 한 차를 멈추지 않는다.

성공에 대한 욕망에 사로잡혀 욕망을 실현해주는 고속도로에 들어서면 혼자서는 도저히 멈출 수가 없다. 도박을 하는 이는 잃을 때까지, 사업을 하는 이는 망할 때까지, 정치를 하는 이는 낙선을 할 때까지, 출세를 하고 싶은 이는 망신을 당할 때까지 한다. 마치 폭주 기관차가 탈선할 때까지 멈추지 못하듯이, 성공에 대한 욕망은 실패를 할 때까지 멈추지 않는다. 포기하지 못하기에 실패만이 그를 멈춰줄 수 있다.

만약에 실패하는 법 없이 계속 성공 가도를 달린다면 포기할 필요가 없는 걸까? 맥베스에게 선택의 길이 있었다면 어떻게 되었을까? 마녀들이 맥베스에게 두 개의 인생 중 하나를 선택하게 했다면 말이다. 맥베스는 왕이 될 수는 없지만 행복한 삶과 왕이 되지만 불행한 죽음을 맞이하는 삶 중 어느 쪽을 선택했을까? 맥베스는 아마도 일단 왕이 되고 자신의 의지로 실패하지 않는 결과를 만들어낼 수 있다고 생각을 했을 것이다. 하지만 그 과정에서 맥베스가 잃어버린 것은 그의 인생 그 자체였을 것이다. 그는 왕이 되기 위해서 삶을 바쳤고 죽는 순간에 그를 위로해주는 것은 아무것도 없었다. 적절한 시점에서 포기하는 것은 우리가 욕망의 노예가 되지 않도록 인생의 브레이크 역할을 한다.

자본주의 사회가 되면서 인류는 비약적으로 성장을 했다. 뒷걸음질 치지 않고 백 년이 넘게 성장을 한 것은 유례없는 일이다. 그리고 우리는 인류를 옥죄는 제약을 거의 다 정복했다는 착각 속에 산다. 지금도 때로는 폭풍이나 홍수가 엄청난 목숨을 삽시간에 앗아가서 인류의 무기력함을 일깨우지만 문명의 정점에 선 도시는 엄청난 인공물로 인해서 자연의 제약을 벗어난 것이 사실이다. 인류에게 위협이 되었던 맹수들은 거의 다 멸종의 위기에 처해있다. 그렇기 때문에 실패가 있어도 그것을 브레이크로 받아들이지 못한다. 억울하다고 생각할 뿐이다. 남들은 한계가 없이 성장하는 것 같은데 나만 여기서 멈추어야 한다는 것을 받아들일 수 없다. 그래서 포기하지 못하고 점점 더 상처를 키워 마지막에는 기운이 소진된다.

"시련은 있어도 실패는 없다"라는 짧은 말 속에는 한 기업인이 평생을 살아온 인생에 대한 진한 감정이 배어 나온다. 하지만 대체로 실패의 징조는 포기해야 할 때를 알려주는 신호에 해당이 된다. 자그마한 실패를 하나의 계시로 받아들여야 적절한 시점에 포기할 수 있다. 적절하게 리스크를 안아야 성공적이고 재미있는 인생을 사는 것도 사실이다. 하지만 리스크가 과하게 되면 사소한 일에서부터 안 풀리게 되어 있다. 그때 그런 자그마한 실패를 시련으로 오판하고 계속 밀어붙이다 보면 더 큰 어려움을 맞닥뜨린다. 그러다 최종적으로 돌이킬 수 없는 실패가 오게 되는 것이다. 재기하여 일상을 누리기 위해서는 돌이킬 수 없는 순간이 오기 전에 포기할 수 있어야 한다. 그렇지 않으면 실패가 당신에게서 앗아간 것에 대해서만 괴로워하며 인생 자체를 포기하게 될 수도 있다. 인생을 포기하지 않기 위해서는 출세, 사업, 고시, 유학 등 무엇이 되었든 눈물을 머금고 포기할 수 있어야 한다.

머릿속에서는 최상의 순간에 멈추겠다고 생각을 하지만 조금만 더 조금만 더 하면서 인간은 멈추지 못한다. 그러나 당신은 멈춰야 할 때와 멈춰야 할 곳에서 포기하고 욕망을 잠재워야 한다. 당신은 포기하는 순간 허무함을 깨닫고 받아들여야 할 것이다. 성공에 대한 욕망에 사로잡혀 살게 되면 얼핏 삶이 위대하고 그럴듯해져 가는 것처럼 보이지만 실제로 그 안을 들여다보면 텅 비어 있다. 만약에 그런 허무함을 인식했다면 이제부터라도 그 안을 채워 넣어야 한다. 다만 이제부터 안에 들어가야 할 것은 과거에 시도했던 욕망의 찌꺼기와는 달라야 할 것이다.

즉 포기를 모르는 이에게 가장 필요한 것은 성공불패의 신화를 이어가기 위한 열정과 능력이 아닌 포기할 수 있는 마음 그 자체다. 그가 하나의 성공을 더 이루어낸들 높은 탑에 조약돌 하나를 더 올린 것에 불과하다. 하지만 더 이상 탑을 쌓는 것을 포기하고 시선을 다른 곳으로 돌리는 순간 일의 또 다른 이유, 삶의 또 다른 가치들이 눈에 들어오게 된다. 일만 놓고 보면 포기는 나약함이고 패배 같지만 삶을 놓고 보면 포기도 꼭 필요한 능력이다.

성공 질주의 노예가 된 삶 속에는 자신을 돌이켜 볼 여지가 없다. 삶은 무리에게 헤아릴 수 없이 많은 기회를 제공한다. 하지만 사람들이 흔히 성공의 여부를 가늠할 때 언급하는 것은 사회적 성공, 경제적 성공, 자식 농사 성공 세 가지에 국한된다. 우리에게는 채워야 할 100페이지 '인생 노트'가 있다. 사회적 성공, 경제적 성공, 자식 농사 성공은 불과 세 페이지에 해당한다. 아무리 세 페이지를 열심히 작성한다 해도 97페이지가 텅 비어 있는 것이다. 삶을 모두 마친 후 신이 우리의 인생 노트를 검사한다고 상상하자. 100페이지를 채운 사람에게 주관식 채점을 하면서 부족하더라도 점수를 줄 수 있다. 하지만 세 페이지만 채워져 있고 나머지 97페이지가 텅 비어 있다면 점수를 주고

싫어도 줄 수 없다. 그 남은 97페이지의 의미를 알려주는 것이 바로
포기의 역할이다.

성취감의 상당 부분은
주관적 판단에 좌우된다

컴퓨터 게임광 중 어떤 이는 일을 하듯이 컴
퓨터 게임을 한다. 오락에서 이기기 위해 가이드북을 보며 공부를 하
고 적을 제압하기 위해 정보를 나누고 협동할 수 있는 길드에 가입한
다. 어떤 아이들은 자신이 공부를 하는 동안 게임의 포인트가 올라가
야 한다면서 어머니에게 게임을 해서 포인트를 따도록 요구한다. 매
일 정해진 시간에 정해진 컴퓨터 게임을 정해진 방식대로 꾸준히 한
다. 이쯤 되면 게임은 더 이상 오락이 아니고 일의 수준이다.

스탠퍼드 대학교 커뮤니케이션학과의 니컬러스 이 Nicholas Yee 교수
는 3년간 3만 명 이상의 MMO 게임 유저들을 조사한 결과를 2006년
에 〈MMORG의 심리 The Psychology of Massively Multi-User Online Role-Playing
Games〉라는 제목으로 발표했다. 그는 사람들이 MMORG 게임을 하는
가장 큰 다섯 가지 이유로 성취감, 관계 형성, 역할 몰입, 현실도피,
못된 짓 하기를 들었다. 그중에서 가장 중요한 것은 뭐니 뭐니 해도
성취감이었다. 공부를 잘하거나 일을 잘하는 사람은 소수다. 하지만
게임은 평균에 해당하는 다수가 성취감을 느끼도록 설계가 되어 있어
성취감을 느끼기 비교적 쉽다.

만약에 게임에서 얻는 성취감을 일을 통해서 얻을 수 있다면 게임

을 미치도록 하는 대신 일을 미치도록 할지도 모른다. 하지만 대부분 사람이 직장에서 하는 일에 성취감을 느끼기란 쉽지 않다. 그것은 단지 마음먹기 문제가 아니라 일 자체의 성격 때문이기도 하다. 마음먹는다고 지겨운 일이 재미있어질 수 없다. 아무리 지겨운 일도 '몰입'만 할 수 있으면 즐거운 일이 된다는 말도 안 되는 주장 때문에 '몰입'이라는 말이 크게 유행했다. 하지만 기꺼이 몰입할 수 있을 만한 일이란 극히 제한되어 있다. 직장에서 종일 지겨운 일을 하다보면 집에 와서 또 무엇인가에 몰입하기가 쉽지 않다. 텔레비전이나 보고 오락이나 하면서 지내다 보면 진정으로 성취감을 줄 수 있는 일이 자신의 일이 될 가능성은 점점 멀어진다. 하지만 지적 장애인에게는 나사를 조이는 단순한 일도 나름대로 난이도를 지닌 어려운 일이다. 남이 볼 때는 보잘것없는 월급이라 해도 그 일을 통해서 스스로 자기 생활을 할 수 있게 된다면 그것 자체로도 성취감을 느낀다.

내 일에 대해서 사람들이 인정을 해주고 칭찬을 해주는지도 성취감에 한몫한다. 청소부 아주머니가 열심히 화장실을 청소했는데 거기에 대해서 "오늘 화장실이 보통 때보다 훨씬 깨끗해요", "아주머니가 청소를 하면 확실히 달라요"라고 신경 써서 인정을 해주는 경우는 거의 없다. 지저분하면 그때그때 지적을 당할 뿐이다. 칭찬은 없고 처벌만이 존재하는 일에서 성취감을 느낀다는 것은 불가능하다. 더 잘하든 말든 상관없다. 정해진 대로만 해야 한다. 기준은 평균적인 인간의 능력으로 겨우 달성할 수 있게끔 정해진다. 일하는 사람의 노동력을 최대한 뽑아내도록 이루어졌다. 일을 제대로 해내지 못하면 언제든지 해고를 당한다. 그 자리를 채워줄 다른 일꾼들이 항상 뒤에 기다리고 있기 때문이다.

또 이해할 만한 보상이 이루어질 때 성취감을 얻을 수 있다. 돈을 바라고 한 일은 아니라고 하지만 막상 그 대가가 보잘것없으면 내가 왜 이러한 일에 뛰어들었지 하고 후회를 하는 것이 인간의 마음이다. 쥐꼬리만 한 월급을 받고 나면 일에서 성취감을 얻기는커녕 자괴감만 든다. 돈뿐만이 아니다. 사람들은 승진해 높은 지위에 오르고 싶어한다. 월급이 늘었으면 하는 마음뿐 아니라 성취감을 느끼고자 하는 갈망이 크기 때문이다. 승진을 하면 책임지는 것도 늘어나지만 결정하는 것도 늘어난다. 따라서 일에 대한 성취감도 늘어난다. 그러나 모든 사람이 다 승진할 수는 없다. 그런 점에서 성취감을 줄 수 있는 일은 지극히 제한되어 있다. 성취감을 얻을 수 있는 일은 능력 있고 잘난 사람들이 위에서부터 챙겨간다. 그리고 남는 것은 지질한 일뿐이다.

어느 정도 머리를 써야 하고 적당한 난이도를 지녀야 한다. 매번 상황이 변하고 사람들이 일을 인정해주며 그에 대한 경제적 보상도 따르는 일이 성취감을 느낄 수 있는 이상적인 일일 것이다. 모든 사람이 꿈꾸는 직업이다. 그런 점에서 의사라는 직업은 성취감을 느끼기 위한 조건들을 두루 갖추고 있다. 그래서 의사라는 직업이 인기가 있는 것은 아닐까? 우선 경제적인 보상이 있다. 환자들도 의사가 보는 앞에서는 존댓말을 써주고 존중해준다. 자신에게 어떤 약을 처방할지 모르고 수술을 하면 목숨을 맡겨야 하는데 당연히 존중한다. 그리고 똑같은 환자란 없다. 어떤 환자에게는 듣던 약이 어떤 환자에게는 듣지 않는다. 매번 생각해야 한다. 즉 적당한 난이도가 있다. 자신이 한 치료의 결과를 환자를 통해서 즉시 확인할 수 있다.

그러나 힘든 경쟁을 뚫고 의사가 된 이들이 모두 성취감을 느끼기 위해서 열심히 일하는가 하면 그렇지 않다. 내 동료 의사들을 봐도 그렇다. 똑같은 아스피린이라고 해도 환자가 약국에서 일반약으로 사 먹을 때는 흔한 진통제에 불과하지만 의사에게 처방을 받게 되면 의미 있는 약이 된다. 하지만 많은 의사는 매번 똑같은 환자를 보고 똑같은 약을 처방하는 삶이 마치 진료실에 갇혀있는 것 같다고 한다.

환자가 아픈 정도는 매번 다르다. 성격도 다르다. 피부도 다르고 면역력도 다르다. 사람마다 얼굴이 다르듯이 몸속의 위, 간, 신장도 사람마다 조금씩 다르다. 그래서 생각을 바꾸면 매번 환자를 볼 때마다 새로운 도전을 하는 것이 된다. 열심히 관찰하고 연구한다면 다른 사람이 못 고치는 환자를 내가 고칠 수 있다. 몸을 낫게는 못했어도 마음을 어루만져서 환자의 증상을 호전시킬 수 있다. 전문의가 된 후에도 환자 한 명 한 명을 무슨 병을 가진 환자로 대하는 것이 아니라 한 사람의 특별한 존재로 대하면 성취감을 느낄 수 있다. 그런 의사들이 하는 병원이 잘 된다. 깨달음을 계속 실천하다 보면 병원이 성장하고 분원도 생기게 된다. 그런데 그렇게 성취감을 위해서 열심히 하는 의사를 찾기란 쉽지 않다. 가장 성취감을 얻을 수 있는 직업임에도 대부분 의사는 지루하다, 지겹다는 말을 입에 달고 산다. 충분히 성취감을 느낄 수 있는 일을 바로 앞에 두고도 여전히 투정을 하는 것이다. 즉 무엇을 하느냐에 못지않게 중요한 것이 어떻게 하느냐다. 무엇을 성취했느냐에 못지않게 중요한 것이 현재 성취한 것에 대해서 어떻게 느끼느냐다.

환상통이라는 말이 있다. 이 세상에 존재하지 않는 사람이 유령으로 나타나듯이, 이미 없어진 몸 일부분이 지금도 존재하는 것처럼 통증을 느낀다고 해서 붙인 말이다. 전쟁에서 한쪽 팔이 잘려나간 군인들이 여전히 잘린 손의 감각을 느끼는 경우가 있다. 잘려나가서 존재

127
성취감

하지도 않는 팔이 가려워 무의식적으로 반대쪽 손으로 긁으려고 하면 아무것도 없다. 경험해본 이들에 의하면 우울하다 못해 섬뜩하다고 한다. 때로는 심한 통증을 느낀다. 만약에 실제로 있는 내 몸의 일부가 아프면 치료를 받으면 되지만 보이지도 않는 신체가 아프니까 치료할 방법이 없다. 잘려나간 신체가 느끼는 통증이 너무나 강력해서 마약성 진통제마저 듣지 않는 경우도 있다. 물리적으로 한쪽 팔이 없어졌지만 없어진 팔의 감각과 통증을 담당하는 뇌의 부위에는 기억이 남아 있는 것이다. 몸이 아니라 뇌가 감각을 느끼고 통증을 느낀다. 실제로 존재하는 것 못지않게 우리의 뇌에서 어떻게 기억을 하고 어떻게 느끼느냐가 중요하다. 삶은 객관적인 물질적 존재에 의해서만 결정되는 것이 아니다. 주관적이고 심리적인 기억의 연속이 바로 삶이다. 무언가를 현재 성취하는 것만으로는 행복으로 이어질 수 없다. 그런 성취를 좋은 기억으로 받아들여 '나는 행복한 사람이다', '나는 괜찮은 사람이다'는 자서전적 기억을 강화시키는 쪽으로 이어져야 한다. 똑같은 성취라도 자서전적 기억의 맥락 속에서 소중하고 의미 있는 순간으로 자리매김하면 삶이 풍요로워진다.

우리는 저마다 '나는 누구다'에 대한 기억이 있다. 드라마나 영화를 보면 기억상실증 환자가 자주 등장한다. 다른 기억은 모두 남아 있는데 자신이 누구인지만 떠올리지 못한다. 그때 기억상실증 환자가 잊은 기억들이 전형적인 '자서전적 기억'이다. 나는 어떤 사람이고 무엇을 하던 사람이며 어떤 목적을 가지고 살아가는 사람이냐에 대한 기억이다. 결국 나는 누구인가에 대한 기억이다. 하나하나의 단편적인 기억은 구슬과 같다. 우리는 기억이라는 구슬을 꿰매어 인생이라는 목걸이를 만들어간다. '나는 정직한 사람이다'라는 자서전적 기억을 하고 있는 이는 정직하기 위한 행동도 하지만 동시에 부정직한 일에 대한 기억은 축소하고 은폐한다. '나는 쓸모없는 사람이다' 라는 자서전적 기억을 지니고 있는 이는 실패에 대한 기억을 더욱 강렬하게 간직하고 사소한 성공에 대한 기억은 폄훼하면서 잘 떠올리지 못한다. 이런 사람은 남들이 부러워하는 회사에 들어가고 지위에 오르더라도 그것을 성취하는 순간 잠시 자랑스러울 뿐이다. 평생 지녀왔던 열등감이 성취감을 덮어버린다. '나는 아직도 굶주린 사람이다' 라는 자서전적 기억을 지니고 살아가는 이 역시 성취감을 느끼는 순간은 잠시뿐이다. 자신이 아직 갖지 못한 것을 가져야 성취를 한 것이라고 느낀다. 따라서 무언가 더 새로운 것을 성취하기 위해 노력하기 앞서 내가 이미 이루어놓은 성취를 제대로 느끼고 활용하는 것이 필요하다.

차원이 다른 삶을 조망하는
참된 휴식

내가 개인적으로 상담했던 이 중에 30대 후반에 외국계 투자 은행의 이사가 된 성공한 커리어우먼이 있었다. 한국에서 다니던 대학을 자퇴하고 미국으로 유학을 가서 최고 학점을 받아 미국에서 취직도 하고 그다음에는 Top10에 드는 비즈니스 스쿨에서 MBA를 취득했다. 그 후 유명 컨설팅 회사의 미국 본사에서 일하다가 외국계 투자 은행의 한국 지사로 스카우트되었다고 한다. 그녀에게 있어서 시간은 가장 중요한 재산이었다. 일분일초의 자투리 시간도 모두 소중했고 사람을 만나는 것도 그냥 만나는 법이 없었다. 그리고 드디어 능력을 인정받아 미국 본사에서 간부로 근무하게 되었다.

그런데 미국에 가기 전 시행한 건강검진에서 유방암이 발견되었다. 초기에 발견해서 수술만 하면 제거가 가능한 상태였으나 그 충격은 말로 표현할 수 없을 정도였다. 수술 전날에는 잠도 안 오고 눈물이 다 나왔다. 일분일초도 낭비하지 않고 열심히 살았다고 생각했는데 일에만 매달려서 인생을 허비한 것이 아닌가 하는 생각도 들었다고 한다. 수술을 마치고 나서도 남보다 더 많이, 더 열심히 일해서 더 많은 것을 성취하는 것이 보람된 인생이라는 자신의 생각이 잘못이었나 하는 의문이 들면서 가슴이 답답한 것이 가시지 않아서 상담을 받으러 왔었다. 이것이 과연 예외적인 사례일까?

성공하기 위해서는 시간을 잘 활용해야 한다는 말을 수도 없이 듣는다. 예전에 토크쇼를 보는데 아이돌 그룹의 멤버가 이런 이야기를 했다. 자신들이 연습을 하고 있다가 너무 힘들어서 누워 있는데 선배가 들어왔다. 그 선배는 지독하게 연습하고 노력하는 것으로 유명했다고 한다. 그는 아이돌 그룹에게 화를 내며 죽으면 계속 누워있을 수 있으니까 지금은 빨리 일어나서 연습을 하라고 소리를 질렀다고 한다. 성공한 사람 중에는 나중에 쉬면 되니까 지금은 일을 해야 된다고 하면서 끝없이 자신과 타인을 채근하는 이들이 있다. 우리는 그런 사람들을 본받아야 한다고 말한다. 하지만 과연 그런 삶이 시간을 잘 활용하는 삶일까?

하루에 서너 시간만 자고 밥 먹는 시간을 빼면 모두 일을 한다는 이들이 있다. 지위가 올라갈수록 만나야 하는 사람들의 수도 늘고 그 폭도 늘어난다. 회의에 참가하기만 해도 하루가 훌쩍 지나간다. 성공한 사람들에게는 쉬는 시간이라는 것이 없다. 시간이 가장 희소한 자원이라고 생각하면서 자투리 시간도 목적을 위해서 활용한다. 휴대전화가 있기에 종일 보고를 듣고 지시한다. 아이폰과 아이패드가 있기에 종일 필요한 정보를 검색한다. 어떤 이는 이동을 하는 사이에 새우잠을 자는 것으로 잠을 대처한다고 한다. 잠이라는 휴식마저 자신의 삶에서 추방해버린 것이다. 그런 사람들이 공통으로 가지는 것이 은퇴에 대한 환상이다. 더는 일할 수 없게 되면 혹은 일이 의미가 없게 되면 그때부터는 일을 그만두고 자신만을 위한 시간을 갖겠다고 말이다. 하지만 삶은 그렇게 내버려 두지 않는다는 것이 문제다.

모든 죽음은 후회를 동반한다. 인생을 살다 보면 이것을 했더라면, 저 실수를 안 했더라면 하는 후회가 순간순간 닥치게 된다. 그때 후회를 조금이라도 줄이기 위해서는 몰입에 못지않게 중요한 것이 휴식이다. 다른 차원에서 일을 조망하면서 삶의 또 다른 측면과 가치를 상기할 수 있게 해주는 것, 내가 진정 무엇을 원하는지를 모색하는 것, 지금 단계에서 내 안에 꿈틀대며 자신을 돌봐달라고 하는 재능이 무엇인지를 알아챌 수 있는 것, 그런 시간을 주는 것이 진정한 휴식이다. 그런 휴식을 통해서 우리는 삶의 또 다른 가능성에 눈길을 돌리고 삶의 의미에 대해서 생각해볼 수 있다.

끝없이 높은 산에 오르는 이는 바다가 세상에 있다는 것을 알아야 한다. 바다를 보면서 산에 대해서 다시 한 번 생각해보게 될 것이다. 끝없이 넓은 바다를 헤엄쳐 건너는 것만을 추구하는 이는 높은 산의 존재를 깨달아야 한다. 그리고 바다에 대해서 다시 한 번 생각해보게 될 것이다. 시간을 활용하는 것에 대한 책도 많고 강연도 많다. 하지만 쓸데없이 보내는 시간도 때로는 우리 인생에 필요하다. 때로는 생각지 못한 질병, 실패, 사고로 의도하지 않은 휴식을 가지게 되는 수도 있다. 그때 뒤처진다고 생각하는 대신 그것을 하늘이 준 소중한 기회로 받아들여 보자. 시간과 싸워 이길 수 있는 사람은 없다. 죽음과 맞서 이길 수 있는 사람도 없다. 언젠가 시간은 다하고 죽음은 찾아온다.

이런 의미에서 우리는 하루하루 열심히 살아야 하지만 삶이 끝나는 순간 역시 준비해야 한다. 마지막 순간은 누구에게나 고통스럽겠지만 우리가 행복한 시간을 보냈다면 위로가 될 추억도 있을 것이다. 인생이 제공하는 모든 기회를 최대한 이용했다고 생각이 든다면 나이가 들어 육체적 고통은 어쩔 수 없더라도 정신적 허무함은 피할 수 있지 않을까? 일에서 한 발자국 떨어져 우리의 삶을 바라보자. 우리에게는 휴식이 필요하다.

05

재미

WORK

내가 지금 하는 일을 사랑한다는 것은 인생에 안정감을 준다. 그리고 내 일을 사랑할 수 있으려면 무엇보다도
일이 재미있어야 한다. 만나면 재미라고는 하나도 없고 지루하기만 한 사람을 사랑할 수는 없는 것과 마찬가
지다.

2012년 미국의 가수 휘트니 휴스턴이 호텔 스위트룸에서 욕조에 잠겨 의식을 잃은 채로 사망했다. 그녀의 사체에서는 코카인과 마리화나가 검출되었다.

이렇게 음악을 하는 이 중에 마약을 하는 이가 많은 것은 왜일까? 바로 노래를 부른다는 행위 속에 내재되어 있는 쾌락 때문일 것이다. 가수에게는 음악이 일이다. 노래를 부를 때는 전반적으로 뇌에서 쾌락과 흥분을 담당하는 부위에서 도파민이나 아드레날린이 증가한다. 그러나 음악을 하지 않을 때는 흥분 및 쾌락 관련 신경전달물질의 레벨이 급격히 저하하기 때문에 정상으로 돌아온 뇌는 좋았을 때와 비교하면서 무언가 허전하다고 느낀다. 따라서 그런 허전함을 채우기 위해서 마약을 사용하게 된다. 마약은 도파민을 비롯한 흥분과 관련된 뇌 물질의 분비를 자극하기 때문이다. 그래서 비밥 모던 재즈를 창시한 찰리 파커 Charlie Parker도 마약 중독으로 죽었으며 이 시대 최고의 블루스 가수인 빌리 홀리데이 Billie Holiday 역시 마약으로 죽었다. 찰리 파커는 34세에 사망을 했는데 술과 마약에 찌들어서 사망 진단서에는

50~60세 사이로 추정되는 남성이 사망했다고 적혀 있었다. 이런 경향은 단지 우리 시대만의 일은 아니다. 서정적인 가곡으로 알려진 슈베르트 역시 과음을 즐겼고 친구들과 방탕하게 지내다가 매독에 의한 뇌 손상으로 죽었다. 극도의 흥분을 동반하는 직업을 가지면 그 즐거움도 크지만 감정적 대가도 크다고 할 수 있다.

미술가들이 작업을 할 때 느끼는 재미는 가수가 노래를 부를 때와는 또 다르다. 미술 작업은 하루하루 차분하게 진행이 되어야 한다. 그림이 되었건 조소가 되었건 상당 부분이 미술가의 무의식과 밀접한 관련이 있다. 과거에 한 조소가가 정신분석을 받은 적이 있었다. 그는 정신분석을 통해서 자신이 진흙으로 오브제를 하는 이유와 관련된 과거 기억을 떠올렸다. 똥을 만지작거린다고 부모에게 심한 구타를 당했던 경험이 있었던 것이다. 자신이 대단한 의미가 있다고 생각을 했고 세상 사람들이 높게 평가하던 자신의 오브제 미술이 똥을 만지작거리고자 하는 억눌린 욕망에서 비롯되었다는 생각을 하게 되면서 그는 더 이상 오브제 작업을 할 수 없었다. 그에게 오브제를 만든다는 것은 어머니가 정해준 금기를 깨는 무의식적 쾌감을 동반한 작업이었던 것이다. 그것이 의식의 표면으로 떠오르면서 오브제를 만드는 것이 재미있지 않게 되었다.

우리는 쾌감과 흥분이 동반될 때 일하는 것이 재미있다고 느낀다. 예술가뿐 아니라 펀드 매니저, 외환 딜러, 주식 상담사 같은 전문 투자가들도 이러한 종류의 일을 하고 있다고 볼 수 있다. 주식이나 외환 투자를 담당하는 딜러들은 매일 엄청난 액수의 돈을 잃었다 얻었다 하며 그 액수에 따라 상당한 보너스가 왔다 갔다 한다. 엄청난 스트레스를 받으면서도 그 일을 계속하는 이유 중 하나는 흥분에 중독되어서이다. 한 번 투자 관련 업무에 빠져들면 평범한 일은 재미가 없다.

　흥분과 쾌락에서 점점 멀어져 갈수록 재미없고 지루한 일이 되니 평범한 직장에서 평범한 직급으로 근무하는 대부분은 일이 재미가 없다. 월급 받는 것만 기대하면서 직장을 다닌다. 과거에 먹고살기 어려워 굶주림을 피하고자 일을 하던 시절에는 일이 재미가 있고 없고 따질 겨를이 없었다. 하지만 소득 수준이 올라간 지금 재미없는 일은 점점 외면받는다. 억지로 지루한 일을 하는 경우 자신이 하찮은 존재인 것 같다. 그래서 가수, 배우, 요리사, 패션 디자이너 등 오감으로 느낄 수 있는 일들이 인기가 있다.

　이런 일들처럼 자신이 하는 일의 결과를 직접 눈으로 보고 확인할 수 있을 때 일이 재밌다. 자신이 지금 하는 일이 어떻게 쓰일지 알 수 없을 때 일은 재미없어진다. 열심히 기획안을 만들었는데 윗선에서 계획이 바뀌었다는 이유로 검토도 받지 못하고 휴지통에 버려지는 일을 몇 번 겪다 보면 찰리 채플린의 영화 〈모던 타임즈〉(1936)의 주인공처럼 내가 회사라는 기계의 톱니바퀴가 된 것만 같다. 내가 사용하지도 못할 물건의 부품을 만들기 위해서 계속 나사만 조이는 일을 재미있어 할 사람은 없다. 직장인들이 승진을 갈구하는 것은 돈 때문이기도 하지만 결정되는 자가 아니라 결정하는 자가 되고 싶어서이다.

　그러니 일을 하는 동안에 느꼈던 지루함을 다른 활동을 즐기면서 보상받고자 한다. 일을 하지 않을 때 우리는 쉬어야 한다. 그런데 육체적이나 심적으로 무언가 다이내믹하게 시간을 보내지 않으면 아쉬움을 느끼는 이들이 늘어나고 있다. 일을 하지 않을 때도 쉬지 못한다. 오히려 일을 할 때보다 육체적, 정신적으로 더 기운을 뺀다. 클럽에 가서 춤을 추거나 운동을 하며 육체적 쾌감을 추구하는 것이다. 주식이나 경마로 돈을 따려고 하거나 쇼핑을 통해 물건을 획득하면서 흥분을 추구한다. 그도 아니면 술을 마시거나 마약을 해서 뇌를 직접 자극한다. 이런 태도는 일을 더더욱 지루하게 만든다. 일이 끝난 후 나를 기다리는 신 나는 시간만 기다리면서 억지로 일을 하고, 놀기 위한 돈을 마련하기 위해서 일을 한다. 이렇게 일이 끝난 후 신 나게 시간을 보낼수록 일은 점점 더 지겨워지는 악순환이 벌어진다.

우리는 깨어 있는 시간의 절반 이상 일을 해야 한다. 하지만 일이 이토록 하기 싫은 것이라면 인생 대부분을 하기 싫은 일을 하며 억지로 살아가는 셈이 된다. 죽도록 일을 하고 일이 끝나면 죽도록 놀아젖히는 식으로 깨어 있는 시간이 양극단으로 나누어지다 보면 삶이 점점 피폐해진다.

하지만 지루한 일은 지루한 일이다. 《몰입》(1998)의 저자인 미하이 칙센트미하이 Mihaly Csikszentmihalyi도 종일 콜센터에서 고객의 불평전화를 상담하거나 물류센터에서 무거운 택배 상자를 밤새 들었다 났다 하면서 몰입할 수 있을까? 그렇게 고된 일을 하고 머리는 멍하고 온몸이 두들겨 맞은 듯이 피곤한데 집에 와서 무언가에 또 몰입을 할 수 있을까? 칙센트미하이도 텔레비전을 보다 술 한잔하고 잠을 자게 될 것이다. 돌파구를 찾지 못한다면 삶이 점점 의미를 잃어간다는 것을 부인할 수 없다. 힘들고 지루하면서 보상은 보잘것없는 일을 하고 있다면 어떻게 해서든 빠져나오기 위해서 노력해야 한다. 종잣돈을 모아서 장사를 하든 덜 지루한 직업으로 이직하든 말이다. 그리고 모든 직장에는 동료가 있고 고객이 있기 마련이다. 그들과의 관계에서 조금이라도 재미가 있도록 노력해야 한다. 어렵지만 우리는 그렇게 노력할 수밖에 없다.

재미있어야
사랑할 수 있다

키스 자렛 Keith Jarrett은 전 세계에서 가장 널리 알려진 피아니스트다. 그의 레퍼토리는 방대하다. 우리나라에서도 널리 알려진 〈마이 송 My Song〉이라는 곡은 그가 리드한 재즈 쿼텟 Jazz Quartet이 녹음한 곡이다. 재즈 피아노 트리오의 리더로서 스탠더드 곡을 주로 연주한다. 바흐의 평균율을 전곡 녹음했고 모차르트 피아노 협주곡을 오케스트라와 함께 녹음한 음반도 있으며 쇼스타코비치 Shostakovich 같은 현대 작곡가의 음반도 냈다. 그리고 그는 대규모 즉흥연주로 유명하다. 몇만 명이 운집한 가운데 한 시간이 넘는 솔로 피아노 즉흥 연주를 한다. 그는 40여 년이 넘게 ECM이라는 독립 레이블에서 음반을 발매했다. 미국이나 유럽의 메이저 레코드사가 거액의 계약금을 제시하고 스카우트를 하려고 해도 초지일관 ECM을 떠나지 않았다. 간섭받지 않고 자신이 원하는 음악을 녹음하고 싶다는 것이었다. 그는 ECM을 떠나지 않는 대신 바흐, 모차르트, 헨델, 쇼스타코비치, 재즈 스탠더드, 솔로 즉흥 연주 등 마음 내키는 대로 녹음을 할 수 있는 자유를 얻었다. 키스 자렛은 음악을 사랑한다. 동시에 키스 자렛에게 음악은 일이다. 따라서 그는 일을 사랑하는 사람이다. 40여 년에 걸쳐서 수준급의 음반을 계속 내는 이는 많지 않다. 또한 그는 40여 년 동안 정상의 자리를 지켜냈다. 음악과 같이 기복이 심한 예술 분야에서 극히 드문 일이다. 키스 자렛이 오랫동안 정상에 있을 수 있던 이유는 음악을 사랑하면서 동시에 일도 잘했기 때문은 아닐까?

대다수 사람은 목적을 이루기 위해서 일을 한다. 그 목적은 먹고살기 위해 필요한 수입일 수도 있고 집 장만일 수도 있으며 결혼일 수도 있다. 그런데 일을 목적으로 할 때 목적이 이루어질 것 같으면 일하는 것이 흥이 나지만 목적으로부터 멀어지게 되면 기운이 빠진다. 일의 목적이 목돈을 모으는 것이라면 직장에서 받는 월급은 똑같더라도 내가 매입한 주식의 주가가 오르면 기운이 나고 주가가 내려가면 기운이 빠진다. 집값이 내려가면 집주인은 기운이 빠지고 세입자는 기운이 난다. 음악가로 따지면 음반 매출에 따라 음악에 대한 열정이 강해졌다 약해졌다 하는 셈이다. 만약에 키스 자렛이 그런 음악가였다면 절대로 40년 동안 음악 활동을 할 수 없었을 것이다.

내가 지금 하는 일을 사랑한다는 것은 인생에 안정감을 준다. 그리고 내 일을 사랑할 수 있으려면 무엇보다도 일이 재미있어야 한다. 만나면 재미라고는 하나도 없고 지루하기만 한 사람을 사랑할 수는 없는 것과 마찬가지다. 어떻게 해야 일이 재미있어질 수 있을까? 혹은 어떻게 일에서 재미를 발견할 수 있을까?

같은 일을 해도 지금보다 돈을 더 많이 번다면 신나게 일할 것 같다고들 한다. 그럴 수도 있다. 하지만 금전적 수입이 늘어나서 일하는 재미가 생기는 것은 약발이 오래가지 않는다. 대학 병원에서 박봉에 시달리다가 전문의가 되어서 봉직의로 일을 하게 되면 수입이 늘어나 만족도가 올라간다. 하지만 늘어난 수입에 익숙해지다가 보면 봉직의 생활이 지루해져서 망할지도 모른다는 위험 부담을 안고 개원을 한다. 처음 1, 2년 힘든 시기를 넘기면 개원의 역시 지겹게 느껴진다. 외부적인 보상이 일에 대한 의욕을 올리는 것은 사실이지만 계속 수입이 늘어나지 않는 한 수입 증가로 인해서 일이 즐거워지는 효과는 오래가지 않는다.

우리는 지겹더라도 내가 지금 하는 일이 미래와 관련이 있을 때 의욕이 생긴다. 아이들이 의욕 없이 마지못해 공부를 하는 이유 중 하나는 도대체 지금 배우는 수없이 많은 과목이 나중에 어떻게 쓰일지 알 수 없기 때문이다. 나는 고등학교 때 지금 배우는 영어가 나중에 무슨 소용이 있겠느냐고 툴툴대고는 했다. 그런데 의과대학에 가서는 내내 영어 교과서를 가지고 공부했고 나중에 토플, GMAT을 봐서 미국에 유학을 갔다. 미국에서는 영어로 수업을 듣고 미국 학생들과 팀 과제를 수행하느라고 고생했다. 만약에 내가 영어와 이렇게 밀접한 관계를 가질 줄 알았더라면 고등학교 때 절대로 툴툴대지 않았을 것이다. 영화계나 방송계의 스태프들이 박봉에도 밤새워 일하는 것도 나중에 PD나 감독이 되고자 하는 꿈이 있기 때문이다. 촬영 현장에서 듣는 잔소리마저도 소중하게 귀담아듣는다.

하지만 궁극적인 목표 없이 일을 하는 이가 더 많다. 만약 당신이 그렇다면 지금 일하는 곳에서부터 시작하면 된다. 회사에서 정해준 목표보다 더 높이 목표를 삼아라. 때로는 회사가 부여한 목표가 현실 불가능할 정도로 높을 수도 있다. 그럴 때는 조금 낮더라도 가능한 목표를 설정하면 된다. 혹은 자신의 능력을 목표로 삼아라. 그러기 위해서는 구체적인 목표가 있어야 한다. 일 년 목표, 이번 달 목표, 오늘의 목표를 세워 보자. 흔히들 인생의 목표가 돈이라고 말한다. 돈이 목표인 이유는 그것이 확실하고 눈에 보이기 때문이다. 그 목표가 숫자로 보이고 얼마나 모았는지도 정확하게 통장에 찍힌다. 하지만 주식, 펀드, 부동산 등 재테크는 불안정하다. 재테크는 결국 한국의 경기와 전 세계 경기라는 외부 요소에 내 운명을 맡기는 것이다. 내가 통제할 수 있는 내 능력을 목표로 삼도록 하자.

현재 내가 하는 일을 조금이라도 더 잘할 수 있는 방법을 찾는 것도 일에 재미를 붙이는 방법이 될 수 있다. 개선을 한다고 해서 당장 내 월급이 늘어나지는 않을 것이다. 오히려 동료는 하던 대로 하지 왜 나서느냐고 핀잔을 줄지도 모른다. 하지만 내가 무언가 변화를 주었는데 그것이 결과를 바꾸는 것을 보게 되면 적어도 나는 아무짝에도 쓸모가 없다는 무기력함에서는 벗어날 수 있다. 또 일을 하는 방식을 바꾸고 새로운 것을 시도하는 것은 지루함을 극복하기 위한 노력이기도 하다. 우리의 뇌는 항상 새로운 자극을 원한다. 그래서 우리는 새로운 영화를 보고 새로운 음악을 듣는다. 내 인생 최고의 영화와 음악이 이미 정해져 있더라도 무언가 새로운 것이 있어야 한다. 마찬가지로 일 또한 신선한 시도를 할 때 일이 조금이라도 재미있어진다. 또한 목표를 얼마나 잘, 빨리 달성할 수 있는가는 운동선수로 따지면 근육과 같은 것이다. 능력과 과제 난이도는 변증법 같은 관계를 가지고 있다. 능력이 키워지면 과거에는 어려워 보여 먼저 포기했던 일들도 해볼 만한 일이라고 생각이 들고 어려웠던 일에서도 재미를 찾을 수 있게 된다.

지금 하는 일을 그만두고 새로운 일에 도전하는 것도 좋지만 그보다 먼저 해야 하는 것은 지금 하는 일에서 나름대로 재미있는 부분을 만들고 애착을 가져보는 것이다. 결혼한 부부가 한때는 진정 서로 사랑했듯이 내가 지금 지겨워하는 일도 한때는 내가 기꺼이 하고 싶었던 일이었다. 부부가 서로의 갈등이 있을 때 무조건 헤어지거나 바람을 피우는 것이 능사가 아니듯이 지금 하는 일이 재미없다고 해서 무조건 그만두거나 밖에서 재미를 찾는 것도 능사는 아니다. 지금 하는 일이 재미없다고 불평하기에 앞서서 일을 대하는 나의 태도 자체가 문제는 아닌지 한 번쯤은 생각해봐야 한다. 일을 재미없어하는 마음을 지니고 있는 이는 일을 바꿔도 근본적인 해결책이 되지 않는다. 밖에서 바라볼 때는 재미있어 보이던 일도 막상 자신이 하게 되면 재미가 없다. 꿈에 그리던 일이라고 생각했던 일도 반복적인 연습과 수련 과정을 견디지 못하고 포기하게 된다. 따라서 일을 대하는 태도를 바꿔 지금 하는 일부터 재미있게 하려고 노력해야 한다. 그럴 때 또 다른 일도 재미있게 대할 수 있다.

뭐가 되었든 자신이 잘하는 일을 소중하게 여기자

술을 많이 마시는 알코올 의존자들이 이야기하는 것을 들으면 재미있다. 술을 끊기 위해서 병원에 입원을 했지만 집단 치료를 하게 되면 한바탕 무용담을 늘어놓는다. 처음에는 술을 잘 못한다고들 하지만 그 중 한 명이 밤을 새워서 술을 마신 이야기를 하면 또 다른 이는 밤에 시작한 술자리가 다음 날 밤까지 이어진 이야기를 한다. 그러면 그다음 사람이 일주일 내내 술 마신 이야기를 한다. 다이어트 때문에 며칠 먹고 싶은 것을 참으면 음식이 눈에 아른거리듯이 병원에서 술을 마시지 못하기 때문에 술 이야기를 더 많이 하는 것 같다.

그런데 각 회사나 부서마다 주당이 한 명씩은 있기 마련이다. 알코올 의존자 정도는 아니더라도 각 회사와 부서를 대표하는 주당은 적어도 술자리에서는 최고가 되고 싶어 한다. 업무가 주를 이루는 낮의 세계에서는 별 볼 일 없는 월급쟁이라도 술을 마시는 밤의 세계에서는 그가 최고의 스타다. 술버릇이 나빠 눈치를 받더라도 술을 끊을 수 없다. 무엇이 되었든 재주가 있으면 그 재주를 펼칠 수 있는 상황에서는 평소와 다른 존재감이 되기 때문이다. 용모도 별로고 일도 그다지 못하지만 노래만큼은 최고로 부르는 이가 있다. 노래방에서는 스타다. 사회를 잘 보는 친구도 있을 것이다. 야유회나 직장 행사에서 사회를 볼 때만은 그 친구가 최고다. 직장에서는 일 잘하는 사람도 존재감이 있지만 술 잘 마시는 친구, 노래 잘 부르는 친구, 사회 잘 보는 친구도 나름의 존재감이 있다.

〈훌라 걸스〉(2006)라는 일본 영화는 훌라춤 댄서가 되고 싶어 하는 기미코라는 여학생에 관한 내용이다. 이번에 원전 방사능 노출로 인해 우리에게도 익숙해진 후쿠시마는 원래 탄광촌이었는데 1960년대 석탄 산업의 위축으로 인해서 폐광의 위기에 봉착한다. 탄광촌인 후쿠시마에는 온천이 있는데 하와이 같은 분위기를 만들어서 관광 도시로 거듭나자고 회사 측이 이야기한다. 하와이 분위기를 내기 위해서는 뭐니 뭐니 해도 훌라춤이 있어야 한다. 그리고 그 훌라춤에 반한 여학생이 있었는데 그녀가 다름 아닌 기미코였다.

우연인지는 몰라도 이 영화 말고도 나는 탄광촌에서 자신만의 꿈을 찾아가는 소년에 관한 영화를 두어 편 보았다. 이제는 굉장히 유명한 영화가 된 〈빌리 엘리어트〉(2000)와 〈옥토버 스카이〉(1999)다. 〈빌리 엘리어트〉의 주인공은 발레리노가 되려고 하고 〈옥토버 스카이〉의 주인공은 로켓을 만드려고 하는 과학 소년이다. 그런데 나는 〈빌리 엘리어트〉와 〈옥토버 스카이〉를 보면서 왠지 마음이 편치 않았다. 〈빌리 엘리어트〉에서 주인공은 영화 마지막에 유명한 발레리노가 되고 〈옥토버 스카이〉의 주인공은 나중에 나사에서 일하게 되기 때문이다. 이처럼 꿈을 가지고 노력하는 이들이 다 성공을 할 수 없다. 대부분의 이는 '나 왕년에 발레리노가 되려고 미친 듯이 노력을 한 적이 있었다' 나 '나 왕년에 로켓을 쏘아 올리려고 미친 듯이 노력을 한 적이 있었다'는 '왕년에' 스토리쯤으로 끝나게 된다. 이들의 성공 스토리는 어떤 점에서 위로가 되지만 어떤 점에서는 비현실적인 위안에 불과할 수 있기 때문에 마음이 편치 않았다.

현실에서 훌라 댄서로 아무리 성공해도 발레리나나 나사 과학자처럼 남들이 우러러 보지는 않을 것이다. 그런데 나는 그런 훌라 댄서가 주인공이어서 〈훌라 걸스〉가 좋았다. 아무리 탄광촌이어도 유명한 발레리나가 되면 커다란 극장에서 공연을 할 수 있다는 것을 모르는 사람은 없었을 것이다. 하물며 우주에 로켓을 쏘아 올리는 엔지니어는 대단한 사람이다. 그런 대단한 사람이 되고자 하는 것이 아니라 남들에게 눈요깃거리가 될 뿐인 훌라 댄서가 되는 것이 꿈인 기미코와 그 동료를 보는 것이 좋았다. 기미코와 그 동료는 후쿠시마의 다른 사람들은 하지 못하는 훌라춤을 출 수 있다는 것만으로도 자신의 삶에 긍지를 가질 수 있었다.

자본주의 사회에서는 능력으로 자신의 가치가 정해진다. 아무리 능력이 뛰어나도 그 덕분에 돈을 많이 벌거나 유명해질 수 없다면 그 가치를 인정하지 않는다. 사회가 인정해주지 않으면 오히려 그것은 부끄러움으로 작용할 뿐이다. 대학교 다닐 때 우연히 친구의 집에 놀러 갔는데 첼로가 놓여 있었다. 신기한 마음에 친구에게 첼로를 켤 줄 아느냐고 물어보자 친구는 우물거리는 목소리로 초등학교 때 잠간 배웠다고 말했다. 그러면서 금세 다른 이야기로 말을 돌렸다. 나중에 알아보니까 친구는 꽤 오랫동안 첼로를 배웠고 의대 오케스트라에 들어가서 연주를 하라고 했지만 한사코 고사했다고 한다. 의사라는 다른 길로 들어선 마당에 첼로를 켤 줄 안다는 것이 더는 자랑이 아니었다. 오히려 음악가가 되다가 만 것 같은 느낌이 들어서 싫었던 것이다. 하지만 그 친구가 의과대학에서 적응을 잘했느냐 하면 사실 그렇지 못했다. 친구는 의과대학에서 친구들과도 어울리지 못했고 자신감도 없었다. 남들보다 자신은 능력이 모자라다는 생각에 사로잡혀 있었다. 그러면서 자신이라는 사람 자체가 무언가 뒤떨어진다는 열등감에서 벗어나지 못했다. 그 친구의 집안은 유명한 음악 집안이었고 문외한인 우리가 보기에는 대단한 첼로 실력이었지만 음대 교수와 전문 연주자가 즐비한 친구의 집안에서 보면 아마추어 축에도 끼지 못하는 실력이었다. 그렇기 때문에 친구는 자신이 연주하는 것을 남에게 보이는 것을 한사코 피하려 했던 것이다. 의대에서 가장 첼로 실력이 뛰어났지만 그것이 친구에게는 아무 의미도 없었다. 우리 같은 음악 무지렁이들로부터 첼로를 잘 켠다고 칭찬받는 것은 그에게 있어서 오히려 창피였다. 의대에 들어와서 그에게는 의대 성적만이 제일 중요했고 의대 성적이 낮기에 자신에게 항상 낮은 평가를 줬다.

학교나 직장에서 높은 평가를 받는 사람은 그 수가 정해져 있다. 절대적으로는 일을 잘하더라도 평균은 그냥 보통에 해당이 된다. 따라서 우수하다고 평가를 받기 위해서는 최소한 상위 10% 안에는 들어야 하는데 그것은 쉽지 않다. 우리는 보통에 해당할 수밖에 없는 운명이다. 그런데 자신의 실질적 위치가 보통인 경우 직장 안에서는 모두 열등감에 시달리게 된다. 직장에서 내게 주어진 일, 즉 명령받은 일에 대해서 남들에게 우수하다는 평가를 받지 않는 한 설혹 내가 평균에 해당하더라도 무언가 모자라다는 느낌을 받으면서 살게 된다.

그렇게 나 자신을 능력 없는 사람, 못난 사람, 약자와 동일시하다 보니 우리는 약자를 응원하는 본능을 지니게 된다. 내가 좋아하는 야 구팀은 무조건 이겨야 한다. 하지만 나와 상관이 없는 두 팀이 경기를 하면 약자를 응원하게 된다. 약자들이 어쩌다 기적과 같은 승리를 일 궈냈을 때 사람들이 감동을 하는 이유는 우리 마음속에는 자신을 약 자라고 생각하는 본능이 있기 때문이다. 아무리 성공한 사람도 그것 은 큰 차이가 없다. 주식 투자에서 길게 보면 어느 누구도 주식 시장 을 이길 수 없다는 말이 있다. 사실 누구도 세상을 이길 수 없고 누구 도 사회를 이길 수 없다. 그렇기 때문에 집단에 의해서 핍박을 받는 개인이 그 역경을 헤쳐나가는 영화에 감동한다. 대통령도 재벌 회장 도 평범한 직장인도 노숙자도 약자가 나름대로 삶을 보람 있게 살기 위해서 고군분투하는 스토리에 감동한다. 아무리 성공한 사람도 마음 속에서는 모두 약자이기 때문이다.

그래서 아무리 주류에 속한 사람이더라도 무언가 자신만의 긍지를 줄 수 있는 작은 부분이 필요하다. 그리고 그 작은 부분은 누군가의 지시, 명령과 상관없는 나 자신을 위해서 하는 무언가가 되어야 한다. 제법 돈이 많아서 명품으로 도배를 한다 한들 재벌의 상대가 아니다. 과시를 위해서 대기업을 통째로 사고 싶어도 그럴만한 돈이 있는 이 들은 재벌뿐이다. 내가 지금부터 아무리 노력을 해도 대한민국에서 손꼽는 부자가 될 수는 없다. 하지만 핸드백 하나만큼은 대한민국에 서 가장 좋은 핸드백을 사는 것이 가능하다. 조금 돈이 많다면 차 하나만큼은 대한민국에서 가장 좋은 차를, 조금 더 돈이 많다면 집 하나만큼은 대한민국에서 가장 잘 사는 동네에 살 수 있다. 속물근성도 나름대로 다 이유가 있어서 존재하는 것이다.

고집 센 장인들 역시 그런 마음을 지니고 있다. 장인 정신이란 적어도 이 분야에서는 내가 최고라는 자부심에서 시작을 한다. 장인은 아무리 돈을 많이 줘도 안 되는 것은 안 된다고 거절을 하면서 적어도 이 분야에서는 세상에서 가장 강한 사람의 권위도 소용이 없다는 것을 확인한다. 바로 그 순간에 그는 세상에서 가장 강한 인간이다.

그런 장인 정신까지는 아니더라도 직장 생활이 아닌 다른 부분에서 나름대로 잘하고 그것을 가족과 주위 사람에게 인정받는 부분이 있다는 것은 중요하다. 그것이 돈벌이가 안 되고 세상이 인정을 해줄 정도로 대단한 일이 아니더라도 말이다. 그런 사소한 일들이 명령으로 피폐된 마음을 위로해주고 땅에 떨어진 자신감을 올려준다.

남들은 사람을 불러서 고쳐야 하는 배관 문제를 스스로 공구를 사용해서 해결했는데 아이들이 "아빠는 못하는 것이 없다"고 감탄사를 해줘도 삶이 훨씬 즐겁다. 〈슈퍼스타K〉에 나갈 실력은 아니더라도 노래방에서 노래를 부르면 사람들이 숨죽이고 듣고 있다가 진심에서 우러나오는 박수를 쳐주면 그것 역시 즐겁다. 붓글씨를 하든 주말에만 농사를 짓든 난초를 키우든 이것만은 내가 제법 잘한다는 게 하나 있다면 일을 제대로 못해서 우울해졌을 때 내가 잘하는 것을 하면서 위로를 받을 수 있을 것이다.

직장은 일하는 곳이자
동시에 살아가는 곳이다

맞벌이를 해야 겨우 살아갈 수 있는 세상이다. 과거에는 가장이 직장에서 힘든 일이 있으면 부인이 집에서 그 짜증을 받아주었다. 지금은 둘 다 힘들게 일하는 처지에 누가 어느 한 사람의 불만을 받아줄 여유가 없다. 직장에서 힘들게 일하고 온 가장이 집에 들어와서 아이들이 뛰노는 모습을 보며 스트레스가 사라지고 웃음을 머금게 되는 것은 공익광고에서나 가능하다. 직장에서 힘들게 일하면 집에 와서도 아이들에게 짜증을 내게 된다. 〈우리 아이가 달라졌어요〉와 같은 프로를 보면 모든 게 부모 탓이다. 부모가 아이들을 위해서 충분히 관심을 주고 사랑을 표현하면 아이들의 문제는 다 해결이 된다고 주장한다. 그렇다면 부모는 언제 쉬는가? 〈우리 아이가 달라졌어요〉에 등장하는 심리 치료사도 단 하루라도 좋으니 프로에 등장하는 보통 아빠처럼 종일 공장에서 기계와 씨름하고 보통 엄마처럼 종일 마트 계산대에서 다리가 부르트도록 서서 일하다 집에 들어와 보라. 과연 그 심리 치료사가 웃으면서 아이들과 놀아줄 수 있을까? 직장에서 상사에게 욕먹고 동료에게 구박당하고 고객에게 무시당해서 마음이 상할 대로 상해있는데 아이들을 돌볼 수 있을까? 그래서 나는 아이 때문에 힘들어하는 맞벌이 부모를 상담할 때 그 가정을 완전하게 파악하기 전까지는 '아이에게 더 관심을 쏟아야 한다', '아이에게 사랑표현을 더 해라'와 같이 부모의 죄책감을 불러일으키는 말은 삼간다.

내 인생이 행복하고 내 가정이 행복하며 내가 행복해지기 위해서는 직장부터 조금이라도 재미있는 곳이 되어야 한다. 박봉에 힘들더라도 직장이 즐거우면 오래 일할 수 있다. 월급 조금 덜 받더라도 사람들이 재미있게 일하는 곳이 더 낫다. 어딘가에서 조금 더 월급을 준다고 해서 옮기더라도 분위기가 안 좋으면 오래 일할 수 없다. 그러면 다시 직장을 구해야 한다. 결국 한 직장에서 오래 일한 사람이나 월급을 많이 주는 곳으로 계속 옮겨 다닌 사람이나 월급 수준은 비슷하다. 중간에 쉬어서 생긴 손해를 고려하면 금전적 조건이 안 좋더라도 분위기가 좋은 직장에서 오래 다니는 것이 낫다. 만약에 당신이 그곳에서 일하는 것이 재미있다고 느끼면 월급이 적더라도 그 직장을 떠나면 안 된다. 그래야 집도 화목하다. 직장은 일하는 곳이자 동시에 살아가는 곳이기 때문이다.

그런데 직장에서 가장 중요한 환경은 바로 사람들이다. 같이 일하는 사람들이 좋아야 직장도 즐겁다. 즐거운 직장을 만들기 위해서는 같이 일하는 사람들이 재미있게 일을 하고 서로 배려해야 한다. 우선 나부터 내 옆에 있는 이와 즐겁게 지내야 하고, 직장에서 누군가 분위기를 즐겁게 하려고 노력하면 옆에서 도와줘야 한다. 동료끼리는 함께 윗사람 욕하면서 즐겁게 지내야 한다.

우울증 때문에 병원을 방문한 환자가 있었다. 엘리트를 자처하던 그는 지방의 공장장으로 발령을 받았다. 라인을 증설하면서 새로 공장을 이끌어갈 이가 필요했던 것이다. 부장으로 일을 하다가 공장장이 되면서 이사급으로 승진을 했다. 하지만 직원들과 함께 일하는 것이 영 편하지 않았다. 서울 본사에서 가장 똑똑한 사람들과 치열하게 일을 하던 그가 보기에 지방 공장에서 일하는 사람들은 모두 슬렁슬렁 일을 하는 루저 같았다. 그가 이런저런 잔소리를 해도 먹히지 않았다. 직원들은 공장장인 그를 슬슬 피했다. 서울의 가족과도 떨어져 있으면서 점점 우울해져 갔다. 우울증에 걸려서 병원을 찾은 그에게 타인을 바꾸기란 어렵고 내가 확실히 바꿀 수 있는 사람은 세상에서 나밖에 없으며 내가 바뀌는 것이 가장 먼저라고 충고했다. 본사에서는 치열하게 일을 하는 것이 능률적이듯이 지방 공장에서는 즐겁게 일을 하는 것이 능률적일 수도 있다고 일러주었다. 본사는 돈만 많이 주면 능력 있는 사람을 뽑을 수 있었을지 모르지만, 일할 사람이 모자란 지방은 일단 공장에 들어온 사람이 나가지 않고 오래 붙어 있어야 작업에 숙달되면서 생산성이 올라갈 수 있었다. 환자는 내 충고를 받아들이고 직원들을 대하는 태도를 바꿨다. 함께 어울리면서 즐겁게 지내는 것을 목표로 했다. 임기가 끝나고 서울 본사로 다시 간 그에게 오랜만에 병원으로 전화가 왔는데 경쟁이 치열한 본사에서 다시 일을 하니까 사람들과 어울려 지방에서 즐겁게 일했을 때가 그립다는 것이다.

직장 밖에서 재미를 느낄 수 있는 일을 한 가지쯤 만드는 것도 좋다. 흔히 목수라고 하면 건설 현장에서 일하는 일용직 노동자를 연상한다. 하지만 이제는 그렇지 않다. 영화배우 천호진, 동아대 의대 서수영 교수는 전문 목수 뺨치는 실력을 갖춘 목공 팬이다. 가구 주문이 줄어들어 목공소는 문을 닫아야 하는 처지이지만 목공을 배우고자 하는 이들은 점점 늘어난다고 한다. 그래서 가구를 만드는 목공소를 문 닫고 대신 일반인에게 목공을 가르쳐주는 공방을 열어서 운영하는 이가 늘어나고 있다.

뭐가 되었건 우리는 무에서 유를 만들어내는 창조 과정에서 재미를 느낀다. 불안 때문에 정해진 트랙 안에서 남들보다 더 많이 벌고 더 빨리 승진하려고 일하는 것은 재미가 없다. 아이들이 흙을 가지고 노는 것을 보라. 정해진 것이 없다. 흙을 가지고 이런 모양도 만들고 저런 모양도 만드는 것 자체로도 아이들은 재미있어한다. 모두 한때 그런 아이들이었다. 타고르의 시처럼 세상은 수없이 많은 모래로 이루어진 모래밭이다. 조금이라도 이리 주무르고 저리 주무를 수 있을 때 사는 것이 재미있다.

내가 아는 고위 공무원 중 한 분이 부인의 팔이 부러져 깁스를 하는 통에 관청에서 일이 끝나면 집에 들어와 살림을 도맡게 되었다. 처음에는 짜증이 났는데 나중에 보니까 살림에도 나름의 묘미가 있더라는 것이다. 설거지하고 빨래하고 걸레질하는 일을 부인이 하던 것과는 다르게 자신의 방식으로 하니 더 손쉽고 빨라졌다면서 자랑을 늘어놓았다. 밖에 나가면 많은 사람이 앞에서 굽실거리지만 정작 그 고위 공직자는 설거지, 빨래, 걸레질에서 재미를 찾은 것이다.

요새 옥션을 비롯한 오픈마켓을 검색하면 미니 선풍기, USB 가습기, 컵 받침, 선인장 등 사무실에서 쓸 수 있는 자그마한 물건들이 인기다. 실용적인 목적도 있지만 지루한 직장 생활에 조금이라도 변화를 주고자 하는 노력이다. 그렇게 사무실 책상이라는 공간이 사소하게 변하는 것만으로도 직장이 조금은 더 재미있어진다. 그리고 내게 주어진 책상이라는 물질적 공간을 새롭게 꾸미는 것에서 한발 더 나아가 내가 일을 하는 방식, 내가 동료를 대하는 방식에도 재미를 더하기 위해서 노력해야 한다. 타인이 그런 노력을 보일 때 적극 호응을 하자. 그런 사소한 노력이 합쳐지면 삭막하고 지루한 직장도 조금은 생동감 있는 재미있는 곳으로 바뀔 수 있을 것이다.

절대가난과 맞서
싸우지 말자

가난한 이들을 위로하기 위해서 있는 것이 TV 드라마다. 드라마 속에는 돈은 많지만 행복하지 못한 이들이 나타나서 가난의 두려움에 직면한 이들에게 대리 위안을 준다. 하지만 우리 모두 알듯이 실제는 그렇지 않다. 부가 꼭 행복을 주는 것은 아니지만 절대가난은 절망을 불러일으킨다. 2008년 8월 SBS 〈긴급출동 SOS 24〉의 보조 작가 김 모 씨가 서울 목동 SBS 본사 22층에 있는 해당 프로그램 사무실에서 야근을 하다가 옥상인 23층으로 올라가 투신 자살했다. 김 모 씨는 60만 원의 월급으로 일을 하고 있었다. 지난 2010년 1월 29일 경기 안양 석수동의 월셋집에서 시나리오 작가 최고은 씨가 지병과 생활고로 숨진 채 발견돼 충격을 안겼다. 고인은 "며칠째 아무것도 먹지 못해서 그러니 남는 밥과 김치를 좀 달라"는 내용의 마지막 쪽지를 남겼다. 2010년 2월 27일에는 DND 출신 유명 안무가 박정민 씨가 37세의 나이로 사업 실패 후 생활고를 비관해 여자친구 집에서 목매 자살을 했다.

꿈도 있고 재능도 있는 이들이었지만 가난을 이겨내지 못한 것이다. 가난이라고 하면 떠오르는 단편 소설이 두 편 있다. 두 편 모두 《사랑손님과 어머니》(1935)로 유명한 주요섭이 쓴 소설이다. 일제 치하에서의 처참한 가난을 묘사한 소설이다. 〈개밥〉(1927)이라는 소설은 가난한 모녀가 주인공이다. 어느 날 주인집에서 서양 사냥개 새끼를 데리고 온다. 서양 개여서 우리나라 음식이 입에 맞지 않아 우유만 먹는데 일제 치하 우윳값이 '흰 쌀밥에 고깃국'보다도 비쌌다. 우윳

값을 감당 못한 주인은 우유 대신에 고깃국에 쌀밥을 말아서 개에게 준다. 처음에는 개가 입에 대지도 않았다. 그 집에서 일을 하는 어멈이 남은 개밥을 몰래 세 살배기 딸에게 주고 딸은 개밥인 줄도 모르고 맛있게 먹었다. 하지만 개가 밥을 많이 먹게 되면서 딸에게 갖다 주는 양이 줄어들고 결국 개가 밥을 남기지 않으면서 딸에게 '흰 쌀밥에 고깃국'을 갖다 주지 못하게 된다. 영문도 모르는 딸은 '흰 쌀밥에 고깃국'을 달라고 졸라대고 어멈은 화를 낸다. 추운 겨울 딸이 폐렴에 걸려 죽어가면서 '흰 쌀밥에 고깃국'을 달라고 칭얼대자 어멈은 개밥이라도 빼앗아 딸에게 갖다 주려고 하지만 개가 덤비고 어멈은 개를 물어 죽여 얼어붙은 개밥을 딸에게 갖다 준다. 그러나 이미 딸은 죽은 상태고 어멈은 실성한다.

〈인력거꾼〉(1925)의 주인공은 누더기와 짚을 깔아 놓은 돼지우리 같은 숙소에서 자고 떡 두 조각과 미음으로 식사를 대신하면서 종일 인력거를 끄는 빈민 노동자다. 8년 동안 뼈 빠지게 고생만 하던 주인공 아찡은 갑자기 몸이 아파서 쓰러지고 의사에게 간다. 그러나 의사는 만나지 못하고 대기실에서 선교사를 만난다. 이 세상에서 고생을 하던 이가 천국에서는 잘살게 된다는 말을 듣고 아찡은 자신들이 모두 잘먹고 잘살게 되면 이 세상에서 잘먹고 잘살던 이들은 천국에서 인력거를 끌게 될 거라고 생각을 하고 천국에 인력거꾼이 있느냐고 선교사에게 묻는다. 천국에는 인력거꾼이 없다는 대답을 듣고 이 세상에서나 저 세상에서나 가난한 놈은 고생하기 마련이라며 그런 천당은 필요 없다는 생각을 한다. 치료를 받는 대신 마지막 남은 돈으로 점을 친 주인공은 점쟁이로부터 얼마 안 있어 잘살게 된다는 사탕 발린 이야기를 듣고 복채를 지불한다. 하지만 집에 오자마자 아찡은 쓰러져서 죽는다. 검시하러 온 의사는 경찰에게 인력거꾼은 대개 9년 정도가 되면 죽는데 8년 정도면 죽을 때가 되어서 죽은 것이라고 냉정하게 말을 한다.

이런 끔찍한 가난은 21세기 대한민국에 없을지 모르지만 여전히 우리 옆에는 절대가난이 도사리고 있다. 자신은 아르바이트 뛰느라고 공부할 시간이 없어서 휴학을 생각하는데 고급 차를 몰고 학교에 오는 학생들을 보면 죽이고 싶다는 한 대학생의 인터뷰나 배달 시간을 맞추기 위해서 오토바이를 몰다가 교통사고로 죽은 피자 배달원 이야기에서 가난을 본다. 여전히 가난은 꿈을 포기하게 하며 가난한 자는 부당한 억압으로부터 자신을 보호할 수 없다. 임순례 감독의 영화 〈세 친구〉(1996)에서 가난하고 힘없는 세 친구는 사회의 억압과 편견으로부터 자신을 보호하지 못하고 점점 나락으로 떨어진다. 〈와이키키 브라더스〉(2001)에서 주인공은 음악이라는 꿈을 좇다가 가난의 늪에 빠져버린다. 그는 가난에서 벗어날 수 없게 되고 가난은 그들을 절망의 늪으로 밀어 넣는다.

세상에는 어쩔 수 없이 가난하게 살게 되는 이도 있다. 집에 돈도 없고 타고난 재주도 없고 공부도 잘하지 못하고 순간의 쾌락을 추구하고 끈기는 없으면서 허황된 꿈을 좇다 보면 가난을 면할 수 없다. 정말 안타까운 것은 똑똑하고 성실하며 창의성도 있는 이들이 오랜 시간 최선을 다했음에도 나이가 들고 밀려오는 가난 속에 절망하는 것을 볼 때다. 가진 것은 없어도 보고 있기만 해도 좋은 기가 느껴지던 젊은 날의 자신감은 어디론가 사라지고 머리를 긁적거리며 우물우물 얼버무리고 일자리를 찾는 모습을 보면 눈물이 나올 것 같다.

그런 이들에 대해서 어떤 사람들은 되지도 않을 일에 대해서 맨땅에 헤딩했다며 자업자득이라고 독설을 퍼붓는다. 하지만 그렇지 않다. 실제 상황을 접하기 전에는 고통에 대해서 과소평가하는 것이 인간이다. 맞으면 아프리라는 것은 알지만 아무리 독하게 마음먹고 각오해도 막상 맞으면 생각한 것보다 더 아프다. 멀리 보이는 섬까지 헤엄을 쳐서 완주를 하겠다고 결심을 했다. 힘들 것이라고 예상을 하고 연습도 많이 한다. 그런데 막상 수영을 하다 보면 바다는 더 차갑고 몸이 뜻대로 움직이지 않는다. 갑자기 급류에 휘말리면 버틸 힘이 없다. 인생에서 그 급류는 예상치 않은 질병일 수도 있고 교통사고나 가족의 빚을 떠맡는 것일 수도 있으며 연이은 가족의 죽음일 수도 있다. 꿈을 향해 근근이 생활을 버티어 내던 중 그런 불행이 연속적으로 닥치게 되면 가난에서 빠져나올 길이 없게 된다.

비타민 B_1이 부족하면 각기라는 병이 생긴다. 다리의 힘이 약해지고 저리면서 제대로 걷지 못한다. 식사를 제대로 하지 못하고 영양부족이 되다가 보면 발생한다. 그런데 각기가 온 상태에서 계속 식사를 거르면 그 증상이 더욱 심해져서 나중에는 사람, 시간, 장소를 구분하지 못하는 지남력 장애가 생긴다. 내가 어떤 사람인지 지금이 몇 년 몇 월 며칠인지 여기가 어디인지 구분 못 하고 엉뚱한 대답을 한다. 이런 상태를 섬망이라고 하며 후유증으로 심각한 기억력 장애를 동반하기도 한다. 지남력 장애와 기억력 장애가 생길 때 치료제인 비타민 B_1을 고용량으로 투약해도 증상 호전은 제한적이다.

가난하게 되면 내가 누구인지 뭘 할 수 있는지 왜 이러고 있는지 알 수 없게 된다. 삶의 방향을 잃어버리고 다르게 살 수 있다는 것을 떠올리지 못한다. 비타민 B_1이라는 신체적 영양분이 결핍되면 섬망 상태에 빠지게 되듯이 절대가난 속에서 고립되어 버리면 위로, 희망, 대안 같은 마음의 영양분이 결핍된다. 절대가난의 단계에 들어서면 도저히 회복이 안 된다. 그냥 아무것도 할 수 없다. 따라서 절대가난의 단계로 들어서면 안 된다. 처음에는 재미있는 일, 내 가슴에 열정을 불러일으키는 일을 하고 싶어서 가난을 감수한다. 하지만 나중에는 재미도 없고 더는 열정이 없음에도 여기에서 포기하기에는 너무 억울하다는 생각 때문에 계속하던 일에 매달린다. 그것이 음악이 되었든 연기가 되었든 창업이 되었든 절대가난의 상태에서는 제대로 된 아이디어가 나오지 못하고 남과 의사소통을 하지 못한다. 세상이 어떻게 돌아가는지 알고 사람들이 어떻게 생각하고 느끼는지를 알아야 좋은 아이디어를 적절히 실천할 수 있다. 하지만 절대가난의 상태에서는 그냥 내가 하던 대로만 고집을 부리고 나를 무조건 받아들여 주지 않는 세상을 증오하게만 된다. 따라서 일단 가난에서 벗어나기 위해 노력해야 한다.

가난을 극복하고 꿈을 이루는 이들의 성공 신화가 대중매체, 인터넷을 통해서 유포된다. 하지만 그것은 극소수에 불과하다. 솔직히 그 신화의 상당 부분은 조작되어 있다. 가난해지면 평범한 사람은 꿈을 잃고 무너지기 마련이다. 꿈을 이루기 위해선 가난을 감내할 수 있다고 생각하지 마라. 가난해지는 순간 꿈은 무너진다. 가난은 당신의 삶의 에너지를 모두 빨아버린다. 세상에는 성공과 가난 두 개의 삶의 양식만 존재하는 것이 아니다. 성공과 가난 사이에는 많은 단계가 존재한다. 재미있는 일을 하고 싶고 재미있는 삶을 살고 싶고 내가 재미있어 하는 것을 통해서 성공하고 싶다는 생각에 사로잡히게 되면 내가 재미없어 하는 것을 조금이라도 할 경우 그것을 실패 혹은 패배와 동일시하게 된다. 그런 태도가 꿈과 능력이 있고 열정이 있는 이들을 서서히 가난으로 밀고 간다. 내가 좋아하는 것, 내가 이루고 싶은 것, 내가 재미있어 하는 것, 내가 희망하는 것을 잠시 뒤로 하고 돈을 벌기 위해 무언가를 한다고 해서 그것이 세상과 타협하는 것은 아니다.

06

성장

성장할 준비가 되어 있는 사람은 자신이 하는 일이 노력하면 할수록 더 잘할 수 있는 일로 여기고 일을 잘하게 되면서 더 나은 보상을 받게 된다. 반대로 성장을 포기한 사람은 지금 자신이 하는 일은 일 같지도 않은 단순한 일로 여긴다.

성장은 모든 살아있는 것의 본능이다. 모든 동물은 태어났을 때보다 세포의 수도 늘어나고 그 크기도 커지면서 성장을 한다. 그러다가 동물은 생식 연령에 달하게 되면 그때부터 더는 몸이 성장하지 못하고 쇠퇴가 시작된다. 사람이 계속 칼로리를 축적해서 살찌는 것도 성장으로 본다면 모를까 인간 역시 육체적 성장은 일정 시기가 되면 중단된다. 하지만 인간은 다른 의미에서 여전히 성장한다.

인간은 육체적으로는 성장할 수 없더라도 도구를 이용하는 법을 배우고 도구를 더욱 능숙하게 이용해서 더욱 강해질 수 있다. 성인이 되면 더 빨리 뛸 수는 없으나 자동차 운전을 배워서 더 빨리 이동할 수 있다. 이것도 넓은 의미에서는 성장이다. 머리가 더 좋아지는 것은 한계가 있으나 컴퓨터를 배워서 더 빨리 더 많은 정보를 검색해서 사용하는 것도 가능하다. 이것도 넓은 의미에서는 성장이다. 새로운 기술을 익히고 새로운 일을 한다면 그것은 육체적 성장과는 또 다른 의미에서 성장이다.

중고등학교 때 1등을 도맡아 했다던 명문대 출신의 여자 환자가 있었다. 결혼을 해서 가정주부로 집에만 있다가 이혼을 한 후 다시 일을 해야 했다. 친구에게 부탁을 해서 어렵사리 직장을 구해 출근을 했는데 단순한 일에도 허둥지둥하고 실수를 연발했다. 결국 회사에 손해를 입히고 사직서를 제출하게 되었다. 그 똑똑하던 자신의 뇌가 왜 이꼴이 되었지 하는 생각에 우울증에 걸렸던 것이다. 일을 해야 머리도 잘 돌아가고 사회성도 향상이 된다. 일은 우리를 성장시킨다. 그래서 나이 들어서도 계속 머리 쓰는 일을 하면 치매도 덜 걸린다. 하지만 그냥 무턱대고 일을 한다고 성장하는 것은 아니다.

우선 일을 통해 성장하는데 동기부여가 매우 중요하다. 흔히 동기부여라고 하면 성과급, 표창, 부상과 같은 외적 동기를 떠올린다. 목표를 달성했을 때 거기에 대해서 금전적 보상이 주어지면 아무래도 더욱 열심히 하게 된다. 이제는 대기업에만 성과급이나 인센티브가 있는 것이 아니다. 중소기업에서도 노력하는 것에 따라서 성과가 좌우되는 마케팅 같은 부서는 인센티브를 당연하게 여긴다. 지금은 장교, 교사에게도 성과급이 있다. 이런 외적 동기에 못지않게 중요한 것이 내 안에 존재하는 내적 동기다.

내적 동기가 생기기 위해서는 우선 그 일을 내가 선택해야 한다. 중고등학교 때는 아무리 공부를 잘하는 아이라도 스스럼없이 공부를 좋아한다고 말하는 경우가 별로 없다. 중고등학교 때는 학교에 다닐지 안 다닐지, 공부를 할지 나가서 일을 할지 스스로 결정할 수 없다. 자신이 결정한 것이 아니기에 아무리 공부를 잘하는 학생도 어쩔 수 없이 한다고 생각한다. 따라서 내적 동기가 발동이 걸리지 않는다. 하지만 그 학생이 대학을 졸업하고 유학을 준비할 때는 자신이 선택한 것이기 때문에 내적 동기가 매우 강력해진다.

물론 자기가 결정을 했다는 것만으로 내적 동기가 생기지는 않는다. 일을 잘해낼 수 있다는 자신감이 있을 때 내적 동기가 생긴다. 아무리 자신이 원해서 중국어를 배우기로 결심하고 학원에 다니더라도 실력이 늘지 않으면 하고 싶은 마음이 사라진다. 내가 잘할 수 있는 일에 대해서 하고 싶다는 의욕이 생기는 것은 당연하고 이런 의욕이 가장 강할 때는 날로 실력이 쑥쑥 늘어날 때다. 성장하고 있다는 것이 스스로 느껴지는 것이다. 하지만 처음에는 아무리 좋아했던 것도 변화가 없으면 지루하고 권태롭다.

일도 마찬가지다. 내가 아는 사진가는 상업 사진 분야에서 3위 안에 드는 대가다. 그런데 그가 사진에 발을 들여놓은 것은 뜻밖에도 생계 때문이었다. 고등학교를 졸업하고 먹고살 길이 없어서 아버지가 친척 사진관에 취직을 시킨 것이다. 동네 사진관에서 일을 하다가 군대에 갔다. 병역을 마치고 나니 배운 게 사진뿐이라서 충무로에서 일을 하게 되었다. 처음에는 아버지가 억지로 시켰지만 이번에는 자신이 선택을 했다. 재미있었다. 당시 사진학과 출신들은 상업 사진은 그냥 돈을 벌기 위한 아르바이트 정도로 생각을 했다. 사진학과 출신 사진사들은 기업이 무언가를 요구해도 그에 응하기보다는 자신의 생각만 고집했다. 그는 이론에 치중한 고지식한 사진학과 출신과 달리 기업이 원하는 사진을 만들어냈다. 기업이 무엇을 요구하던 일단은 그 입장을 존중했고 하면 할수록 자신이 잘한다는 생각이 들었다. 그러다 보니 그는 나중에 상업 사진의 대가가 되었고 대형 스튜디오를 운영하게 되었다.

고급 직종이라는 것은 결국 다르게 말하면 성장이 가능한 일이다. 시간이 지나면 일을 하는 능력이 향상되고 그에 따라서 감당할 수 있는 일의 폭도 늘어난다. 똑같은 과제도 다른 방법으로 시도하면서 더 잘하는 방법을 찾게 된다. 소위 전문직이 이런 직종들이다. 하지만 아무리 전문직에 종사하더라도 성장하기를 멈추면 그 일은 지겨운 일이 된다. 모든 일이 다 성장이 가능한 일일 수는 없다. 성장하기 위한 마음가짐이 되어 있어야 성장할 수 있는 일이 눈에 보인다. 세상에는 무수히 많은 직업이 존재한다. 그런데 사람들은 흔히 전문직과 단순노동 두 가지로 모든 일을 분류한다. 그런데 그 사이에 있는 상당히 많은 일은 누군가에는 성장이 가능한 일로 보일 것이고 누군가에는 성장이 불가능한 일로 보일 것이다. 성장할 준비가 되어 있는 사람은 자신이 하는 일이 노력하면 할수록 더 잘할 수 있는 일로 여기고 일을 잘하게 되면서 더 나은 보상을 받게 된다. 반대로 성장을 포기한 사람은 지금 자신이 하는 일은 일 같지도 않은 단순한 일로 여긴다. 그러면서 언제 나도 한번 폼나는 일을 해보나 하면서 구직 사이트를 뒤지고 시험 문제집만 들었다 놨다 하기만 한다.

마음에도
웨이트 트레이닝이 필요하다

열중해서 몰입할 정도로 좋아하는 게 없는 건 본인의 문제라고 생각하는 사람이 의외로 많다. 진로 때문에 고민을 하는 젊은이들뿐만 아니라 이미 자신의 분야에서 확고한 자리를 잡은 사람들도 비슷한 고민을 하는 경우가 많았다. 무언가 재미있는 일을 해보고 싶다는 것이다. 진로를 고민하는 젊은이 중에는 이건 어떨까 저건 어떨까 손을 대보지만 조금만 지루해지면 쉽게 그만두게 된다고 많이들 고민한다. 컴퓨터 프로그램을 새로 배울 때 처음에는 흥미가 있지만 복잡해지면 이건 적성이 아니야 하면서 그만두게 된다는 것이다. 중국말을 배울 때도 단순한 인사 정도는 재미있지만 단어와 구문이 어려워지면 한두 번씩 빼먹다 그만두게 된다. 심지어 사람에 대해서도 그렇다는 후배도 있었다. 여자를 만나면 처음에는 좋지만 어느 정도 사귀면서 감정적으로 서로 엉기게 되면 골치 아파져서 여자를 안 만나게 된다는 것이다. 이런 경우는 그것이 일, 학습, 취미, 인간관계 등 무엇이 되었든 어렵고 복잡해지면 쉽게 포기하는 식이다.

반대인 경우도 많다. 특히 업무와 관계되어 그런 경우가 많다. 너무 단순하고 일상적인 업무를 하다가 부서를 옮기면 처음에는 활력을 가지고 일을 한다. 하지만 어느 정도 시간이 지나고 일이 익숙해지면 지루함을 느끼게 된다. 그렇다고 주어진 일보다 더 많은 일을 나서서 하자니 너무 설쳐대는 것 같다. 더군다나 그 결과가 좋다 하더라도 당장 큰 이익이 주어지는 것도 아니고 그 결과가 안 좋으면 책임만 지게 된다. 회사를 바꿔보면 어떨까 하고 이직을 하지만 그 효과도 그리 오래가지 않는다. 인간관계도 마찬가지다. 처음에 이성을 만나서 사귀게 되면 마음이 설레고 삶 자체가 바뀌는 것만 같다. 하지만 그것도 잠시일 뿐 익숙해지면 얼마 지나지 않아 지루해진다. 오랜 연애를 한 커플의 경우 그 권태 때문에 헤어질까 두려워 결혼하지만 신혼의 흥분은 잠시일 뿐이다.

이런 문제를 해결하기 위해서는 마음의 웨이트 트레이닝이 필요하다. 체력 훈련하면 떠오르게 되는 인물이 히딩크다. 과거에는 골을 넣는 기술이 뛰어난 선수들이 국가대표로 선출되었다. 하지만 히딩크는 당연히 국가대표가 될 것이라고 여겨지던 선수를 체력 부족을 이유로 후보에서 탈락시켰다. 그가 축구팀이 아니라 육상팀을 만들려고 한다고 비아냥거리는 이도 많았다. 축구는 연습하지 않고 매일 달리기만 한다는 것이다. 하지만 히딩크는 우리나라 팀의 문제가 정신력이나 기술력 이전에 체력이라는 것을 간파한 명장이었다. 체력이 되어야지 강팀을 맞이해서 상대방보다 더 많이 뛸 수 있다. 체력이 되어야지 서로의 빈 곳을 도와주면서 협력을 할 수 있다. 체력이 되어야지 후반전 인저리 타임에 역전 골을 넣을 수 있다.

　동계 올림픽에서 금메달을 딴 스케이트 선수들의 다리 굵기를 보면서 나는 체력의 중요성을 다시 한 번 느꼈다. 그 다리 굵기를 만들기 위한 훈련량을 보면서 고개를 설레설레 흔들었다. 그런데 체력 훈련과 웨이트 트레이닝은 운동선수에게만 필요한 것이 아니다. 복잡한 학습과 뒤얽힌 인간관계를 견디어내는 과정, 익숙해져 지루해진 일이나 관계를 견디는 것 자체가 어떤 의미에서 마음의 웨이트 트레이닝이다. 어렵고 지겹게만 느껴지는 골칫덩어리를 온전한 자기 힘으로 단 한 번이라도 끝까지 견디어낼 때 나도 해낼 수 있다는 자부심이 생긴다. 지금의 고통과 지루함이 무가치하지 않다는 것 또한 알게 된다. 따라서 마음의 힘을 키우고 수련하는 것이 중요하다. 마음의 기본 체력이 받쳐줘야만 열중과 몰입이 이어지고 학습의 난이도, 업무의 난이도, 인생의 난이도가 올라가도 그 시련을 극복할 수 있다.

　그러기 위해서는 마음의 웨이트 트레이닝을 위한 올바른 목표를 설정하는 것이 중요하다. 미국의 저명한 스포츠 심리학자 라이너 마틴 Rainer Martens은 목표를 정하는 데 있어 다음과 같이 충고한다. 승진을 하겠다, 1등이 되겠다는 결과 목표보다는 실수를 일정 수 이하로 줄이 겠다, 매출을 얼마로 늘리겠다, 비용을 어느 정도로 줄이겠다와 같은 수행 목표를 설정해야 한다. 동시에 많은 목표를 설정하는 것보다는 한 번에 하나의 목표를 세우고 일단 목표를 달성한 후 다음 목표를 세 우는 것이 바람직하다. 달성하기 쉬운 목표보다는 조금은 능력에 벅 찬 도전적 목표를 설정하는 것이 좋다. 목표는 현실적이고 구체적이 어야 한다. 너무 장기적인 목표는 중간에 흐지부지되는 경향이 있기 에 단기 목표를 설정하되 시간은 여유 있게 잡아야 한다. 처음 의욕적 으로 목표를 세울 때는 조바심이 나서 짧은 시간 안에 목표에 도달하 고자 하는 경향이 있는데 지레 포기하지 않기 위해서는 충분한 시간 을 주어야 한다. 마지막으로 팀의 목표가 아닌 개인의 목표를 세워야 한다. 팀 목표는 나 혼자 열심히 한다고 해서 달성되는 것이 아니고 여러 가지 변수가 작용하기 때문이다.

지금 특별한 문제가 없다고 해서 그것이 꼭 바람직한 것도 아니다. 어떤 사람이 자신의 능력보다 너무 쉬운 일을 하고 있다면 편하기는 하지만 지루하다. 그렇다고 굳이 새로운 일에 도전을 하기에는 지금 의 일이 너무 편하다. 물론 이렇게 사는 것도 꼭 나쁘지는 않다. 권태 는 부에 넘치는 고민일 수도 있다. 하지만 불안의 전 단계로 권태가 올 수 있다. 얼핏 보아서는 문제없는 것으로 보이지만 직감적으로 이 상이 있다는 것을 아는 것이다. 불안해지면 그것을 무언가로 채워놓 고자 하는 생각이 들고 만족감이 떨어지며 심심하다는 생각을 하게 된다. 얼핏 주위를 둘러보면 두려워할만한 일이 없지만 무의식 속에 서 직감적으로 뭔가 안 좋은 일이 생길지도 모른다는 것을 감지했기 에 그것이 불안으로 느껴진다. 인간은 얼핏 보면 논리적이지만 우리도 동물로 살아갈 때는 생각 이전의 것에 따라 움직인다. 나뭇잎 소리, 갑자기 조용해지는 것 등으로 감을 잡는다. 그리고 너무 일이 잘 풀려서 권태가 올 정도면 그것은 확률상 행운이 앞서 있었던 것이니까 평균으로의 회귀상 지금은 불행이 찾아오는 것이 맞는 타이밍일 수도 있다. 몇 번 연속적인 행운과 불행을 겪다 보면 권태와 불안이 동시에 오면서 상황을 감지할 수도 있다. 갑자기 상황이 악화하면 공포를 느끼지만 서서히 악화하면 권태와 불안이 교대로 찾아온다. 불안을 느끼다가 다시 상황이 좋아지면 안심하고 권태를 느끼다가 다시 불안해진다. 그러다가 어느 순간 어쩌다 이렇게 되었지 하면서 경각심을 느끼게 된다. 그때는 이미 늦었다.

서서히 다가오는 악재가 갑자기 닥치는 악재보다 더 무서운 법이다. 경제를 예로 들면 외환위기는 청천벽력같이 급속히 닥친 악재다. 하지만 고령화, 저출산에 따른 인구구조 변화는 서서히 다가오는 악재다. 전 세계에서 고령화, 저출산에 따른 경쟁력 약화를 피해 간 나라는 하나도 없다. 영국, 독일을 비롯한 유럽에서는 1970년대까지만 해도 인구증가에 따른 자원부족에 대해서 걱정했다. 그러나 이후 고령화와 출산율 저하로 성장률이 곤두박질쳤다. 일본은 아시아에서 최초로 선진국 대열에 들어갔다. 동양과 서양은 정서가 달라서 일본 사람들은 설혹 고령화와 저출산이라는 악재가 닥쳐도 특유의 근면 성실로 극복할 수 있다고 생각했다. 하지만 일본도 그 여파를 피하지 못했다.

우리는 지금 불안해하는 동시에 우리나라는 어떻게든 잘 되겠거니, 예외이겠거니 생각을 한다. 그동안은 절대 불가능하다고 생각했던 피겨 스케이팅과 스피드 스케이팅에서 우리 선수들이 금메달을 따는 것

을 보면서 국운이 창궐하는 것 같이 느껴진다. 하지만 과거에 싸구려
라고 생각했던 중국 제품을 막상 구입했는데 품질이 꽤 괜찮은 것을
보고는 불안감을 느낀다. 이런 국가의 노쇠가 우리 각자의 노쇠와 맞
물려가게 된다.

20대인 당신은 언젠가 30대가 된다. 30대인 당신은 40대가 된다. 40
대인 당신은 50대가 된다. 나이가 들게 되면 어느 분야이든 일하는 것
이 쉽지 않다. 또한 삶에는 특별히 노력하지 않아도 일이 잘 풀리는 마
법과 같은 시기가 있다. 경기가 좋아지기 시작하는 시점에서 유행이
되기 시작한 물건을 파는 회사에서 일을 시작한다면 특별히 노력하지
않아도 순풍을 타듯이 일이 잘 풀린다. 당분간 괜찮을 것 같다. 하지만
그 시기가 영원할 수는 없다. 불경기가 오면서 일이 안 풀린다. 경기가
좋아지면 잘 되겠거니 했는데 그다음에 경기가 좋아져도 이미 회사는
모멘텀을 잃은 상태이고 내 자리는 더 이상 없다.

미래를 대비해서 펀드와 보험에 가입하고 부동산에 투자를 하는 것
보다 더 중요한 것은 일을 계속할 수 있는 능력과 열정을 유지하는 능
력을 키우는 것이다. 그게 마음의 웨이트 트레이닝이다. 모든 금융자
산은 내가 아니라 세상의 영향을 받기 때문이다. 재테크는 당신을 지
켜주지 못한다. 노동이 당신을 지켜줄 뿐이다. 부지런하고 열심히 일
을 할 수 있는 나를 유지해야 한다. 한 번 게을러지면 부지런해지기가
어렵다. 한 번 사치에 물들면 검소해지기가 어렵다. 열심히 일하면서
검소한 삶을 유지하는 것이 최고의 재테크다.

직장인 작심삼일
극복하기

해마다 새해가 되면 새로운 결심을 하게 된다. 자신의 나쁜 습관을 없애겠다고 결심을 하기도 하고 무언가 좋은 것을 꾸준히 하겠다는 결심을 하기도 한다. 그러나 생각처럼 쉽지 않다. 학생들은 그것이 공부와 관계된 경우가 많다. 새해가 되면 컴퓨터 게임을 끊고 공부하는 시간을 늘리려는 것처럼 말이다. 직장인 역시 마찬가지다. 쓸데없이 술 마시는 시간을 줄이고 외국어 공부를 하겠다거나 주경야독으로 자격증 취득에 도전해보겠다고 하지만 번번이 실패하게 된다. 좀 더 재미있는 인생을 살기 위해서 결심을 하지만 지키기 어려운 이유는 무엇일까?

첫 번째 이유는 자신의 성격과 반대되어 실천이 불가능한 계획을 세우기 때문이다. 따라서 타고난 성격은 바꿀 수 없으니 실천 가능한 계획으로 변경해야 한다.

과거에는 인간이 태어날 때 마치 빈 칠판 같은 상태로 태어나고 거기에 분필로 어떤 내용이 쓰이는지에 따라서 그 사람의 인생이 결정된다고 생각했다. 이것을 '빈 서판 이론'이라고 한다. 하지만 생물학, 유전학이 발달하면서 이미 태어났을 때 그 사람의 지능, 성격, 감성이 어느 정도 결정된다는 것이 밝혀지게 되었고, 인간은 백지상태로 태어나 어떻게 양육 받고 교육받느냐에 따라서 지능, 감성이 전적으로 결정된다는 '빈 서판 이론'이 비판받게 되었다. 미국의 경우 우리보다 입양이 많다. 그러다 보니 쌍둥이가 각기 다른 집에 입양된 경우도 많이 볼 수 있다. 예를 들어서 쌍둥이의 한쪽은 절대로 술을 안 마시는 집에서 자라고 쌍둥이의 다른 한쪽은 술을 많이 마시는 집에서 자랄 수 있다. 쌍둥이의 한쪽은 종교를 믿는 집에서 자라고 쌍둥이의 다른 한쪽은 종교가 없는 집에서 자랄 수 있다. 그런데 놀라운 점은 전혀 다른 집에서 자라더라도 쌍둥이의 신념, 행동, 믿음 등이 상당 부분 일치한다는 것이다. 그들이 일치하게 되는 가장 큰 이유는 바로 DNA 유전자가 똑같기 때문이다. 인간의 성격은 이미 태어날 때 상당 부분 유전자에 의해서 결정된다. 유전자는 설계도면이다. 태어날 때 우리는 어떤 사람이 될지 대략의 설계도면을 가지고 태어난다. 우리가 태어날 때 이미 설계도면은 결정되어 있고 그것을 바꿀 수는 없다. 탄생의 과정을 돌이킬 수 없기 때문이다.

유전자 설계도로 이미 키가 제일 컸을 때가 160센티미터로 정해진 보통 사람은 아무리 열심히 노력해도 마이클 조든 같이 키가 커져서 농구를 잘하기는 어렵다. 운동선수가 키나 팔의 길이가 타고 태어나듯이 일반인들은 빅 파이브big five라고 불리는 가장 기본적인 성격 특징을 타고 태어난다. 그것은 외향성, 개방성, 우호성, 성실성, 신경증 성향이다. 예를 들어서 내성적인 사람이 올해부터 성격을 외향적으로 확 바꿔야지 결심을 한다고 해서 뜻대로 되는 것이 아니다. 그런 결심은 내 팔을 올해 10센티미터 더 길게 해야지 하고 결심을 하는 것만큼 무모하다. 매일 걱정하고 사소한 일에도 불안한 사람이 올해에는 낙천적으로 살아야지 하고 결심을 하는 것은 머리카락 색깔을 염색약의 도움 없이 검은색에서 노란색으로 저절로 바뀌게 하는 것만큼 어려운 것이다. 따라서 타고난 성격의 범주 안에서 노력을 통해 바뀔 수 있는 부분만큼 목표로 삼는 것이 중요하다. 즉 새로운 목표를 정하기에 앞서 더욱 중요한 것은 나라는 사람을 잘 깨닫고 한계를 알아가는 것이다. 초식동물인 소가 내년부터 사냥을 시작해야지 결심을 하는 것보다 내년부터는 여태 안 먹었던 조금 더 질긴 풀도 먹어봐야지 하는 것이 현실적이다. 호랑이가 내년부터는 다른 동물을 죽여서 먹는 것을 그만두고 나무 열매를 먹어야지 결심하는 것보다는 배고프지 않을 때 재미로 다른 동물을 사냥하지는 말아야지 하고 결심을 하는 것이 더 현실적인 것이다.

두 번째 이유는 습관이 생각 네트워크에 굳어지기 때문에 그것을 바꾸려는 계획은 실천하기 힘들다. 따라서 근육을 키우듯 노력을 통해 생각 네트워크를 바꿔야 한다.

그렇다면 왜 결심이 작심삼일인지를 검토해 보자. 왜 인간은 매번 후회하면서 같은 실수를 되풀이하는지 20세기 중반까지도 미스터리였다. 사람이 깨달아도 바뀌지 않는다는 것이 프로이트를 골머리 썩이게 했다. 그 이후 인간의 습관, 행동이 어떻게 이루어지는지에 대해서 많은 연구가 이루어졌다. 뇌 대부분을 구성하는 가장 흔한 물질은 물이다. 이 물속에 신경전달물질, 이온 등이 녹아 있다. 신경전달물질이 세포벽의 리셉터에 영향을 준다. 리셉터는 세포 안으로 이온을 더 들어오게 할지 아니면 세포 밖으로 이온을 밀어낼지를 결정한다. 마시는 이온음료에는 나트륨, 칼륨 등의 이온이 들어가 있는데 이런 이온이 뇌를 구성하는 물속에 녹아 있다. 어떤 이온이 뇌의 특정 부위에 얼마나 많이 존재하는가에 따라 생각의 흐름이 결정된다. 세포 안과 밖의 이온의 농도 차에 의해 전류의 방향과 속도가 바뀌고 전압이 형성된다. 이러한 물질과 이온의 농도 변화, 전류 방향이 생각의 흐름을 만들어낸다. 그런데 이온을 들어오게 할지 나가게 할지에 대해서 각각의 뇌세포가 중구난방 결정한다면 생각의 흐름이 제대로 이어지지 않을 것이다. 그래서 뇌세포들 사이를 돌아다니면서 의견을 모아서 통합하는 것이 뇌 신경전달물질의 역할이다. 도파민, 아드레날린, 아세틸콜린, 세로토닌 등은 대표적인 뇌 신경전달물질이다. 따라서 기억, 습관 등은 뇌 속의 이온, 전압, 전류, 신경전달물질이 관여하는 물리적 과정에 의해서 이루어진다. 물리적 균형이 깨지게 되면 우울증 같은 정신질환이 생기기도 한다. 어른들이 술을 마시고 이상한 행동을 하는 것도 알코올이라는 물질이 뇌 안에 들어가 신경전달물질의 흐름을 엉망으로 만들기 때문이다.

억지로 키가 더 크게 할 수 없고 억지도 팔을 더 길게 할 수 없다. 하지만 꾸준히 운동을 한다면 똑같은 키와 똑같은 팔 길이로도 훨씬 더 운동을 잘할 수 있다. 하루아침에 100킬로그램의 역기를 들어 올릴 수는 없지만 꾸준히 노력한다면 들어 올릴 수 있게 되고 매일 늘어나는 근육이 보인다. 사람이 나쁜 습관을 바꾸고 좋은 습관을 지니는 것은 결국 뇌 속에 있는 생각 네트워크를 바꿔야 가능하다. 운동을 해서 근육을 키우듯 반복적으로 생각하고 행동하면서 뇌의 생각 흐름을 조정해야 하는 것이다. 우리가 처음 낯선 주소의 집을 찾아갈 때는 약도를 보면서 일일이 확인해야 하지만 나중에는 딴생각을 하면서도 찾아갈 수 있다. 뇌 속에 기억 네트워크가 만들어지기 때문이다. 이런 네트워크가 만들어지는 데도 많은 시간이 필요하지만 지워지는 데도 많은 시간이 필요하다. 마라톤을 완주하기 위해서는 꾸준히 운동해야 하듯이 뇌 안에 좋은 습관을 생각 네트워크로 자리 잡게 하기 위해서도 꾸준히 노력해야 하며 안 좋은 습관을 버리기 위해서도 많은 시간이 필요하다. 따라서 좋은 습관을 만들고자 하는 노력이 깨지고 안 좋은 습관으로 돌아가려고 하는 것은 어떤 점에서 보면 당연하다. 하지만 실패할 때마다 굴하지 않고 꾸준히 노력한다면 결국은 목표를 달성하게 되고 뇌 속에 새로운 길이 만들어질 것이다.

새로운 길을 만드는 과정은 마치 터널을 뚫듯이 힘들다. 유전자는 개개인의 지도라고 할 수 있다. 그 지도에 따라서 우리의 마음속에는 산과 강이 들어선다. 산을 깎아서 없애는 것은 매우 어렵다. 하지만 산에 터널을 뚫는 것은 가능하다. '아무리 노력해도 소용없어' 하는 부정적인 생각은 어떻게 보면 유전자 지도의 뇌 속에 생긴 높은 산에 해당할 수도 있다. 내 마음속에 극복해야 할 높은 산 말이다. 어렵지만 지속적으로 노력한다면 산에 터널이 뚫리고 더 효과적으로 목적을 이룰 수 있다.

마지막 이유는 마음의 파도인 감정이 계획을 망치기 때문이다. 따라서 신뢰할 수 있는 이와 감정을 나누면서 해소해야 한다.

갑자기 눈이 쏟아지거나 폭우가 밀려오면 약속을 지키지 못하게 되는 수가 있다. 스케줄을 다시 잡게 되고 계획이 연쇄적으로 바뀌게 된다. 농부가 아무리 열심히 일을 해도 집중호우에 작물이 떠내려가면 소용이 없다. 우리가 일상생활을 하면서 좋은 결심을 했다가 그만두게 되는 것도 화가 나거나 슬프거나 들뜨거나 하면서 며칠씩 계획을 펑크내기 때문이다. 감정은 마음속의 악천후에 해당한다. 평소에 정상적인 날씨일 때는 온전히 진행되던 일들이 비가 오기 시작하면 꼬이기 시작하고 운동경기는 취소되며 야외 행사도 중단된다. 마음의 기후변화가 감정에 해당한다.

이런 감정은 그나마 좋은 습관을 향해가던 노력을 완전히 뒤흔들어 버릴 수 있다. 꾸준히 운동을 해서 근육을 만들어가다가 며칠 쉬어 버리면 처음부터 다시 시작해야 하는 것과 마찬가지다. 뇌에 좋은 흐름이 잡히다가도 감정의 격류에 휘말리면 다시 원상태로 돌아간다. 그리고 새로 시작할 수밖에 없다.

무언가 꾸물거리게 되면 우리는 그냥 지겨워서 또는 하기 싫어서라고 생각한다. 공부를 시작하기 전에 샤프도 만지고 볼펜도 만지고 혹시 펜이 잘 안 나오면 이리 만졌다가 저리 만졌다 꾸물댄다. 텔레비전 소리가 들리면 물 마시러 나간다고 하면서 텔레비전을 보다 야단맞고 공부방으로 다시 돌아온다. 뱃속에 꾸룩거리는 느낌이 들면 만화책을 한 권 들고 화장실로 간다. 그냥 하기 싫고 지겨우니까 하고 생각을 할 뿐 깊은 원인에 대해서는 생각하지 않는다. 그 원인 중 상당 부분이 대인관계에서 비롯된다.

예를 들어서 같은 일이더라도 누가 시키느냐에 따라서 인간의 반응이 달라진다. 여학생의 경우 빅뱅의 탑이 물 한 컵 가져오라고 시키면 냉큼 떠가겠지만 공부 좀 잘한다고 잘난체하는 오빠가 물을 떠 오라고 시키면 '너는 팔이 없냐? 발이 없냐?'는 생각이 들면서 꾸물거리게 된다. 이렇게 눈에 보이는 감정은 나 자신이 알아채기에 어느 정도 조절할 수 있고 인식할 수도 있다. 그 실체를 정확히 파악하지 못한 감정, 파악했더라도 자신이 인정하지 못하는 감정이 뇌에는 더 해로울 수 있다.

아이에게 부모는 막강한 존재다. 중고등학생이 되더라도 경제적으로 부모에게 완전히 의존을 한다. 아이들이 나름 열심히 공부하는 이유 중 가장 중요한 것은 부모에게 칭찬받고 싶다, 부모에게 인정받고 싶다, 부모에게 야단맞고 싶지 않다는 것이다. 부모가 마음에서 우러나오는 권위를 지닐 때 아이들도 열심히 공부하게 된다. 하지만 아버지와 어머니 사이가 나빠지면 중고등학생들 본인은 공부할 의욕도 없고 불안하고 무언가에 화가 난다. 집안에 돈 문제가 있어서 쪼들리게 되면 어려운 형편에 더욱 열심히 공부를 해야 한다고 생각을 하면서도 나도 모르게 사고 싶은 게임기도 못 사고 친구들과 외식도 못 해서 화가 난다. 부모님의 잘못에 대해서 대들 수도 없고, 부모님의 형편이 안 좋은데 짜증이 나는 것에 대해서 죄책감도 가지게 된다. 친구들이 따돌리는 느낌도 드는데 무언가 확실하지는 않아 싸울 수도 없다. 이런 집안 문제, 친구 문제가 있으면 공부도 잘할 수 없다. 좋은 계획을 세우고 열심히 하려고 하는데 집안에 언성이 높아지고 부모가 다투면 아이가 계획을 끌고 갈 수 없다. 어른도 마찬가지다. 부부 사이가 안 좋거나 부모와 갈등이 있거나 자식과 갈등이 있으면 좋은 계획도 실천이 안 된다. 반대로 내 의지가 미약하더라도 때로는 좌절하고 싶더라도 나를 끝까지 믿어주고 용기를 주는 사람이 있으면 노력하게 된다. 공부가 손에 안 잡히거나 일이 손에 안 잡힐 때는 자신의 마음을 들여다보라. 백날 억지로 책만 들여다보려고 하지 말고 마음속에 숨어 있는 슬픔, 노여움, 불안함, 외로움을 누군가와 나눠라. 누군가와 10분 동안 마음을 터놓고 마음껏 웃고 울게 된다면 그다음 한 시간 정도는 시간이 언제 이렇게 흘렀지 하는 생각이 들 정도로 집중할 수 있다.

흔히들 지금 내가 의무적으로 해야만 하는 것들을 게을리하면서 나중에 진짜 하고 싶고 재미있는 일이 나타나면 잘할 수 있다고 생각한다. 하지만 끈기 있게 밀고 가는 것 그 자체가 능력이다. 지루하고 재미없는 일도 억지로 잘하는 사람이 진정으로 하고 싶은 일이 나타날 때도 잘한다. 하기 싫은 일이라고 지금 당면한 일을 대충 하는 사람은 막상 하고 싶은 일이 나타나도 중간에 조금만 어려움에 부닥치면 포기한다. 좋아하든 싫어하든 책임감을 가지고 하는 것이 중요하다. 후보 선수는 언제 기회가 주어질지 모르기 때문에 주전 선수보다 더 열심히 운동을 해서 체력을 키워 놓아야 한다. 운동선수에게는 체력에 해당하는 것이 일반 학생들에게는 끈기, 뚝심, 인내에 해당이 된다.

새로운 결심을 했다면 최선을 다해서 노력하자. 중간에 며칠 게을리하게 되었다고 포기하지 말자. 일 년 내내 열심히 노력했음에도 그 결과는 목표에 도달하지 못할 수도 있다. 하지만 일 년 동안 열심히 노력한 만큼 여러분의 두뇌는 힘이 증강되었을 것이다. 육체의 힘을 '체력'이라고 부르듯이 두뇌의 힘은 '뇌력腦力'이라고 한번 칭해보자. 훌륭한 육상선수가 되기 위해 열심히 노력해서 쌓아놓은 체력이 나중에 야구선수가 되는 데 도움이 된다. 마찬가지로 공부를 잘하기 위해서 쌓아놓은 뇌력은 나중에 여러분이 패션 디자이너나 플로리스트, 일급 요리사가 되는 데 도움이 될 것이다. 공부하다가 지겹고 뜻대로 성적이 나오지 않을 때, 재미없는 일을 반복해서 해야 할 때 뇌력을 키우는 과정이라고 생각하자. 1년은 365일이다. 작심 3일이다. 사람은 122번 계획을 지키지 않고 딴짓을 하게 된다. 그렇다면 122번 또다시 결심을 하고 밀어붙이면 된다. 그렇게 해서 작심삼일을 극복하자. 그렇게 쌓아놓은 뇌력은 나중에 여러분이 목숨을 걸고 하고 싶은 일을 맡게 되었을 때 성공으로 이끌어주는 토대가 될 것이다.

중간관리자가
되었다면

몇 년 정도 직장 생활을 해서 30, 40대가 되고 나면 일이 힘에 부치는 게 당연하다. 종일 책상에 앉아서 자료를 검토하다가 보면 퇴근할 때 허리가 아파진다. 디스크가 아닌지 걱정이 된다. 승진을 해서 열심히 하기는 하는데 남들과 비교하면 뒤떨어지는 것 같다. 죽도록 일을 하는데 상사가 알아주기는 하는지 걱정이 된다. 부장이 되고 나니 과장 때와는 달리 다른 회사로 옮기기가 더욱 힘들다고 호소하는 이도 있다. 과장급들은 스카우트도 많이 되지만 부장급만 되어도 연봉이나 직급이 상대방 회사 입장에서는 부담된다. 지금 밀리면 갈 때도 없다는 위기감에 시달린다. 그렇다고 위를 보자니 이사가 되기란 하늘의 별 따기다. 까마득하다. 왠지 세상이 바뀌고 자신이 모르는 부분도 늘어난다. 젊은 직원들과 의사소통하기도 쉽지 않다. 이러다 밀리면 어떡하나 두렵다. 나이가 들어갈수록 젊었을 때 같이 일을 하기가 쉽지 않다. 새로우면서 효율적인 방식으로 일을 해내야 한다는 것도 안다. 그렇지 않으면 나와 다른 방식으로 과제를 더 잘 해결하는 이들에게 밀려난다는 것도 안다. 하지만 생각만 앞설 뿐 쉽지 않다. 우선 30, 40대의 중간관리자에게 일이 벅차게 느껴지는 이유를 살펴보자.

일단 나이가 들면 체력이 부치게 된다. 운동선수들만 나이가 들면 체력이 부치는 것이 아니다. 우리 모두 체력은 서서히 저하된다. 많은 운동량을 요구하는 운동선수는 30대부터 체력적인 부담이 늘어나 눈에 띄게 경기력이 저하되고는 한다. 일반인들도 늦어도 40대부터는 체력 저하가 와서 업무 능력이 떨어지게 된다. 하지만 그것이 서서히 오기 때문에 본인의 마음에는 와 닿지 않는다. 같은 업무 강도라도 점점 감당하기 벅차지만 막상 본인은 체력의 감퇴를 부정하는 경우가 많다. 평소 운동을 많이 해서 근육이 잘 발달했더라도 근력과는 또 다른 의미의 체력인 지구력은 서서히 저하된다. 따라서 나이가 들면 일할 때 일하고 쉴 때 쉬어야 한다. 휴식도 하나의 전략이다. 계획적으로 일해서 목표를 달성하는 것 못지않게 아무리 바빠도 쉴 시간을 억지로라도 만들어 휴식을 취하는 것이 필요하다. 아무리 바빠도 억지로 쉬어야 한다. 아무리 식욕이 없어도 규칙적으로 식사를 해야 하듯이 아무리 일이 많아도 설혹 일을 미루는 한이 있더라도 휴식을 취해야 한다. 쉬는 시간을 정하고 그 시간이 되면 일을 중단해야 일할 때 제대로 해낼 수 있다.

담당하는 직원의 수가 많아진다는 것은 과거에는 자신이 직접 손수 처리하던 일을 남에게 맡길 기회라고 볼 수 있다. 하지만 일중독자에게는 일만 더 늘어난다. 어떤 펀드 매니저는 주식운용팀의 수석 매니저에서 자산운영을 총괄하는 부장으로 승진했다. 그 밑에는 주식운용, 채권운용, 부동산운용 등의 팀이 있다. 각 팀은 그들만의 문제가 있다. 팀으로서는 사흘에 한 번 정도 문제가 있지만 세 팀이 번갈아 문제가 있다면 부장에게는 매일 문제가 있는 것이다. 따라서 골칫거리가 끊이지 않고 일은 끝이 없다. 하지만 일은 제대로 못 하고 잔소리만 하며 짜증만 내게 된다. 밑에서 보기에는 실력은 없는 상사가 권위만 내세우는 것으로 보인다.

승진한 경우 무언가 보여줘야 한다는 부담감이 더욱 커진다. 자신을 밀어준 상사의 기대에 부응해야 한다는 생각에 사로잡히고 탁월한 성과를 보여주겠다는 욕심도 생긴다. 따라서 자신이 맡은 모든 일을 실패 없이 마무리하고자 한다. 그러다 보면 일은 늘어나고 각 팀에서 문제가 생길 때마다 골머리를 앓게 된다. 하지만 그렇게 골머리를 앓는다고 아무 문제 없이 일이 진행되는 것은 아니다. 결국 많은 프로젝트를 담당하는 중간 간부가 제대로 일을 해내기 위해서는 일하는 방법을 또다시 습득하면서 다시 한 번 성장해야 한다. 그 가장 기본이 되는 것이 성공 확률과 중요성에 따라 일을 분류해서 처리하는 것이다.

그래서 중간관리자는 일을 셋으로 나누어 분류하도록 권한다. 절대적으로 성과를 내야만 하는 일이 그 첫 번째다. 이 일은 성공의 가능성이 매우 높은 일인 경우도 있고 때로는 설혹 실패를 하는 한이 있더라도 최선을 다할 수밖에 없는 경우도 있다. 절대적으로 성과를 내야하는 일은 앞으로 당신의 미래를 끌고 갈 성장 동력이어야 한다. 윗사람들은 저마다 자신의 일이 중요하다고 하면서 당신을 다그칠 것이다. 하지만 당신을 귀찮게 하고 심하게 닦달하는 사람의 일에 집중하는 대신 진정 당신의 가치를 드러낼 수 있는 일에 최대의 노력을 기울여야 한다.

그다음으로는 절대로 말도 안 되는 실수만 저지르지 않으면 되는 일이 있다. 누가 해도 안 되는 일이다. 성공할 가능성도 희박하다. 이 일을 망친다고 해서 당신의 능력이 모자란다고 할 사람은 없다. 하지만 성과가 안 나온 이유가 당신의 실수라고 판명되어서는 안 된다. 따라서 이러한 종류의 일에서 성과를 내고자 무리하다가 보면 오히려 자충수를 두게 된다. 사실은 어차피 안 될 일인데 당신이 미숙하게 일을 처리해서 망쳤다고 책임을 뒤집어쓰면 안 된다. 따라서 큰 실수만 저지르지 말자는 생각으로 보수적으로 대해야 한다.

나머지 일은 모두 그 중간에 해당이 된다. 중간에 해당하는 일은 잘 될 수도 있고 안될 수도 있다. 따라서 성공 확률을 올려야 한다. 성공했을 때의 성과와 성공 확률을 계산해서 중간에 해당하는 일도 우선순위를 결정해야한다.

비율상 절대적으로 꼭 성과를 내야만 하는 일이 10~20%, 치명적인 실수만 피하면 되는 일이 10~20%에 해당이 된다. 부장과 같은 중간 관리자가 해야 하는 일 중 60~80%는 성공하면 좋지만 안 되도 어쩔 수 없는 일이다. 절대적으로 성과를 내야만 하는 일에 대해서는 솔선수범하면서 최대한 역동적으로 움직여야 한다. 치명적인 실수만 피하면 되는 일에 대해서는 절차상의 하자가 없도록 노력하면서 아래 직원들이 꼼꼼하게 조건을 따지고 서류를 꾸미게 해 성과에 대한 책임 문제가 거론될 때를 대비해야 한다. 본인의 능력 부족이 아닌 외부 조건 및 다른 내부 역량이 원인이라는 것을 증명해야 한다. 그 중간에 해당하는 일에 대해서는 우선순위를 정하고 성공 확률을 높일 수 있는 시스템을 갖추는 것이 중요하다. 승진을 할수록 조직을 구성하고 이끌어가는 능력이 개인의 업무 처리 능력보다 점점 중요한 덕목이 되기 때문이다.

나도 중년이 되어가고 주변 사람도 중년이 되어가면서 나이가 들면 성장하는 것은 뱃살뿐이라는 자조적인 농담을 할 때가 있다. 한때 뇌세포는 성인이 되면 새로 생기지 않는다는 것이 정설이었다. 하지만 최근에는 그런 정설이 뒤집어져서 성인이 되어서도 새로운 뇌세포가 생겨난다는 것이 밝혀졌다. 물론 죽어가는 뇌세포의 수가 새로 생겨나는 뇌세포의 수보다 많다. 하지만 죽어가는 뇌세포의 상당수는 활용을 하지 않는 쓸모없는 뇌세포다. 새로 생겨나는 뇌세포는 그 수는 적지만 기존의 생각과 기억 네트워크에 합류될 가능성이 크다. 중년에 중간관리자가 되면서 내가 과연 일을 잘하고 있는 것인지 확신이 안 서거나 왠지 막막한 느낌이 들 때 필요한 것은 소주 한 잔이 아닌 일을 하는 능력의 향상이다. 인간의 육체는 20대를 피크로 그 능력이 쇠퇴하지만 인간의 두뇌는 쓰면 쓸수록 신경 네트워크가 촘촘해지면서 발달을 한다. 힘들다고 느껴질수록 더욱 효과적으로 일하는 방법을 계속 익혀나가야 한다.

'내 탓'도 '남 탓'도 지나치면

성장을 하기 위해서는 실패의 원인을 분석해서 같은 실수를 되풀이 하지 말아야 한다. 같은 실수를 되풀이하다 보면 성장하는가 싶다가 결국은 제자리로 돌아오게 된다. 그리고 패배를 극복해야만 업무적으로뿐만 아니라 인간적으로도 성장할 수 있다.

스포츠에서 승리 혹은 패배를 하게 되면 선수나 감독은 그 이유를 따져보게 된다. 심판 탓을 하기도 하고 노력이 부족했다고 하기도 한다. 상대가 너무 잘해서 어쩔 수 없었다고도 하고 능력이 모자라서라고도 한다. 승리와 패배는 비단 스포츠에 국한되지 않는다. 정도의 차이는 있지만 인생을 살면서 매순간 승리와 패배가 존재한다. 승진이 되느냐 안 되느냐 인센티브를 받느냐 못 받느냐 모두 어떤 점에서 보면 승패와 관련이 있다. 작든 크든 자신의 사업을 하는 이들은 최고 매출을 찍을 때 승리감을 느끼고 매출이 곤두박질치면 패배감을 느낀다. 더 나아가 계약을 성사시키느냐 여부는 참가한 당사자들에게 올림픽 경기에 버금가는 긴장을 불러일으킨다. 일이 성사되었을 때 느끼는 짜릿함과 실패했을 때의 회한은 프로야구나 프로농구 플레이오프에 버금간다. 회사에서 맡게 된 장기 프로젝트를 차질 없이 끝내는가는 야구나 축구를 비유하자면 한시도 긴장을 늦출 수 없는 장기리그전에 해당한다. 펀드 매니저나 마케터는 강력한 경쟁자를 상대해야 하는 기록경기 선수와 유사하다.

승리와 패배를 당사자들이 어떻게 받아들이는 지를 스포츠 심리학에서는 '귀인 이론attribution theory'이라고 칭한다. 그렇다면 승패의 원인을 판단할 때 고려해야 할 변수는 무엇이 있을까? 가장 중요한 변수는 능력, 노력, 과제 난이도, 운 네 가지를 들게 된다. 이것을 도표로 보면 다음과 같다.

		통제의 소재	
		내적 요인	외적 요인
안정성	안정적 요인	능력	과제 난이도
	불안정적 요인	노력	운

네 가지 요인의 특성을 표를 설명하면서 간단히 살펴보겠다. 안정성이라는 것은 좋은 쪽이든 나쁜 쪽이든 단기간에 바뀌기 어렵다는 것을 의미하고 능력은 어느 정도 타고나는 부분을 의미한다. 계획을 잘 세우고 시장을 잘 전망하며 배짱 있게 어려움을 대처하는 비즈니스 능력은 단기간에 바뀌기는 어려우며 과제의 난이도도 마찬가지다.

작년보다 매출을 20% 올리는 것이 회사의 목표라고 가정하자. 목표는 이미 주어졌다. 내가 회사의 목표를 임의로 하향조정할 수는 없다. 능력과 과제 난이도는 단기간에 변화하지 않기 때문에 안정적 요인이라고 표현을 한다.

반면 얼마나 노력을 할지는 내가 정할 수 있다. 내 생각에는 무의미한 일인데 회사에서는 밤늦게까지 남아서 일하라고 강요하는 경우도 몸은 회사에 있지만 마음은 밖에 있어 노력하지 않는 것이다. 내가 어떤 마음을 가지느냐 내가 어떤 컨디션이냐에 노력의 정도는 변화한다. 운은 내가 어떻게 하느냐에 좌우되는 것은 아니지만 좋았다가 나빴다 하는 부분이 있다. 따라서 노력과 운은 변화할 수 있다는 의미에서 불안정적 요인이라고 표현을 한다.

내 안에 존재하는 요소는 통제가 가능하다. 반면에 외부에서 주어지는 경우는 통제가 불가능하다. 내 안에 존재하는 요소는 능력과 노력이다. 내가 갖춘 능력을 최대한 발휘할지 아니면 중간만 발휘할지를 통제하는 이는 바로 나다. 노력은 더 할 나위도 없다. 하지만 과제의 난이도와 운은 내가 통제할 수 없다.

한 번 더 정리를 하면 능력은 어느 정도 발휘할 지 여부를 내가 결정할 수 있으나 단기간에 변화하지는 않는다. 노력은 내가 어떻게 하느냐에 달렸고 변화한다. 과제의 난이도는 외부에서 주어지고 이미 정해진 현실이기 때문에 바꿀 수 없다. 운은 외부에서 주어지고 변덕스럽다. 따라서 성공 혹은 실패했을 때 네 가지 요인이 어떻게 영향을 주었는지 균형 잡힌 평가를 하는 것이 중요하다. 그리고 다음의 승리를 위해서는 네 가지 요인 중 어느 부분에 중점을 두어야 할지를 결정해야 한다.

균형 잡힌 평가란 승리의 원인을 어느 한 가지로 몰아가는 대신 네 가지 요인 중 어느 것이 크게 작용을 했는지를 분석해 보는 것이다. 맡은 프로젝트가 실패를 했는데 능력 부족이 15%, 과제 난이도가 25%, 노력 부족이 30%, 불운이 30%가 기인했다고 가정을 하자. 일단 더욱 노력을 하고 다음에 불운이 반복되지 않는다면 성공할 수 있는 것이다. 이런 분석을 통해서 보다 합리적으로 실패와 성공을 분석하고 다음을 대비할 수 있다. 표를 통해서 보면 다음과 같다.

		통제의 소재	
		내적 요인	외적 요인
안정성	안정적 요인	능력 15%	과제 난이도 25%
	불안정적 요인	노력 30%	운 30%

그런데 균형 잡힌 평가를 방해하는 두 가지가 있다. 하나는 지나친 투사이고 하나는 지나친 겸손이다.

우리에게는 잘되면 내 탓, 잘못되면 네 탓을 하는 경향이 있다. 잘되면 내적 요인에서 그 원인을 찾는다. 즉 내가 능력이 있고 노력을 많이 해서 일이 잘 풀렸다고 생각한다. 반대로 일이 잘못되면 외부에서 원인을 찾는다. 워낙 어려운 일이어서 누구도 제대로 해내지 못했을 것이라고 하거나 운이 나빴다고도 하고 상대방이 술수를 썼다고 하기도 한다. 근거 없이 잘못을 남에게 돌리는 것을 심리학에서는 투사라고 한다. 내 잘못을 인정하면 괴롭기 때문에 남의 탓으로 돌리는 것이다. 일이 잘못되었을 때마다 외적 요인에서 그 원인을 찾는 사람들은 균형

잡힌 평가를 위해 능력과 노력의 부족에 더욱 비중을 주어야 한다.

　이런 투사의 반대되는 현상이 지나친 겸손이다. 동양에서는 나쁜 결과가 있을 때 충분히 노력을 하지 않았다면서 자신을 탓하는 겸손한 모습을 보여야 한다. 그런 태도가 더욱 노력하는 것으로 이어지면 긍정적이다. 내 노력이 부족해서 실패했다는 것은 다음에 더 노력하면 성공을 할 수 있다는 것이기 때문이다. 하지만 지나친 겸손이 자신의 능력에 대한 의심으로 이어지게 되면 슬럼프로 이어질 수 있다. 불운이 연달아 생겨서 실패를 한 사람이 자신의 능력 부족이 그 원인이라고 생각하게 되면 자신감을 더욱 잃게 되는 것이다. '아무리 노력을 해도 소용없어', '여기까지가 내 한계야' 라고 생각하면 조금만 과제가 어려워도 회피하게 된다. 남에게는 좋은 모습을 보이기 위해서 '모든 것이 내 탓' 이라고 표현하더라도 자신을 평가할 때는 회사에서 부여한 목표가 너무 과도했던 것은 아닌지도 고려해야 한다. 그리고 자신이 모든 능력을 다 발휘하고 최대한 노력을 했음에도 운이 안 좋았는지도 생각해야 한다. 모든 잘못을 자신에게 돌리는 경향이 있다면 운이 나빠서였다는 점에 조금 더 점수를 줘야한다. 그래야 이길 수 있다는 생각을 가지고 계속 올바른 방향으로 노력할 수 있다.

　승패를 좌우하는 요소들을 평가하고 부족한 점을 끌어올리려는 노력을 계속해서 능력을 향상시켜야 한다. 과제의 난이도를 객관적으로 잘 판단해 준비하고 행운의 여지를 남겨 놓으면서도 불운을 대비해야 한다.

　노력은 내 의지에 의해서 좌지우지 될 수 있다. 하지만 그 노력이 향상 좋은 결과로 이어지지 않는다는 것이 문제다. 아무리 오랜 시간 동안 노력해도 잘못된 방향이라면 소용없다. 매 순간순간 노력할 때마다 그 노력의 방향이 성과를 향하고 있어야 한다. 더군다나 불안해지기 시작하면 사람들은 결과와 상관없이 과거에 하던 방식대로 무조건 열심히 하는 경향이 있다. 길을 잃었는데 열심히 한답시고 잘못된 길로 빨리 달리면 달릴수록 성공과의 거리는 점점 멀어져만 간다. 불안하면 불안할수록 더욱 생각을 많이 해야 한다. 최종 목표로 향하는 올바른 방향을 잡고 꾸준히 노력한다면 틀림없이 좋은 결과를 볼 수 있다.

아울러 노력과 능력은 불가분의 관계가 있다. 운동선수가 연습을 해서 실력이 나아지는 이유는 단지 근육이 더 발달되어서가 아니다. 내 몸을 쓰면 쓸수록 뇌가 내 몸을 파악한다. 야구선수가 공을 던지면 순간적으로 배트를 돌려서 안타를 칠 수 있는 것은 그동안 수만 번, 수천 번 타석에 들어선 것이 무의식적인 정보로 입력되어 있기 때문이다. 그 데이터 속에는 날씨, 상대 투수와 포수에 대한 정보, 자신의 팔 길이, 배트의 무게 같은 것이 다 포함되어 있다. 그런 육체적, 지적 능력이 이어져서 3할 타자가 되고 수위타자가 되는 것이다. 처음에는 공부를 해야 했는데 그 일을 하다가 보면 전문적인 용어가 생각하지 않아도 입에서 술술 나온다. 처음에는 판단을 하기 어렵고 복잡해 보이는 상황도 자꾸 접하다 보면 보기만 해도 어떻게 일이 돌아가는 지 보인다. 노력은 어느 정도까지는 능력의 향상으로 이어진다. 다만 노력의 결과가 능력에 합체되는 각자의 타이밍이 다를 뿐이다.

따라서 능력은 어느 정도 타고 나는 것이지만 어떻게 하느냐에 따라서 달라진다. 비즈니스에서의 능력이라고 하면 합리적인 사고 능력을 많이 생각한다. 하지만 흔히 머리가 좋다고 하는 것은 비즈니스에서의 능력 중 아주 일부에 지나지 않는다. 뇌는 혼자서 동떨어져 있는 기관이 아니다. 우리 몸의 일부다. 따라서 체력을 우선 생각해야 한다. 예를 들어 처음에는 프로젝트에서 나름의 기여를 하는 것 같았는데 마지막에는 몫을 못하는 이들이 있다. 바로 체력의 차이다. 남들은 체력이 떨어져서 어려움을 겪는데 나는 체력이 유지된다면 상대적으로 능력이 향상되는 것이다. 이때는 머리가 나쁘다거나 일을 못 한다고 두뇌 노동에 해당하는 부분을 탓하기 전에 체력을 생각해봐야 한다. 아울러 생각하는 능력 못지않게 중요한 것이 업무의 중압감을 감당하는 능력이다. 불확실한 상황에서 결정을 하고 일을 추진해야 하는 경우에는 불안이 동반하게 된다. 사업이 잘 안 될 때 실패에 대한 두려움이 커지고 불안해지면 아무리 머리가 좋아도 제 실력을 발휘 못한다. 그런데 모든 일이 익숙해지듯이 상황에 대해서 익숙해지고 나중에는 불안도 줄어들게 된다. 만약에 패배에 대한 두려움, 불안, 긴장 때문에 실패한 경우 능력 부족을 탓하기 보다는 경험이 쌓이면서 나아질 부분이라고 긍정적으로 생각해야 한다.

지금 하는 일이 벅차다고 생각하는 사람이 많다. 하지만 과제의 난이도 판단에는 항상 주관적인 감정이 개입돼 있다는 점을 깨달아야 한다. 일이 어렵다고 했을 때 객관적인 부분과 주관적인 부분을 함께 고려해야 한다. 키가 150센티미터인 사람이 덩크슛을 하겠다고 하면 그것은 객관적으로도 어려운 일이다. 덩크슛이라는 꿈은 가지고 있되 물리적으로 가능한 최소한의 신장이 될 때까지는 기다려야 한다. 마찬가지로 어려운 과제를 맡기까지는 조직 안에서 많은 시간을 기다려야 한다. 더군다나 비즈니스는 사람이 하는 일이다. 평판도 중요하다. 사실 어려운 과제에 도전해서 실패하는 경우보다는 어려운 과제 자체가 주어지지 않는 경우도 많다. 이런 경우 일의 어려움은 과소평가하고 그 성과에 대해서 과도한 환상을 가진다. 이들은 남들을 보면서 자신에게 기회가 주어지지 않았을 뿐 기회만 주어지면 충분히 해낼 수 있을 것이라고 생각한다. 그런데 막상 승진을 하거나 창업을 해서 책임을 지게 되면 쉬워 보였던 일 속에 많은 어려움과 돌발 변수가 있다는 것을 알게 된다. 특히 그들이 준비가 되어 있지 않은 부분은 앞서 기술한 불확실성과 그에 따른 불안에 대한 능력이다. 내가 진정 할 수 있다는 생각이 있다면 어려운 일도 쉽게 느껴진다. 하지만 처음으로 전적인 책임을 져야하는 경우 두려움, 짜증, 성가심 같은 감정들이 일에 대한 주관적 난이도를 증가시킨다.

따라서 일이 어렵다고 생각이 되었을 때 객관적인 어려움과 주관적인 어려움을 나누어 잘 판단하는 것이 중요하다. 객관적인 어려움에 대해서는 마치 사고가 나면 자동차를 분해해서 원인을 파악하듯이 하나씩 정보를 수집하고 업무가 실패한 원인에 대해 분석해야 한다. 막연히 너무 어려웠다는 것이 아니라 자신이 잘한 부분과 못한 부분을 분석해서 세부적으로 접근하고 평가해야 한다. 모든 측면에 있어서 아직 역량이 벅차다고 생각하면 추후로 미뤄야 한다. 일부는 능력에 벅차지만 일부는 지금도 할 수 있다면 능력이 벅찬 부분 중 일의 성공에 가장 영향을 미치는 부분부터 하나씩 역량을 키워서 도전해야 한다. 그리고 감정적으로 어려운 부분에 대해서는 경험을 통해서 익숙해지도록 해야 한다. 다음의 성공을 위해서 실패가 필요하다는 말은 빈말이 아니다.

사람들로 이루어진 세상을 살기 때문에 어쩔 수 없이 실패와 성공 여부는 일정 부분 운에 좌우된다. 인간이기 때문에 운이 좋아서 성공한 것을 실력으로 착각하기도 하고 본인의 실력으로 처음 성공하고 나서 운이 좋았다고 생각한다. 하지만 연이어 성공을 하면 그것이 자신의 실력이었다는 것을 깨닫고 자신감을 가지게 된다. 연달아 실패하면 처음에는 불운을 탓하지만 나중에는 자신에게 문제가 없는지 생각해 본다. 운은 마치 조커와도 같다. 너무 많은 부분을 운의 탓으로 돌리는 것도 문제이지만 행운을 완전히 배제하는 것도 문제이다. 우리에게는 행운의 여지를 남겨놓으면서도 불운에 대비해서 준비를 하는 지혜가 필요하다.

07

승부욕

WORK

승부욕은 그 자체로 나쁘다고도 할 수 없고 좋다고도 할 수 없다. 마치 칼과 같은 존재다. 강도가 남을 찌를 때의 회칼은 흉기이지만 횟집에서 주방장이 회를 뜰 때는 요리 도구이다. 적절한 승부욕은 의욕을 불러오고 더 치열하게 일하게 만든다.

오클라호마 대학교 동물학과 더글러스 W. 모크Douglas W. Mock 교수
가 쓴 《살아남은 것은 다 이유가 있다》(2004)를 보면 같은 둥지에서
자란 형제 새끼들의 생존에 대해서 언급한 대목이 있다. 세 마리의 새
끼 중에는 가장 힘센 새, 중간 새, 약한 새가 있기 마련이다. 강한 형
제들은 자기 먹을 것만 챙기고 부모도 약자가 도태되는 것을 용인하
여 약한 새는 죽음을 면치 못한다. 양식이 충분하면 이런 현상이 없어
질 것이라는 가정 아래 먹이를 인위적으로 공급해주는 실험을 했다.
그러나 정도의 차이가 있기는 했지만 이런 현상은 사라지지 않았다.
여전히 강한 새들은 약한 새의 먹이를 가로채서 형제를 도태시켰다.
환경이 개선되어도 일단 경쟁자를 없앤다는 본능은 사라지지 않는 것
이다. 인간도 다르지 않다. 남을 이겼을 때 희열을 느끼지 않는 사람
은 없다. 가위바위보나 묵찌빠 같은 간단한 게임을 해도 이겨야 기분
이 좋다. 아무리 친한 친구 사이라도 친구가 나보다 성적이 좋으면 우
울해진다. 지고 싶지 않다는 것은 우리의 본능이라고 할 수 있다.
　원래 강한 승부 기질을 타고 태어난 이가 경쟁심이 자극받는 환경

에서 자라게 되면 매사를 승패로 바라보게 된다. 이렇게 승부욕이 강한 사람이 실제로 성공을 하느냐 하면 그렇지 않다. 능력과 자질이 있는 이가 승부욕이 강하다면 그것은 성공으로 이어지지만 능력과 자질이 없는 이가 승부욕만 강한 경우 더 자주 더 크게 실패할 뿐이다. 이기고자 하는 갈망은 불안을 야기하고 불안 때문에 제 실력을 발휘하지 못한다. 항상 자신보다 잘 나가는 이들과 비교하면서 스스로를 불행하다고 여기게 된다.

중고등학교 때부터 유난히 남의 점수에 신경을 많이 쓰는 아이들이 있다. 의과대학에 다닐 때도 좋은 과의 레지던트가 되기 위해서는 등수 안에 들어야 한다면서 도서관에서 살다시피 하는 동료들이 있었다. 남들이 얼마나 공부를 했는지 확인하고 누군가 자신보다 공부를 많이 한 것 같으면 불안해한다. 시험 전날에는 집에 가지도 않고 강의실에서 밤을 새운다. 그러나 성적은 자신의 기대에 미치지 못한다. 지나친 승부욕이 실력을 발휘하지 못하게 만든 것이다.

일을 할 때도 마찬가지다. 이기고 싶은 마음이 간절할수록 패배에 대한 두려움도 상승하게 되고 불안 때문에 업무 능률이 떨어진다. 강한 승부욕 하나만으로 엄청난 성공을 이루는 이들은 드라마에서나 존재한다. 사람들이 성공하는 이유는 대체로 운과 실력 때문이다. 물론 승부욕과 경쟁심이 강한 사람이 성공을 하는 경우도 있다. 하지만 승부욕과 경쟁심은 그의 성격이었을 뿐 성공의 이유는 아닐 것이며 지나친 승부욕과 경쟁심이 없었더라면 더 빨리, 더 크게 성공했을 수도 있다. 하지만 본인은 반대로 생각을 한다. 자신의 더러운 성격 때문에 더 큰 기회를 놓치고 있는데 그것이 자신의 장점이라고 착각한다. 사실 승부욕이 강한 사람처럼 주위 사람들을 피곤하게 하는 이가 없다.

그가 성공하더라도 사람들은 그의 실력을 인정하지 않고 능력과 자질은 안 되는데 더러운 성격으로 지독하게 굴어서 성공했다고 그에 대해서 폄훼한다. 만약에 당신이 이기고야 말겠다는 승부욕을 장점으로 여기고 있다면 생각을 바꿔야 한다. 경쟁심이 강한 당신은 언젠가 따돌림받게 된다. 적이 생기게 되고 패배가 아닌 것을 패배로 여기면서 자신을 불행하게 여기게 된다. 석기시대에 유용했던 승부욕을 이제는 내려놓을 때다. 그렇게 되면 행복하게 살 수 있을 것이다.

승부욕은 자연스러운 것, 그러나 휘둘리면 안 되는 것

승부욕 이면에는 생존 본능이 깔려 있다. 진화를 거슬러 올라가면 경쟁에서 뒤처지는 것은 죽음을 의미했다. 아직도 이런 공포가 뇌에 남아 있다. 그러나 복잡해진 현대사회에서는 경쟁에서 뒤처진다고 해서 그것이 죽음이나 절대빈곤으로 이어지지는 않는다. 승부욕이 강하다고 해서 꼭 성공하는 것도 아니다. 우리가 매일매일 일하는 일터는 누군가 죽어야 내가 살아남는 생존 경쟁의 장소가 아니다.

자신의 유전자를 많이 퍼뜨리고 싶은 본능도 승부욕과 관련이 있다. 데이비드 버스David Buss는 《이웃집 살인마》(2005)에서 인간이 질투를 느끼면 누군가를 죽이고 싶을 정도로 강렬한 살의를 느끼는 현상에 관해서 이야기하고 있다. 질투의 기원은 많은 자식을 낳기 위해서 이성을 독점해야 했던 인류의 과거에서 비롯된다고 보고 있다. 공작은 이성에게 어필하기 위해서 생존에 전혀 도움이 안 되는 화려한 꼬리를 지니고 있다. 꼬리를 유지하기 위해서는 영양 상태가 좋아야 하며 영양 상태가 좋다는 것은 먹이를 잘 구한다는 것을 의미한다. 따라서 꼬리가 화려한 공작은 좋은 짝짓기 상대다. 인간 사회에서는 고학력, 좋은 직장, 높은 수입, 좋은 차가 공작의 꼬리에 해당한다. 직장이라는 제한된 환경은 우리 선조가 살던 작은 마을에 해당하는데 마을에서 일을 잘하면 잘할수록 자신의 유전자를 이성으로부터 더욱 높게 인정받는다.

우리는 21세기에 살고 있지만 여전히 두뇌는 석기시대에 머물러 있다. 내가 가진 유전자를 퍼뜨리기 위해서는 강해야 했고 인기가 있어야 했다. 그런 성적인 부분이 아직도 성공을 원하는 동기 중 하나이다. 유전자를 퍼뜨리기 위한 승부욕이 남성만의 전유물은 아니다. 네덜란드의 원숭이 생태 연구자였던 프랑스 드 발 Frans de Waal이 쓴 《침팬지 폴리틱스》(1982)에 나오는 암컷 침팬지는 여성에 대한 우리의 기존 관념과 매우 다르다. 침팬지는 인간과 가장 유사한 종이다. 따라서 암컷 침팬지 역시 수동적이며 다소곳한 인간 여성의 이미지와 유사할 것 같지만 전혀 그렇지 않다. 암컷 침팬지들은 수컷 침팬지들에 대항하는 암컷 침팬지 집단을 가지고 있다. 책에 등장하는 '마마'라는 침팬지는 집단 전체의 리더 역할을 맡기도 했다. 수컷 침팬지들이 부당한 행동을 하면 암컷 침팬지들은 공격을 해서 대항한다. 성적으로도 자유분방하고 도발적이다. 그런데 암컷 침팬지 사이에서도 레벨이 있다. 좀 더 높은 레벨에 오르기 위해서 치열한 경쟁을 한다. 수컷 침팬지끼리 싸울 때보다 암컷 침팬지가 다른 암컷 침팬지 혹은 수컷 침팬지를 공격할 때 더욱 심하게 상처를 낸다. 때때로 암컷 침팬지들은 상대방이 죽을 때까지 공격하기도 한다. 사실은 여성들 역시 남성에 못지않게 공격적이고 도전적인데 그런 본능이 지난 수천 년 동안 자연선택되지 않았을 뿐일지도 모른다.

여성이 사회 진출을 할 수 없던 과거에는 지위와 권력을 추구하는 여성은 본인들이 직접 나설 수 없기에 남편이나 자식과 같은 대리인이 필요했다. 아들의 출세를 위해서 극성스럽게 투쟁하던 여성의 행동이 단지 순수한 모성 때문은 아니다. 자신의 DNA 절반이 아들에게 있기 때문에 아들이 성공을 하면 아들의 DNA 속에 있는 자신의 DNA가 퍼지는 결과가 된다. 기회가 많아질수록 남성 못지않은 야망을 실현하려는 여성이 점점 늘어날 것이다. 그녀들의 뇌 속에는 수천 년 동안의 남녀차별에도 불구하고 이기고 말겠다는 승부욕이 살아남아 있기 때문이다.

승부욕은 본능에 못지않게 심리적인 부분도 많이 작용한다. 다른 것은 몰라도 일에서만은 최고가 되고 싶다는 욕망을 가진 이들은 자신에 대한 열등감이 승부욕의 근원이 되기도 한다. '다중지능 이론The Multiple Intelligence Hypothesis'으로 유명한 하워드 가드너Howard Gardner가 쓴 《통찰과 포용》(1996)은 리더십 분석에 대한 기념비적 도서 중 하나이다. 그에 따르면 성공한 리더의 상당수는 불행한 과거에서 비롯된 열등감을 지니고 있다고 한다. 열등감이 심한 이들은 대체로 힘든 상황이 되면 '나는 어떻게 해도 안 될 거야' 하면서 포기하는 경우가 많다. 패배에 대한 두려움 때문에 시도하려 하지 않는 것이다. 그런데 열등감이 심한 이 중에 힘든 상황에서 더욱 강한 승부욕을 보이는 이들이 있다. 도전을 통해서 자신이 못난 존재가 아니라는 것을 증명하고 싶고 패배할 때 받는 상처가 너무나 두렵기에 일단 경쟁에 돌입하면 어떻게 해서든 이겨야 하는 것이다.

열등감의 심리적 근원은 다양하다. 부모가 너무나 완벽하고 높은 성공 기준을 강요하는 경우 자식은 부모에 대해서 열등감을 가지게 된다. 자신보다 잘난 형제 역시 열등감의 원인이 된다. 그리고 세상이 우리를 주눅 들게 한다. TV나 언론에 등장하는 좋은 집안, 화려한 스펙, 우월한 유전자를 지닌 이들과 비교하면 열등감을 느끼지 않을 이가 없다. 별 볼 일 없는 나이지만 적어도 일할 때만은 절대로 무시당하지 않겠다는 오기가 발동하면 그것이 승부욕으로 이어진다.

모두가 말리는데도 이건희 회장이 사업성이 불확실한 자동차 산업에 진출했을 때 나는 그가 알렉산더 콤플렉스에 사로잡혔다고 판단했다. 알렉산더 대왕은 마케도니아의 왕이었던 아버지 필리포스가 주위 나라를 정복할 때마다 우울해졌다. 아버지가 모든 나라를 정복하면 자신이 왕이 되었을 때 정복할 대상이 없을까 두려웠던 것이다. 알렉산더는 왕의 지위에 오른 후 자신이 아버지보다 더 위대하다는 것을 증명하기 위해서 페르시아, 인도, 세계를 정복하기 위해서 원정을 계속했다. 주위에서 아무리 말려도 소용이 없었다. 알렉산더가 마케도니아 왕국을 물려받았듯이 이건희 회장은 삼성전자를 물려받았다. 알렉산더가 마케도니아를 아무리 잘 다스려도 아버지의 후광에서 벗어나지 못하듯이 이건희 회장 역시 자신이 삼성전자를 아무리 잘 경영해도 창업자이자 아버지인 이병철의 후광에서 벗어나지 못한다고 생각을 했다. 그래서 알렉산더가 페르시아를 정복했듯이 자동차 산업을 정복하고 싶었고, 새로운 영역에서 자신이 성공을 해야지 아버지의 그늘에서 벗어난다고 생각을 했던 것이다. 무의식에서 비롯된 강력한 동기였기에 합리적인 태도로 그를 말려도 말을 듣지 않았다. 그리고 엄청난 손해를 보고 자동차 산업에서 철수했다. 알렉산더가 목숨을 대가로 바쳤던 것에 비하면 사실 아무것도 아닌 손해이지만 말이다.

형제끼리의 경쟁심도 승부욕에 영향을 미친다. 쌍둥이는 유전자가 똑같다. 몇 초 몇 분 사이로 형과 동생이 갈린다. 사실 똑같이 생겼고 똑같은 본성을 지니고 있음에도 사람들은 누가 형이고 누가 아우인지를 묻는다. 형은 형으로, 동생은 동생으로 자라는 것은 둘의 성격에 영향을 끼친다. 그래서 심리학자들은 형과 동생 중 누구의 승부욕이 강한지에 대해서 많은 연구를 한다. 형과 비교했을 때 불리한 상황에 부닥친 동생이 더욱 승부욕이 강하다는 연구 결과가 있는 반면 자신이 당연히 우선되어야 한다는 생각을 지닌 형이 자리와 위치에 대한 승부욕이 더 강하다는 연구 결과도 있다. 어떤 집단을 선택하느냐에 따라 그 결과가 다르게 나온다. 하지만 분명히 확실한 것은 형제, 남매, 자매 간의 갈등은 승부욕이 형성되는 데 큰 영향을 준다. 현대 그룹의 왕자의 난처럼 형제가 많은 대기업의 오너가 죽으면 경영권을 놓고 죽을 둥 살 둥 싸우는 경우가 허다하다. 박용오 두산 그룹 전 회장은 동생이 그룹 회장에 추대되자 너 죽고 나 죽자는 식의 폭로를 했다가 몰락하여 목을 매 자살했다. M&A 후유증으로 극심한 유동성 위기를 겪었던 금호 그룹 역시 형제 경영에 따른 무리한 경쟁으로 일련의 인수 합병을 추진하다가 결국 워크아웃이 되었다.

내가 아는 외국 제약 회사의 중역은 자라면서 여자라는 이유로 차별을 많이 받았다고 한다. 오빠와 남동생 사이에서 관심도 못 받았고 부모님은 오빠와 남동생은 대학에 가야 한다고 생각을 했지만 자신에게는 여자가 무슨 대학이냐면서 대학 진학을 말리고 취직이나 하라고 했다고 한다. 그래서 대학 등록금도 거의 혼자서 마련해야 했다. 이러다가 보니까 남자들과의 대결에서 꼭 승리해야겠다는 갈망을 지니게 되었고 남자들보다 더 잘하기 위해서 노력을 하다 보니 지금의 자신을 만들었다고 한다. 여기서 더 나아가 남자들의 주무대에 직접 도전하는 이들도 적지 않다. 남자들은 군대에 가기 싫어서 난리지만 여자 ROTC 경쟁률은 7.7:1에 이른다. 남성 경쟁률의 두 배를 훌쩍 뛰어넘는 수치이다. 여자 지원생의 인터뷰를 방송에서 봤는데 후보생 중 한 명은 남자보다 잘할 수 있다는 것을 증명하고 싶어서 더 열심히 훈련에 임한다고 했다. 뒤에 이은 인터뷰에서 교관은 남자들도 여자에게 질 수 없다는 생각 때문에 분발하게 된다고 이야기했다.

승부욕은 그 자체로 나쁘다고도 할 수 없고 좋다고도 할 수 없다. 마치 칼과 같은 존재다. 강도가 남을 찌를 때의 회칼은 흉기이지만 횟집에서 주방장이 회를 뜰 때는 요리 도구이다. 적절한 승부욕은 의욕을 불러오고 더 치열하게 일하도록 만든다. 이길 것 같은 상황에서 승부욕이 강한 이들은 상상하지 못할 정도의 능력을 발휘하지만 과도한 승부욕은 불안을 일으킨다. 불안이 심해져 흥분하게 되면 필요한 정보는 놓치고 불필요한 정보에 주의가 분산되어서 판단을 그르치고 만다. 졌다고 생각이 들면 일 자체를 내팽개친다. 실패했더라도 손해의 정도를 최소화해야 하는 데 실패를 패배로 받아들이면서 이왕 진 것 더는 신경 쓰기 싫다고 하면서 손해를 방치하는 것이다. 따라서 승부욕이 강한 이들은 승부욕에 휘둘리지 않도록 마음의 안전띠를 만드는 것이 좋다.

더 이상 남과
비교하지 말자

《하버드 졸업생은 마지막 수업에서 만들어진다》(2004)는 하버드 경영대학의 마지막 수업을 엮은 책이다. 하버드 경영대학 교수들은 학생들이 평생 지녔으면 하는 교훈과 가치를 전하는 것으로 마지막 수업을 마친다. 마지막 수업 중에서도 마케팅 학과장인 데이비드 벨David Bell 교수의 강의가 인상적이었다. 우리나라는 물론 전 세계 모든 대학에서 교수들은 학교를 졸업하고 나서도 동창회 활동을 열심히 하라고 권한다. 심지어는 졸업할 때 미리 동창회비를 징수하기도 한다. 그런데 데이비드 벨 교수는 동창회에 절대로 나가면 안 된다고 가르친다. 동창회에 나가게 되면 남과 자신을 비교하게 되면서 멋진 것, 안전한 것만 추구하게 된다는 것이다. 5회 동창회도, 10회 동창회도, 15회 동창회도 나가지 말라고 한다. 아주 나이가 들어서 살아남은 동창이 별로 없는 시점이 되면 그때는 안심하고 나가볼만 하다고 한다. 더 이상 다른 동창과 나를 비교하지 않게 되기 때문이다. 올해도 죽은 사람 없이 다시 만나게 되었다는 것만으로 서로 만족한다.

그런데 데이비드 벨 교수의 수업 내용과 똑같은 이야기를 아버지로부터 들은 적이 있다. 아버지는 1931년에 태어나셨다. 육이오 전쟁이 나던 해에 법대에 입학을 하셨고 전쟁 내내 전장에서 죽을 위기를 수도 없이 넘기셨다. 휴전이 되고 나서도 언제 다시 전쟁이 날지 모른다는 이유로 추가로 복무를 하고 겨우 학교에 복학했다. 이런저런 이유로 군복무를 기피한 이들이 대학에서 선배가 되어 있었다. 본인은 전장에서 청춘을 바치는 사이에 편하게 공부해서 선배가 되어 있는 이들을 바라봤을 때 울컥하셨다고 한다. 지금은 연세가 80세가 넘으셨고 한 달에 한 번 법대 동창회에 나가면 이제는 비교하는 것이 없어졌다고 한다. 이번 달도 제 발로 걸어 동창회에 나올 수 있다는 것 그 자체로도 서로 기뻐하고 누군가 몸이 아파 모임에 오지 못하면 자기 일같이 걱정을 하고 누가 얼마나 출세했는지 비교하지 않는다. 서로의 건강을 걱정해줄 뿐이다.

그러나 누군가와 비교하고 경쟁하는 것이 무의미하다는 데이비드 벨 교수나 아버지의 이야기가 승부욕이 강한 이들의 귀에는 들리지 않을 것이다. 내가 아는 한 성형외과 의사는 우리나라에서 다섯 손가락 안에 드는 성형외과 병원의 대표이다. 일 년에 100억 원은 거뜬히 벌지만 이제 자신을 다른 의사와 비교하지 않는다. 큰 사업을 하는 중견 기업인과 자신을 비교한다. 그들에 비하면 자기가 버는 돈은 아무 것도 아니라고 하면서 역시 사업을 해야 큰돈을 번다고 하면서 병원에서 번 돈을 고위험 고수익을 추구한다는 핑계로 여기저기 투자하고 정기적으로 날리기를 반복한다. 하지만 이런 이들이 어디 한 둘인가? 대한민국 최고 갑부 중 한 명인 SK 최태원 회장도 선물투자로 돈을 날리지 않았는가? 자신의 재산보다도 자산이 적은 저축은행에서 대출을 받지 않았는가? 어떤 이는 경영권을 확보하기에 자금이 부족하다고 느낀 최태원 회장이 일확천금을 노리고 위험한 선물투자를 했다고 추측한다. 도대체 최태원 회장은 얼마나 돈이 많은 이와 비교하면서 살아가는 것일까? 시기와 질투 앞에서는 인간의 지혜도 빛을 잃고 만다.

시기심이 어느 정도 강하느냐는 일정 부분은 타고 태어난다. 유치원에 가서 보면 남이 무언가 가지고 놀면 쫓아다니면서 빼앗는 아이들이 있다. 그래서 한 아이가 양보를 하고 다른 것을 가지고 놀면 양보 받은 장난감을 잠시 만지작거리다가 또 다시 그 아이가 지금 가지고 놀고 있는 장난감을 빼앗으려고 한다. 아무리 양보해도 끝이 없다. 초등학교 때도 조숙해서 친구 집에 놀러갔다가 와서는 친구 집은 아파트가 몇 평이고 무슨 차를 모는데 왜 우리 집은 그 집보다 작고 차도 후지냐고 부모님을 기가 막히게 하는 아이들도 있다. 자라나면서 겉으로는 드러내지 않지만 마음속에서는 시기와 질투가 더욱 커지는 것이다.

대부분 사람은 살면서 시기와 질투가 작동이 되는 대상, 사람, 시기가 있다. 우선 사람마다 부러워하는 대상이 다르다. 누구에게는 그것이 돈이고 누구에게는 그것이 지위다. 누구는 어떻게든지 부자가 되고 싶고 누구는 어떻게든지 교수가 되고 싶고 누구는 어떻게든지 미인과 결혼하고 싶다. 만약에 다른 점은 그다지 부럽지 않지만 특정 대상에 대해서 유난히 시기와 질투가 심하다면 그때는 왜 그런지 자신을 돌이켜볼 필요가 있다.

때때로 어떤 사람이 부러울 때가 있다. 처음에는 내게 없는 무언가를 가지고 있어서 시기하게 되는 것 같다. 하지만 막상 그것을 소유했는데 다음에도 그 사람이 가진 다른 것이 부럽게 된다면 그 사람 자체를 시기하고 부러워하며 내가 아닌 그 사람이 되고 싶은 것이다. 한 여성이 홈쇼핑에서 모델이 어떤 옷을 입고 있는 것을 보고 멋있어 보여서 샀는데 막상 물건이 도착해서 입어보니 별로였다. 다음에도 같은 일이 생겼다. 왜 그런지 곰곰이 생각해보니까 자신이 가지고 싶었던 것은 그 옷이 아니라 그 모델의 미모와 몸매였던 것이다. 마찬가지로 한 사람에게 시기와 질투의 필이 꽂힐 때는 왜 하필 그 대상을 이기고 싶은 생각이 드는지 생각해봐야 한다.

내가 죽도록 무언가를 가지고 싶고 누군가가 되보고 싶은 것은 열등감에서 비롯되는 경우가 많다. 재벌 3세라고 불린다고 해서 다 같은 재벌이 아니다. 그 중에서도 직계가 있고 먼 친척이 있다. 예를 들어서 재벌 1세의 넷째 동생의 셋째 아들의 둘째 아들도 언론에서는 재벌 3세라고 한다. 남들이 보기에는 부러워할 만한 재산이 있다. 하지만 재벌 1세의 후계자의 후계자와 비교하면 아무것도 아니다. 실제로 이런 무늬만 재벌 3세가 일확천금을 노리고 주가조작을 했다가 걸려서 감옥에 간 일이 있다. 그는 자신과 비교할 때 능력도 별로 뛰어나지 않은데 부모를 잘 만나 재벌의 후계자가 된 진짜 재벌 3세가 부러웠던 것이다. 그만큼 부자가 되고 싶고 자신도 하면 한다는 것을 보여주고 싶어서 주가조작에 참여했다가 인생을 망치고 말았다.

평생 누구를 부러워해본 적이 없는 없는데 인생의 어떤 시기에 불같이 분노가 치솟는 경우가 있다. 그냥 참으면 되는데 왠지 그 녀석을 생각하면 화가 난다. 실력은 나보다 나은 것이 하나도 없는데 부모를 잘 만나서, 돈이 많아서, 결혼을 잘해서, 단지 학벌이 좋아서, 든든한 후원자가 있어서 으스대는 꼴이 참을 수 없다. 나도 왜 이런 마음이 드는지 알 수가 없다. 어쩌면 당신의 분노는 당신이 성장을 원하고 있다는 신호일 수도 있다.

아이들은 부모가 아무 이유 없이 화를 내도 자신이 잘못해서 부모가 화낸 것이라고 생각하고 참고 넘어가는 수가 있다. 설혹 술에 취해 아버지가 술주정을 하면서 때리고 욕을 해도 아이였을 때는 아버지에 대해서 적개심을 드러내지 않는다. 부모는 너무나 강력한 존재이기에 내가 적개심을 드러냈다가는 만만치 않은 보복을 당할지도 모른다는 두려움이 있기 때문이다. 그러나 사춘기가 되면 아이들은 부모에게 짜증을 내고 퉁명스럽게 군다. 아이들이 성장하면서 스스로 생존이 가능한 나이가 되면 부모에 대해서 보다 객관적으로 평가하고 화를 인식하게 된 것이다.

　무조건 복종해야 한다고 생각하면서 사는 이는 세상에 대해서 화를 낼 수 없다. 처음에 군대나 회사에 들어가서 아무것도 할 수 있는 것이 없어 화도 낼 수 없는 것과 마찬가지 이치다. 요새 유행하는 말로 넘사벽이라는 말이 있다. '도저히 넘을 수 없는 사차원의 벽'의 약자이다. 넘볼 수 없는 상대이기 때문에 시기하고 질투한다는 것 자체가 스스로 생각해도 웃기는 일이다. 하지만 자아가 성장하게 되고 의식적, 무의식적으로 자신감도 생기다 보면 억울해진다. 내가 이렇게 살아야할 운명이 아니라는 생각이 든다. 인생의 그런 시점에서 불같은, 아니 불보다 더 강한 화가 내 마음속에서 타오르기 시작한다. 그리고 그 불이 누군가, 무엇인가를 향하게 되면 그것이 시기, 질투, 부러움, 분노의 마음으로 표현이 된다. 이때 '화'가 남을 향해 불타오르면 누군가를 괴롭게 만든다. '화'가 내 마음속을 향하게 되면 내가 타 없어질 수도 있다. 하지만 '화'를 올바른 방향으로 적절히 조절할 수 있으면 인생의 가장 강력한 에너지가 될 것이다. 지금과는 다른 차원의 인생으로 나를 발진시켜줄 수 있다. '화' 자체를 인식해서 삶을 변화시킬 에너지로 바꾸어 보자.

패배와 자살,
문제는 뇌

2016년 1월 31일 스위스 로잔에서 미슐랭 별 3개짜리 식당 '오텔 드 빌'을 운영하던 유명 셰프 브누아 비올리에(44)가 자신의 집에서 총상을 입고 숨진 채 발견됐다. 그가 숨진 날은 자신에게 최고 등급을 안겨준 미슐랭 가이드의 새 평점 발표 하루 전날이었다. 산이 높으면 골이 깊고 승리에 대한 갈망이 클수록 추락에 대한 두려움도 크다. 그러다 보면 극단을 선택하는 때도 있다.

인터넷이나 책을 보게 되면 유명인의 자살에 관해 '스트레스 이론'에 기초한 설명이 주를 이룬다. 심리학자들이 자살 혹은 우울증에 대해서 심리적으로 설명한 자료도 많다. 하지만 필자는 다른 각도인 뇌 생물학 관점에서 왜 사람은 극단적인 결정을 하게 되는지 다루고자 한다.

말콤 글래드웰 Malcolm Gladwell이 《블링크》(2005)에서 주장했듯이 사람들은 오랫동안 쌓아온 경험에 근거해서 짧은 순간에 직관적으로 결정할 때가 더 많다. 이런 직관을 심리학자들은 믿음belief이라고 표현하기도 한다. 그중에는 합리적인 믿음도 있고 비합리적인 믿음도 있다. 한 번 비합리적인 믿음에 사로잡히면 합리적인 사고를 하기가 어렵다. '나는 능력이 없어서 이 일을 감당할 수 없다', '이사에서 밀려나게 되면 나는 끝장이다'라는 비합리적인 믿음 쪽으로 뇌의 생각이 쏠리게 되면 아무리 옆에서 합리적으로 생각을 교정하려고 시도해도 소용이 없다.

그렇다면 왜 똑똑한 사람들의 생각도 이렇게 한쪽으로 쏠리게 되는 것일까? 뇌의 다양한 영역에는 다양한 생각과 기억이 분산되어 있다. 따라서 다양한 판단 가치가 균형을 이루고 있는데 그 다양한 판단 가치가 이기느냐 지느냐, 죽느냐 사느냐의 양극단으로 분포하다가 어느 한쪽으로 확 쏠리게 되면서 비합리적인 믿음에 사로잡히는 것이다.

현대 분자생물학이 발달하면서 우리의 생각, 판단, 기억은 하나하나의 세포 단위로 이루어진다는 것이 밝혀졌다. 생각하기 위해서 필요한 정보와 도구는 뇌에 전반적으로 흩어져 있고, 중앙집권적인 인트라넷에 의해서 뇌가 운영되는 것이 아니라 어느 정도는 분권화된 매트릭스 조직으로 작동한다.

우리는 느끼지 못하지만 뇌 속에서 생각의 방향이 쉴 새 없이 이리저리 왔다 갔다 하면서 평형을 유지하게 된다. 이때 자극을 처리하고 대응하는 데 필요한 기억과 능력이 있는 뇌의 일부 네트워크가 담당한다. 뇌의 각 영역은 자율성과 독립성을 갖추고 있어서 이 태스크, 저 태스크에 관여하며 많은 정보를 짧은 시간 안에 처리하는 것이다. 스스로 감당하기에 힘든 업무에 우울한 감정이 결합하면 분권화된 뇌 네트워크 사이에는 미묘한 균형이 깨지게 되고 점점 쏠림현상이 발생한다.

우리의 뇌 안에서는 다양한 생각과 가치가 평형을 이루고 있다. 어떤 자극이 들어오면 특정 신경세포들이 활성화되면서 네트워크가 작동하고 그에 따라서 직관적으로 빠르게 결정을 내린다. 그리고 이런 결정이 생명 유지라는 대의명분에 벗어날 때는 대뇌의 밑에 존재하는 편도, 시상, 해마, 기저핵 등의 생명유지위원회가 경고를 울린다. 너무 위험한 곳으로 발을 들여놓으려다가도 두려움 때문에 그만두거나 일중독자가 맛있는 음식, 섹스, 골프같이 자신이 선호하는 쾌락에 가끔 한눈을 파는 것도 이 때문이다.

하지만 자살 혹은 포기와 같은 극단적 선택을 하기 전에 뇌는 다양성을 잃어버리게 된다. 힘들다, 괴롭다, 차라리 죽고 싶다, 끝을 내고 싶다는 생각이 대뇌의 거의 모든 네트워크를 평정하면서 부정적 믿음, 비관적 예상이 마치 공포 정권처럼 뇌를 장악하기 시작한다. 과거와 같으면 자신만의 목소리를 내면서 "그래선 안 돼"라며 희망의 메시지를 던지던 군소 네트워크를 절망이 잠식하는 것이다. 뇌의 사고 네트워크의 다양성은 없어지고 승리 아니면 패배 둘 중의 하나밖에 없다는 흑백논리에 사로잡히게 된다. 최후의 순간에 대뇌 전체가 절망으로 천하 통일이 되면 인간의 생명 본능을 지키는 편도, 해마, 시상, 기저핵이 아무리 위험신호를 보내고 발악해도 죽고자 하는 대뇌의 기세를 이기지 못한다.

한 번 죽음 혹은 포기와 같은 극단적 상태로 마음이 기울게 되면 돌이키기가 어렵다. 따라서 예방이 중요하다. 내 마음속의 자그마한 네트워크들이 서로 자기 몫을 챙기며 경쟁도 하고 견제도 하게끔 균형을 잡고 뇌의 다양성을 유지해야 한다. 지금은 신경 네트워크라는 말로 표현하지만 20세기 초 아직 뇌의 해부학적 구조를 모르던 때 융은 콤플렉스라는 말로 그것을 표현했다. 융은 우리가 제어할 수 없는 무의식적인 사고방식을 콤플렉스라고 했다. '학력 콤플렉스가 있어', '작은 키가 나의 콤플렉스야'라면서 우리는 흔히 콤플렉스라는 용어를 사용한다. 그때의 콤플렉스는 '열등 콤플렉스inferiority complex'이다. 특정 측면을 마주 대하게 되면 남보다 못하다는 열등감이 고개를 쳐들어 아무리 노력해도 제어할 수 없다. 물론 긍정적인 콤플렉스도 있다. 우리가 부정적인 생각으로 쏠리지 않고 살아갈 수 있는 것은 다양한 긍정적인 콤플렉스가 있기 때문이다. 아무리 절망적이더라도 잘 될 거라고 생각하게 하는 '희망 콤플렉스'도 있고 너무 괴로울 때는 잠을 자는 '게으름 콤플렉스'도 있으며 힘들 때는 휴가를 다녀온 남태평양을 생각하는 '회상 콤플렉스'도 있다. 이런 긍정 콤플렉스를 업무에 집중하고 일하는데 방해가 된다고 하나씩 의식적, 무의식적으로 제거하면 절망과 포기로부터 나를 지키는 힘이 하나씩 사라지게 된다. 따라서 평소에 긍정적인 콤플렉스의 자생력을 키우는 것이 중요하다.

그리고 이미 자신이 자정 능력을 잃었다고 생각이 든다면 뇌의 균형을 인위적으로 돌려놓는 수밖에 없다. 그 역할을 하는 것이 항우울제, 항불안제제를 비롯한 정신과 약물치료다. 이렇게 절망과 무기력의 늪으로 빠져가는 뇌의 상태가 바로 우울증이다. 한 달간 매일 한 알의 알약을 먹는 것만으로 이런 뇌의 잘못된 흐름이 바로 잡힌다는 것이 믿어지지 않을 것이다. 하지만 우울증으로 무기력과 절망에 빠진 사람 열 명 중 여덟 명은 한 달 동안 매일 한 알의 알약을 먹는 것만으로도 절망에서 어느 정도는 벗어날 수 있다. 그러므로 죽고 싶을 정도로 업무가 과중하다고 생각이 들 때는 혹시 자신이 우울증에 빠진 것은 아닌지 돌이켜봐야 한다. 일의 양은 변함이 없지만 자신의 뇌가 부정적으로 변했기 때문에 일이 지옥처럼 느껴지면서도 벗어날 방법이 없다고 생각을 하며 내려놓지 못하는 것은 아닌지 생각해보자. 그리고 필요하다면 우울증 치료를 받도록 하자.

삶이 주는 자그마한 즐거움을
놓치지 말자

우리는 즐거운 일은 하나도 없고 고통만 이어질 때, 앞으로 다가올 삶에서 죽고 싶도록 괴로운 일이 즐거운 일을 압도한다는 생각이 들 때, 살면 살수록 그때 죽었어야 했다고 후회할 것 같을 때 자살을 생각한다. 하지만 자살은 과장된 말이다. 만약에 인간이 영원히 살아가는 존재인데 그 목숨을 끊는다면 자살이라는 표현이 맞지만 우리가 자살이라고 일컫는 것들은 죽음을 10년, 20년, 30년, 어떤 경우에는 50년쯤 앞당기는 것일 뿐이다. 스스로 목숨을 끊는다는 의미로 쓰는 자살이라는 말 대신 스스로 죽음을 앞당긴다는 의미로 조살早殺이라고 해야 적절할지도 모른다.

죽음을 앞당기고 싶을 때 돈이나 지위같이 우리가 인생에서 이뤄야 할 목표라고 생각하는 거창한 것들은 우리를 막지 못한다. 재벌의 딸, 대학교 총장, 유명한 배우도 자살한다. 지위를 막론하고 남녀노소를 불문하고 가난하거나 부자이거나 상관없이 자살을 하는 이유는 딱 하나다. 바로 인생이 주는 즐거움이 남김 없이 사라질 때, 즉 어제까지 나를 즐겁게 해주던 것들이 아무 의미 없이 느껴질 때이다. 더군다나 앞으로도 괴로움만이 이어지고 즐거움이 없다고 느끼면 죽음에 한 발자국 더 가까워진다.

사람들이 죽음에 대해서 느끼게 되는 것은 대개 초등학교 때다. 그 전에는 친척들의 장례식에 가도 아무런 느낌이 없지만 일정 나이가 되면 장례식의 의미를 알게 된다. 죽게 되면 다시는 그 사람을 볼 수 없고 이야기할 수도 없다는 것을 깨닫고 죽음을 피하고 싶고 두려워하게 된다. 아이들은 이런 죽음에 대한 공포를 자연스럽게 부모의 사랑, 친구들과의 재미있는 일상으로 극복한다.

인간은 현재의 삶이 그대로 유지될 것이라는 신비로운 믿음을 지니고 있다. 교통사고로 주위에서 누군가 죽으면 깜짝 놀라면서도 자신에게는 절대로 그런 사고가 생기지 않을 것이라고 여긴다. 오랜 시간 연락 없이 잘살고 있을 거라고 여기던 친구가 이미 암에 걸려서 죽었다는 이야기를 듣고는 깜짝 놀라지만 자신은 피해갈 것이라고 생각한다. 사람이 평생을 살다 보면 한 번쯤 감기에 걸리는 것이 당연한 만큼 내가 언젠가 죽는 것도 당연한 일인데 죽음은 남의 일이라고 생각한다. 내가 죽음을 원하기 전에 죽음이 나를 찾아올 리는 없다고 자만한다. 영원히 살 것처럼 하루하루 웃고, 떠들고, 먹고, 마시면서 살아간다. 결국 언젠가 죽을 목숨인데 마치 영원히 살 것처럼 살아가는 것은 어찌 보면 망상에 가까운 비현실적인 생각이다. 이런 망상이 깨질 때 사람들은 죽음에 대해 심각하게 고려하게 된다.

하지만 우리가 죽음을 망각하고 일상을 유지하는 것이 얼마나 위대한 일인지 생각해 보자. 이렇게 위대한 일이 매일 이루어지는 것은 우리가 어려서부터 아버지, 어머니, 형제들, 친구들에게 받은 사랑이 있기 때문에 가능하다. 죽음이 원치 않는 순간에 찾아오지 않을 것이라는 희망적 망상을 가지게 하려고 부모님은 어려서부터 수도 없이 껴안고 씻겨주고 칭찬하고 바라봐 주었던 것이다. 우리 안에 자리 잡은 그들의 사랑 덕분에 우리는 최악의 순간에서도 희망의 끈을 놓지 않는다. 이 순간을 넘기면 언젠가는 찾아올 즐거움이 있지 않을까 하는 희망을 가지고 다시 죽음을 미루게 되는 것이다.

언젠가 다가오는 죽음을 무시하고 지금에 충실하기 위해서 가장 중요한 것은 사소한 일상의 즐거움이다. 좋아하는 요리를 한 번 더 먹고 싶은 욕심, 사랑하는 이를 한 번 더 보고 싶다는 바람, 새로 나온 영화나 음악 중 좋아하는 것을 찾아 듣고 싶다는 욕망과 같은 사소한 즐거움이 죽음을 무시하게 만든다. 매일 똑같은 세상인 것 같지만 자고 일어나면 무언가 조금씩 바뀌어 있다는 것을 느낄 때의 신기함. 이런 자그마한 것들이 죽음을 뒤로 미루게 한다.

자살을 시도하는 사람들에게는 어느 한계에 도달하면 죽음 이외에 다른 길이 보이지 않는다. 한번 죽음의 늪에 빠지게 되면 아무리 말려도 소용이 없다. 죽음을 결심한 이들을 말로 설득해서 돌이키기는 어렵다. 죽고 싶어도 죽지 못하도록 안전을 확보하는 것이 중요하다. 진정 사랑하고 아끼는 누군가 죽고 싶다고 이야기할 때는 바로 옆에서 죽음을 앞당기지 못하도록 막아야 한다. 가능하다면 죽고 싶어도 죽음을 시도할 도구가 없는 곳에서 며칠을 보내게 해야 한다. 어떤 경우는 병원이 그 역할을 할 수도 있다. 병원에서 죽고 싶어도 죽지 못하고 며칠을 보내다 보면 대부분 환자는 배고플 때 밥을 먹으면 기분이 좋다는 것, 목마를 때 물을 마시면 시원하다는 것, 하루가 끝날 때 샤워를 하면 상쾌하다는 것, 마음이 허전할 때 누군가의 손을 잡으면 마음이 따스해진다는 것을 다시 느끼게 된다. 그러면 죽음을 뒤로 미루게 된다. 일상의 즐거움. 이것이 자살을 막는 힘이다. 일상의 즐거움 때문에 대부분 사람이 죽음을 잊고 삶을 영위한다. 신이 우리에게 준 가장 큰 축복은 부도 명예도 아닌 반복되는 일상의 자그마한 즐거움이다.

적을 만들지 말자

〈미션 임파서블〉(1996)로 우리에게 익숙한 영화감독 브라이언 드 팔마Brian DePalma의 영화 중에 〈칼리토〉(1993)라는 영화가 있다. 형기를 마치고 출소한 전직 보스 칼리토는 더 이상 범죄를 저지르지 않고 살기로 한다. 그래서 과거부터 알고 지내던 데이브라는 변호사 소유의 클럽을 운영하고 이익에서 얼마를 할당받으며 살아간다. 하루는 머리에 피도 안 마른 신출내기 갱인 베니 브랑코가 클럽에 와서는 평소 칼리토를 존경했다면서 먼저 인사를 건넨다. 칼리토는 건방지다는 이유로 베니 브랑코를 죽도록 때리고는 별것도 아닌 놈이 감히 자신을 어떻게 하지 못할 것으로 생각하며 살려 보낸다. 살인을 했다가 문제가 되면 다시 감옥에 가야 하는데 그것 역시 지긋지긋했다. 하지만 칼리토는 다시 범죄에 연루되어 마피아의 추격을 받게 되고 마피아를 따돌려 기차를 타기 직전 자신이 원수로 만들었던 베니 브랑코의 총을 맞고 죽는다. 극장에서 영화를 보며 '적을 만들면 이렇게 되는구나' 라는 생각이 들면서 그 장면이 잊히지 않았다.

승부욕이 강한 이들은 매사를 이기느냐 지느냐로 판단한다. 성공의 뒤안길에는 패자들이 있다. 승부욕이 강한 이들은 패자들의 감정을 배려하지 않는다. 한 번 승자는 영원한 승자이고 한 번 패자는 영원한 패자, 세상은 단선 철도와 같아서 한 번 앞서면 영원히 앞설 수 있다고 생각한다. 약삭빠르게 행동하며 승자들의 뒤를 좀 더 빠른 속도로 쫓아가서 따라잡으면 이사도 되고 사장도 될 수 있다고 여긴다. 그런데 막상 기회를 잡았을 때 훼방하는 이들이 기억에도 가물가물한 패자들인 경우가 종종 있다. 마치 칼리토가 베니 브랑코에게 총을 맞았 듯이 말이다. 지나친 승부욕은 적을 만들게 되어 있고 다시는 만날 일 이 없다고 생각한 이들이 철로를 변경해 버릴 수 있다. 어디 이뿐인 가? 승부욕이 강한 이들은 사람을 공평하게 대우해주지 않는다. 그는 자신이 보기에 세상의 승자인 이들에게는 호의적이고 세상의 패자인 이들은 깔보기 일쑤다. 강자에게는 약하고 약자에게는 강하다.

진정으로 성공하기 위해서는 실망을 처리하는 능력, 행운, 리더십, 공평함, 판단력이 조화를 이루어야 한다는 글을 읽은 적이 있다. 그 글을 읽었을 때 나는 서른을 지나고 있었는데 사람들을 공평하게 대 하는 것이 왜 중요한지 잘 이해가 안 갔다. 능력이 있는 직원에게는 잘 해주고 능력이 없는 직원에게는 불이익을 주는 것이 당연하다고 생각했다. 사람을 모두 공평하게 대할 수는 없지 않은가?

그런데 40대 중반인 지금 돌이켜보니 사람을 공평하게 대한다는 것 처럼 중요한 것이 없다는 것을 깨달았다. 능력이 있는 인재를 부당하 고 비열하게 대하면 남아 있지 않는다. 지방에서는 좋은 인재를 구하 기가 쉽지 않다. 요새 대기업과 은행에서 고졸 신입사원을 뽑는다고 뉴스에 나온다. 지방 중소기업은 고졸 사원이라도 와주면 고맙다고 한다. 만약에 그렇게 어렵사리 온 고졸 사원을 선입견 없이 대할 때 그 혹은 그녀가 가지고 있는 대졸 사원에 못지않은 혹은 대졸 사원보 다 훨씬 우수한 능력을 뽑아낼 수 있을 것이다. 대졸 사원은 승자, 고 졸 사원은 대학에 못 간 패자라고 생각하면서 직원을 대한다면 아무 도 남지 않는다. 공평한 시각을 가지고 선입견 없이 모든 사람의 가능 성을 판단할 수 있어야 하는데 승부욕이 강한 이들은 그러지 못한다. 이기느냐 지느냐로 만사를 판단하는 이들은 모든 사람을 승자와 패자

213
승부욕

로 나누어 구분한다. 자신이 보기에 승자인 이들에게는 대접하고 패자인 이들은 무시한다. 그런 불공평한 태도가 승부욕에 불타는 자신을 패배로 이끈다.

미국의 컬트무비 감독인 데이비드 린치David Lynch의 영화 〈스트레이트 스토리〉(1999)에서 주인공 앨빈 스트레이트는 73세의 노인이다. 뇌졸중으로 쓰러졌다가 겨우 일어난 얼마 후 형이 위독하다는 전화를 받는다. 형과는 오래전에 오해가 있어 원수가 된 후 얼굴을 안 본 지 오래다. 운전면허가 없어서 차를 몰 수 없고 비행기를 타자니 돈이 없다. 앨빈은 30년이 넘고 겨우 한 사람이 앉아 운전할 수 있는 잔디깎이 카트를 개조해서 아이오와부터 위스콘신까지 거의 900킬로미터가 넘는 여정을 떠난다. 죽을 고비를 넘기고 우연히 만난 사람들의 도움을 받은 앨빈은 드디어 형을 만나 화해를 한다. 놀라운 사실은 여기에 있다. 바로 이 영화가 실화라는 것이다. 이 영화처럼 적과 대단한 화해를 하자는 것이 아니다. 다만 적을 만들지 말자는 것이다. 메이저리그에서는 홈런을 친 다음에도 크게 축하를 하지 않는다고 한다. 그저 빨리 그라운드를 돌아서 홈으로 들어간다. 이유는 투수와 상대 팀을 자극하지 않기 위해서이다. 혹시 굉장히 기뻐하며 축하하면 투수가 약이 바짝 올라서 다음 타석에 빈볼을 던져 타자가 다칠 수도 있다. 그러니 승리의 함성을 마음껏 지르고 싶어도 패자 앞에서는 참아보자.

08

도전

인간을 제외한 영장류들은 계획을 세워 일하는 능력이 떨어진다. 하지만 사람은 미래를 상상할 수 있기에 목표를 세우고 목적을 추구한다. 그 목적을 이루었을 때 인생이 변화할 거라는 기대에 흥분한다. 목적을 위해 도전한다고 생각하지만 도전 자체에서 오는 흥분도 도전하는 이유 중 하나다.

도전이 없다면 그 사회는 발전할 수 없다. 도전 정신이 강할수록 그 사회는 역동적이 되고 발전한다. 의료계에서 도전 사례를 찾아보자면 마취 분야를 들 수 있다. 마취가 없으면 환자가 통증을 견디지 못하기 때문에 수술을 진행할 수 없다. 환자를 움직이지 못하게 꽁꽁 묶어놓더라도 수술을 진행하는 것은 불가능하다. 위장을 비롯한 몸 안의 장기들은 마취를 해야지 이완이 돼서 움직임이 둔해진다. 수술을 하려고 의사가 건드릴 때마다 내장이 계속 꿈틀꿈틀 움직인다고 생각해보라. 어떻게 수술이 가능하겠는가?

마취를 향한 도전의 역사에서 비운의 사례로 호러스 웰스Horace Wells라는 치과의사가 있다. 그는 직접 아산화질소 성분의 마취 가스를 마신 후 동료 치과의사에게 자신의 이를 뽑게 하는 실험을 했다. 이게 성공을 거두자 1845년에는 공개 시술을 했다. 당시에 와 있던 방청객 중 한 명을 불러내서 마취 가스를 들이마시게 한 후 충치를 뽑았다. 그런데 웰스가 직접 가스를 들이마시고 이를 뽑았을 때는 하나도 아프지 않았는데 이 환자는 아프다고 소리를 지르는 것이다. 사람들 앞에서 비웃음거리가 된 그는 치과를 그만두고 3년 뒤에 다리의 동맥을 잘라서 자살을 했다.

한때 웰스의 치과 동업자였던 윌리엄 모턴William Morton은 웰스의 실패를 직접 목격하고 아산화질소가 아닌 에테르 성분에 관심을 기울였다. 당시 하버드 대학교 매사추세츠 의과대학에서 수강을 했던 그는 1846년 에테르를 사용한 공개 마취 수술에 성공했고 부와 명예를 꿈꾸며 에테르 마취에 대한 특허권을 주장했다. 그러나 특허권 관련 분쟁이 일어나면서 에테르 마취를 통해서 떼돈을 벌 수 있다는 그의 계획은 결국 특허를 인정받지 못하면서 무산되었을 뿐더러 의과대학도 중퇴하고 말았다. 또한 계속된 소송 끝에 완전히 파산을 하게 되었고 극도의 스트레스 속에서 끔찍하게 더웠던 1868년 7월 뉴욕 센트럴 파크에서 의식을 잃고 곧 사망했다.

만약에 웰스나 모턴 같은 이들이 마취를 대중화시키지 않았다면 마취를 사용한 수술이 도입되기까지는 더 많은 시간이 걸렸을 테고 많은 환자가 수술을 못해서 죽어갔을 것이다. 이처럼 사람들이 위험을 무릅쓰고 도전을 했을 때 혁신이 이루어지고 혁신의 결실을 나눠 가지면서 모두가 풍요로운 삶을 살 수 있게 된다. 하지만 새로운 기술을 발견하고 대중화시킨 이들의 인생은 웰스나 모턴의 경우에서 보듯이 순탄치 않은 경우가 자주 있다. 21세기인 지금도 예외는 아니다.

하지만 인간은 새로운 것을 추구하는 호기심 때문에 실패할 위험을 무릅쓰고 모험을 꿈꾼다. 새로운 것, 재미를 추구하는 것은 인간의 본능이다. 인류와 같은 영장류인 침팬지나 원숭이는 끊임없이 장난을 치고 사고를 일으키며 새로운 것을 보면 꼭 건드려 본다. 사람들도 마찬가지다. 재미가 없으면 살 수 없다. 재미있는 이야기를 듣고 싶어서 텔레비전을 보고 영화를 본다. 가십 거리에 귀가 쫑긋한다. 새로운 물건이 나오면 쓰고 싶고 바뀌지 않으면 삶이 지겹다고 느껴 차도 바꾸고 집도 바꾸고 새 옷도 산다. 움베르토 에코의 《장미의 이름》(1980)을 보면 아무리 엄숙주의가 판을 쳐도 재밋거리를 찾는 본능을 막을 수 없다는 것이 잘 그려져 있다. 사람들은 재미있는 삶을 위해서 새로운 것에 도전하게 되는 것이다.

주의할 점은 도전이 재미있고 삶에 흥분을 일으키기 위해서는 스스로 세운 목표여야 한다는 것이다. 하지만 직장에서 조직의 한 부분이 되어 움직이다 보면 스스로 목적을 세워 일하는 것을 상상하기도 어렵다. 의무로 일하다 보니 재미도 없고 직장에서는 도전하라고 하지만 직장에서 이미 세워 놓은 목표를 위한 도전을 요구할 뿐이다. 말이 도전이지 죽도록 시키는 대로 일하기를 원하는 것이다. 직장인이 회사가 설정한 목표 이상으로 일하는 것을 도전이라고 회사는 주장하지만 정해진 방향으로 무조건 더 열심히 하는 것이 도전일 수는 없다. 그러나 회사 생활에 익숙해지다 보면 대다수 직장인은 안정적인 직장에서 매달 월급이 들어와 위험을 감수하지 않는다. 반면 모험을 꿈꾸고 도전을 마다치 않는 소수는 직장 내에서도 새로운 일을 계획하고 도전하려고 한다. 그런 욕구가 충족되지 않으면 창업을 하기도 한다.

같은 상황에서도 어떤 사람은 도전하고 어떤 사람은 안주한다. 한 인간의 도전 여부는 어느 정도 타고난다. 성격 심리학자들은 모든 문화, 인종, 국가에서 다섯 가지 성격 유형인 외향성, 신경증성향, 개방성, 우호성(친화성), 성실성이 공통으로 나타난다고 주장한다. 이 중에서 개방성은 새로운 문화와 사람에 대한 호기심, 수용성과 관련이 된다. 개방성이 강한 사람은 도전하고 개방성이 약한 사람은 도전을 회피한다. 경제학에서는 이를 위험선호형과 위험회피형이라고 표현한다.

위험선호형인 사람 중에는 도전이 주는 홍분이 좋아서 계속 위험한 사업에 몰두하는 이들도 있다. 한 번 성공하더라도 성공이 주는 느낌과 희망에 취해서 계속 위험한 도전을 한다. 실패할 때까지 도전을 하는 것이기 때문에 결국 큰 실패로 인생이 귀결될 텐데도 말이다. 전혀 도전할 상황이 아니고 한 번의 실패로 모든 것을 다 잃을 수 있는데도 막무가내로 도전하는 사람들 또한 이런 유형에 속한다.

반대로 위험회피형인 사람들은 일단 성공하면 다시 도전하지 않는다. 위험을 무릅쓰지 않아도 안전하게 명예를 쌓고 돈을 불릴 수 있기 때문이다. 실패한다고 해도 적절한 돈으로 재미를 샀다고 생각할 수 있으나 이 유형의 사람들은 그렇지 않다. 실패로 인한 그 흠집이 아무리 작고 금전적 손해가 별것 아니더라도 도전하지 않는다. 그냥 편안하게 산다.

그리고 언제나 말로만 도전할 뿐 행동하지 않는 사람들도 있다. 생각은 많이 하지만 막상 무언가를 걸고 도전하지는 않는다. 그저 자신이 하고 싶은 재미있는 일들에 관해 이야기하면서 현재의 지겨움을 잊고자 할 뿐이다. 항상 지금 하는 일 외의 무엇, 직장 밖의 다른 일에 관해서 관심이 가 있으니 직장에서 지금 하는 일은 재미가 없다. 그러다 보니 회사 밖에서 홍분을 찾아야 한다. 주식을 하고 술을 마시며 바람을 피운다.

인간을 제외한 영장류들은 계획을 세워 일하는 능력이 떨어진다. 하지만 사람은 미래를 상상할 수 있기에 목표를 세우고 목적을 추구한다. 그 목적을 이루었을 때 인생이 변화할 거라는 기대에 홍분한다.

목적을 위해 도전한다고 생각하지만 도전 자체에서 오는 흥분도 도전하는 이유 중 하나다. 그래서 사람은 충분한 성과를 이루고도 더 도전할 것은 없는지 이리저리 찾기도 한다. 따라서 너무 목적에만 사로잡히면 일이 재미가 없다. 반대로 모든 일을 재미로 대하다 보면 지속성이 없다. 이 둘의 조합이 잘 이루어질 때 합리적이면서 재미있는 인생을 살 수 있다.

인생에는 삶을 뒤흔드는 설렘도 한 번은 있어야 한다

무언가를 하고 싶다는 생각이 들면서 붕 뜨는 듯한 느낌에 사로잡힐 때가 있다. 나 역시 그와 비슷한 순간이 있었다. 레지던트를 하면서 앞으로 어떻게 살아야 할까 고민하면서 무미건조하게 지내던 중에 어느 날 밤 미국에 유학을 가야 되겠다고 결심을 했다. 결심을 하기 전까지는 초저녁에 잠이 들어서 매일 늦잠을 잤는데 결심하고 나서부터는 밤늦게까지 공부하고 지하철에서도 토플 영어 단어를 외우고 길을 걸을 때도 워크맨으로 영어 테이프를 들으면서 다녔다. 그때는 다음 날 아침에 일어나 할 일을 생각하면 잠이 들 때도 너무 기분이 좋았다. 정신과 전문의이고 MBA라는 내 경력을 듣고 나면 사람들은 정신과 전문의가 되고 난 후 도대체 무슨 생각으로 미국의 비즈니스 스쿨까지 가서 MBA를 취득했느냐고 묻고는 한다. 곰곰이 생각하면 당시에 나는 무언가를 통해서 삶을 뒤흔드는 경험을 하고 싶었던 것 같다. 흥분을 쏟아버릴 그 무엇인가가 필요했다.

미국에 가서 의학 공부를 하는 것이었든 MBA를 취득하는 것이었든 아프리카에 가서 의료봉사를 하는 것이었든 그 '무엇' 이 필요했다.

조울증이라는 병이 있다. 기분이 하루에도 좋았다가 나빴다 하면 "조울증인가 봐"라고 말하고는 한다. 기분의 변동이라는 점에서는 조울증과 일맥상통하지만 정신과에서의 조울증은 약간 다르다. 먼저 조증의 주된 증상은 다음과 같다. 자신감이 넘치고 하루 두세 시간만 자도 거뜬하다. 평소보다 말이 많으며 한 번 말을 하면 삼십 분이고 한 시간이고 자기 혼자 말을 하기도 한다. 누가 끼어들거나 말을 멈추게 하려고 해도 소용없다. 생각의 주제가 꼬리에 꼬리를 물고 이어진다. 돈도 많이 쓰게 되고 사람들을 만나는 것도 갑자기 늘어난다. 어쩌다 하루 이틀 그렇다고 조증이라고 하지는 않는다. 로또 복권에 당첨이라도 되는 행운을 맞이하면 누구나 잠깐은 이런 상태가 된다. 그런데 조증이라고 하기 위해서는 적어도 일주일 이상 이런 증상이 지속되어야 한다. 치료를 받지 않는다면 대체로 6개월에서 1년 정도 조증이 지속된다.

조울증에서는 조증 전이나 후에 우울증이 있다. 대부분의 우울증 환자는 조증을 동반하지 않는데 조울증 환자는 우울증이 끝나면 조증이 생기기도 하고 조증이 끝나고 우울증이 따라오기도 한다. 조울증에서의 우울 증상은 일반적인 우울증에서의 우울 증상보다 정도가 더 심각하다. 거의 6개월에서 1년 동안 집에서 꼼짝하지 않고 씻지 않으며 먹지 않는 경우도 있다. 조울증에서 조증 후에 우울증이 오게 되면 조증 때 한 무분별한 행동 때문에 후회를 하는 경우도 적지 않다.

견실한 사업가가 조증 상태에서 사채까지 얻어서 엉뚱하게 사업을 벌였다가 폭삭 망한 경우는 우울증일 때 계속 후회를 하게 된다. 평범한 가정주부가 조증 상태에서 가정을 버리고 남자와 바람이 나서 몇 달을 보낸 경우 조증에서 벗어나 제정신을 찾아도 다시 가정에 돌아오기는 어렵다. 회사원이나 공무원 중에서는 조증 상태에서 자기만 옳다고 생각하고 조직을 상대로 돈키호테처럼 싸우다가 직장에서 쫓겨나 우울증 상태에 빠지기도 한다. 조증이라는 병 때문에 일어난 행동이지만 나중에 책임을 져야 하는 것이다. 우울증이 심해지면 죽고 싶다는 생각마저 든다. 평생 모은 재산을 날리고 안정된 직장에서 쫓겨나 가정이 깨지는 상황이 당사자를 자살로 몰고 가는 경우도 적지 않다.

조울증 환자의 상당수는 기분을 일정하게 유지하게 시켜주는 약을 꾸준히 먹으면 조울증이 재발하지 않는다. 하지만 투약을 거부하는 환자가 상당수다. 우선 조증일 때는 자신이 최고이기 때문에 굳이 약을 먹을 필요가 없다고 느낀다. 기분이 최고조에 달했을 때 약을 먹어서 억지로 행복을 사라지게 하고 싶지 않은 것이다. 따라서 한 번 조증으로 돌입하면 스스로 치료를 받게 하기가 쉽지 않다. 그리고 조울증 환자의 우울증은 항우울제에 대한 반응이 더딜뿐더러 몇 달간의 우울증이 끝날 때쯤 갑자기 조증이 발생하고는 한다. 그래서 정신과 의사들은 조증 환자의 우울증일 때는 항우울제가 아닌 기분을 일정하게 유지하게 시켜주는 약을 사용한다. 그러면 환자들은 우울해 죽겠는데 왜 조증 치료제를 우울증일 때 주냐고 불만을 토로하면서 투약을 중단한다. 기분을 안정되게 유지시켜주는 약이 조증일 때는 기분을 끌어내려 정상에 근접하게 하고 우울증일 때는 더 이상 악화하지 않게 하는 효과가 있다고 설득해도 소용없다. 그래서 일부 환자는 자신이 조울증이라는 것을 속이고 낯선 의사에게 가서 우울증 환자인 것처럼 이야기를 해 우울증 약만 처방받기도 한다. 결국 우울증, 조증, 우울증, 조증이 계속 반복된다.

이렇게 조증과 우울증이 반복되다 보면 인생이 마치 롤러코스터 같다. 정상적인 기분에 대한 감각을 잃게 된다. 조증으로 인한 극도의 자신감과 행복 상태가 정상이고 정상적인 기분은 상대적으로 우울하다고 인식을 하게 될 수도 있다. 그러다 보면 평범한 행복이 행복으로 여겨지지 않고 조증 상태에서의 극도의 행복만이 행복으로 느껴진다.

그런데 환자들만 그럴까? 나 역시 흥분이 없으면 삶이 재미가 없다고 느낀다. 평생을 살면서 삶을 뒤흔들만한 흥분의 순간이 최소한 몇 번은 필요하다. 삶도 때때로 흔들어줘야 사는 맛이 난다. 유학할 때도 흥분하게 되고 계획을 세워서 도전할 때도 흥분한다. 흥분하는 것이 없는 삶은 시루하고 시는 것 같지 않다. 남이 보기에 완벽하고 안정된 삶이더라도 당사자는 2% 부족하다는 느낌이 들 수 있다. 누구에게나 흥분이 필요하다. 그렇기 때문에 평범한 삶을 사는 이들도 흥분을 즐기기 위해서 스포츠 중계를 보거나 술을 마시기도 하고 노래를 부르고 클럽에 가서 춤을 춘다. 사람들이 바람을 피우는 이유도 섹스를 위해서가 아니다. 새로운 관계에서 흥분할 수 있기 때문이다.

그런 측면에서 보면 잔잔한 즐거움이 이어지는 안정된 행복도 필요하지만 도전과 모험에서 오는 흥분 역시 소중하다. 어떤 이는 매달 200만 원씩 일 년에 2400만 원을 번다. 그런데 어떤 이는 일 년에 한 번 2400만 원을 번다. 매달 똑같은 돈을 버는 사람은 월급 받는 날 기분이 좋다. 일 년에 한 번 2400만 원을 버는 이는 통장에 돈이 들어오기 전날부터 흥분해서 잠을 못 잘 것이다. 버는 돈은 똑같지만 삶에 주는 흥분의 정도는 천지 차이다.

하물며 일하면서 가슴 설레는 흥분을 느낄 수 있다면 얼마나 큰 행운인가? 그렇기 때문에 기회가 찾아왔을 때 새로운 것에 도전할까 말까 며칠 밤잠을 설치면서 고민하게 된다. 실패가 두려워서 생각을 접어야겠다고 생각해도 밤에 잠이 안 오는 것은 마찬가지다. 술을 마셔보지만 역시 잠은 안 온다. 결국 새로운 일을 받아들이기로 하고 돌이킬 수 없는 선을 넘을 때 가슴 속 깊숙이에서 누군가 방망이로 두들기듯이 가슴이 떨린다. 미친 듯이 일에 매달리는 마법의 시간을 가지게 된다. 그것이 성공으로 끝나든 실패로 끝나든 그 순간은 소중하다.

처음 개원한 동료나 후배가 모르는 것을 물어보려고 전화할 때가 있다. 이것도 힘들다 저것도 힘들다고 하지만 목소리를 듣고 있으면 묘한 떨림이 느껴진다. 새로 일을 시작하는 데서 오는 흥분과 의욕이 있을 때는 같은 괴로움이더라도 극복해내기가 쉽다. 그래서 갓 개원한 후배들을 보게 되면 처음 일을 시작할 때가 참 좋을 때라고 이야기해주고는 한다. 처음 병원을 개원하고 환자도 없고 수입도 들쑥날쑥한 후배가 보기에는 안정적인 내가 부러울 수도 있다. 하지만 나는 그들이 새로운 것에 도전하며 느끼는 설렘이 부럽다. 그런 설렘은 새로운 것에 도전하고 모험을 추구할 때만 느낄 수 있는 귀한 감정이다.

물건을 소유했다 잃게 되는 경우 더 이상 그 물건을 내 눈앞에서 볼 수도 없고 만질 수도 없다. 하지만 기억할 수는 있다. 사실 기억한다는 것은 어떤 점에서 보면 머릿속에서 그 물건을 소유하는 것이다. 무언가에 도전하고 오랜 시간 시도하다가 일이 뜻대로 안 돼서 접게 되면 우리는 후회하고 그 일을 시도했던 것 자체를 실패로 생각한다. 하지만 그 일을 하면서 환희를 느꼈던 순간, 성공에 대한 확신으로 기뻤던 때도 있었을 것이다. 그런 좋은 기억을 실패했다는 사실 하나 때문에 망각해서는 안 된다. 특히 도전과 모험에서 비롯된 흥분과 설렘은 평생을 통해서 소중히 간직해야 할 삶의 보물이다. 고이 간직했다가 삶이 힘들고 지칠 때 한 번씩 꺼내서 음미해야 하는 추억인 것이다. 실패해도 당시의 설렘과 흥분을 잊지 말자. 성공해도 성공의 무게에 짓눌려 우리가 느꼈던 설렘과 흥분을 잊지는 말자.

모험과 실패는
실과 바늘의 관계다

우리 병원으로 외래를 다니던 환자 중에 진짜 운이 없는 분이 있었다. 오리고기 가게를 열면 조류독감이 돌고 소고기 가게로 바꾸면 광우병이 돌고 삼겹살 가게를 열면 구제역이 도는 것이다. 친절하고 열심히 사는 분인데 장사 운이 지지리도 없었다. 처음에는 운이 나쁘거니 하고 넘어가려고 했는데 자꾸 실패를 거듭하다 보니까 너무 괴로워 한잠도 못 자게 되었다. 병원에 와서 투약을 받고 상황을 받아들이면서 호전이 되었다. 지금은 자그마한 직장에 취직해서 월급을 받고 부업도 하면서 가장의 책임을 다하면서 살고 있다.

반면 내가 아는 의사 중에는 병원 운영자금이라는 명목으로 은행에서 돈을 꾸고는 주식에 돈을 몽땅 투자한 분이 있다. 주가가 내려가서 손해를 보게 되니까 한 번에 만회해야겠다는 생각으로 선물투자를 했고 지금은 빚이 천문학적인 금액이 되었다. 실패를 인정하고 개인 회생을 밟아야 하는데 지금도 만회할 수 있다고 하면서 친구들에게 투자를 권유하고 돈을 빌리러 다닌다. 자신의 실패를 인정하지 못하고 자금만 넉넉하다면 지금까지 입은 손실은 단 한 번에 만회할 수 있다면서 큰소리를 치고 다닌다.

사람들은 적어도 한 개 이상의 마음속 목표가 있다. 그중에서도 가장 강력한 목표의 배경에는 무의식적인 욕망이 자리 잡고 있다. 계약을 따내지 못했거나 사업에 실패한 경우 어떤 사람에게는 그것이 하나의 실패에 불과하지만 어떤 사람에게는 마음이 뻥 뚫려버리는 상처로 남는다. 내가 인지하는 소원이 표면에 보이는 풀잎이라면 욕망은 그 밑에 깊게 뒤엉킨 뿌리에 해당한다. 그 뿌리는 땅속 깊숙이 박혀있고 구불구불 엉켜있다. 다른 풀들의 뿌리와도 뒤엉켜 있어 땅 표면에서 볼 때는 따로따로인 것처럼 보이는 풀이 한 뿌리에서 기인한 경우도 있다. 풀을 뽑으려고 하면 뿌리가 딸려 나오고 우리는 그제야 뿌리가 얼마나 깊고 심하게 엉켜있는지 보게 된다. 풀을 뽑으려고 했는데 멀리 떨어진 풀이 뿌리를 타고 함께 뽑히기도 한다. 한 사람이 실패해서 고통스러워할 때는 실패 밑에 있는 무의식적인 욕망이 함께 뿌리째 뽑히게 된다. 그 무의식적인 욕망은 한 인간의 삶을 버티게 하는 힘이었던 것이다. 그런 경우 실패는 삶을 송두리째 앗아가는 고통을 준다.

무언가에 도전하는 것에도 마음의 이유가 있다. 선거에서 이기고 싶은 욕망, 일확천금을 위한 욕망, 신기술을 이용해서 회사를 창업하고 싶은 욕망, 남들이 가보지 못한 길을 가고 싶은 욕망 등 모든 집착은 성장 과정에서 본인이 얻지 못한 것을 나이 들어서 보상받고자 하는 무의식과 일정 부분 관련이 있다. 어렸을 때 형성된 미성숙한 감정은 아무리 먹을 것을 줘도 계속 배고프다고 울부짖는 아귀와 같다. 실

226
무엇이 당신을 일하게 만드는가

제적인 성취와 성공을 통해서 채워질 수 없다. 이런 아귀와 같은 욕망은 실패할 때까지 끝도 모르고 달리게 되어 있다.

어쩌면 실패는 숙명이다. 실패하기 전까지는 발을 빼지 못하기 때문이다. 새로 가게 문을 열었는데 손님이 없어서 이내 문을 닫게 되면 속이 상한다. 어렵게 일군 회사가 부도 처리가 되어서 상장폐지가 되면 그 아픔은 말로 표현할 수 없다. 혼은 어디론가 달아나고 육신만 허깨비처럼 남아 존재한다. 살아도 사는 것이 아니다. 실패하는 순간 자신은 아무것도 할 수 없는 인간이 된 듯하다. 비록 한 부분에서 실패한 것이지만 자신의 상당 부분이 절단된 듯하다. 실패가 삶의 중요한 모든 부분을 앗아버린 것 같아 한순간 삶의 의미를 모두 잃게 된다.

실패했을 때 다시는 시도하지 못할 것 같은 허전함에 사로잡히는 것이 꼭 나쁜 것만은 아니다. 그것은 내 삶을 자신의 멋대로 휘두르던 무의식적 욕망이 사그라지는 신호일 수도 있다. 그렇기에 융은 우울함을 깨달음의 한 과정으로 보기도 했다. 실패는 성공이 주는 기쁨을 주지 못한다. 하지만 실패는 성공이 줄 수 없는 무언가를 일깨워준다. 성공을 거두면 자기존중감이 확보되면서 과거의 상처를 덮고 미래를 향해 나갈 수 있다. 하지만 성공이 반복되면 성공의 노예가 되고 역으로 삶이 피폐해진다. 바로 그때 실패가 그런 삶을 멈추고 균형감을 회복하도록 해준다. 때로는 실패도 성공에 못지않은 가치를 지닌다고 할 수 있다.

하지만 실패를 받아들이지 못하고 감추기에 급급하면 상처는 더욱 커진다. 내가 실패한 것을 사람들이 알아채면 어쩌나 고민한다. 개인적인 실패의 경우 그것을 감추려고 하면서 상처가 더 커진다. 이혼을 하나의 실패로 받아들이는 경우 막상 이혼을 하고도 숨기느라고 고민한다. 외환위기 때 직장에서 실직을 한 이후에도 가족에게 숨기기 위해 회사에 나가는 척하고 공원을 배회한 이들도 있었다. 실패한 이후 거기에 대해서 다른 사람들은 어떻게 생각하나 하면서 눈치를 보고 모든 사람이 자신의 실패를 알 것이라고 생각한다. 하지만 사람들은 남에 관해서 관심도 없고 있다고 해도 그 관심이 오래가지도 않는데 본인만 과도하게 중요성을 부여하면서 상처를 감추려고 한다. 상처를 꽁꽁 싸매기만 하다가 보니 더 곪아버리는 것이다. 즉 실패 자체는 실패에 국한해서 봐야 한다. 실패의 의미를 객관적인 규모보다 더 크게 주관적으로 확대 생산하는 것이 문제이다. 더군다나 실패가 경쟁을 동반하는 경우 굴욕과 연관되어 더 큰 상처가 되기도 한다.

깊은 물 속에 빠져서 모든 것이 서서히 분해되는 꿈을 꾸는 이들이 있다. 불안하지만 모든 것이 다 사라졌다는 것은 무언가 새로운 것을 만들 수 있다는 기회를 의미한다. 끝은 새로운 시작이다. 그동안 놓치고 살았던 것, 생각지도 못했던 것을 경험하게 할 수 있다. 꿈에서 일어나는 파괴는 기존의 내가 파괴되어서 없어지는 것이다. 그때 새로운 탄생이 가능하다. 새로운 내가 나타날 수 있는 순간이다.

실패도 마찬가지다. 20대에는 막연히 성공만 좇으며 산다. 20대 말에 뜻하지 않은 실패가 있게 되면 고민하면서 구체적인 자신의 목표를 가지게 된다. 30대에는 가정도 가지게 되고 이루고 싶은 성공의 모습도 더 명확해진다. 자리를 잡아가는가 싶다. 하지만 마치 귀신에 홀린 듯이 30대 말에는 누구나 안 좋은 일이 하나쯤 생긴다. 그것은 투자 실패일 수도 있고 실직일 수도 있으며 가정불화일 수도 있다. 하지만 30대 말의 실패를 통해 성공의 뒤에는 쇠락이 있다는 것, 세상에는 영원한 것이 없다는 것을 깨닫게 되면서 튼튼한 삶을 만드는 기초를 쌓게 된다. 40대에는 삶이 무르익는다. 인적 네트워크도 생기고 자신을 따르는 사람도 있다. 성공했을 뿐 아니라 존경도 얻게 된다. 40대 말에 실패하게 되면 자만하면 안 된다는 교훈을 얻게 된다. 나이가 들어서 실패하면 만회하기 어렵기 때문에 지금부터는 사업이든 인생이든 리스크를 관리하는 것이 중요하다고 깨닫는다. 누구도 예상할 수 없는 불운이 있다는 것을 가슴 깊이 새기게 된다. 나이별로 실패의 의미가 다르지만 실패를 통해서 인생을 배우는 것은 다르지 않다. 실패했더라도 그 실패가 나를 어디로 인도하고자 하는지 알게 되면 실패를 통해서 좋은 인생의 방향타를 하나 만든 것이 될 수 있다.

애매모호한 불확실성을 견뎌내자

많은 도전이 실패하는 이유 중 하나는 일이 잘 풀리지 않을 때 그 불확실성을 견디기 힘들기 때문이다. 불안은 오래된 진화의 흔적이다. 영어에 것 필링gut feeling이라는 말이 있다. 무언가 일이 어긋날 때 속에서부터 신호가 오는 것이다. 조지 소로스George Soros는 무언가 잘못된 투자를 했다는 생각이 들면 등이 아파지는데 이 아픔을 견디다 못해 손해를 보더라도 투자를 철회하고 나면 아픈 것이 낫는다고 한다. 그에게 등의 통증은 불안의 또 다른 표현인 것이다.

사람은 불확실성에 대한 양가감정을 품고 있다. 불확실성이 존재할 때 우리는 흥분한다. 스포츠 중계를 보면서 내가 응원하는 팀이 지고 있어도 끝까지 응원하게 된다. 언제 골이 터질지 모른다는 불확실성이 있기 때문이다. 이기고 있는 팀도 언제 상황이 안 좋아질지 모르기에 긴장을 하게 된다. 그런 불확실성을 통제해서 운을 바꿀 수 있다고 착각을 하는 경우도 있다. 주식을 하는 이들이나 도박을 하는 이들은 옆에서 보기에는 운이지만 본인은 실력이 있다고 착각한다.

그리고 흥분은 신체적 반응을 일으킨다. 가슴이 확 터지는 것 같고 평소와는 다른 기분의 상태로 돌입한다. 불확실성은 불안을 일으키고 불확실성이 불운으로 판명되면 실망하고 좌절하지만 불확실성이 행운으로 돌변하게 되면 흥분의 도가니가 된다.

한편 승리에 대한 완벽한 확신이 없는 한 우리는 불확실성 앞에서 두려움을 느낄 수밖에 없다. 나약하기 그지없다. 조금만 나쁜 일이 생기면 불안하고 초조하다. 불확실성이 주는 두려움에 압도되면 1분 1초라도 빨리 움직여야 할 것 같다는 강박감을 느낀다. 무조건 열심히 하고 보자는 마음이 된다. 하지만 무조건 열심히 하는 것이 능사가 아니다. 시험을 앞두고 공부할 때 시험 시간이 다가올수록 사람들은 불안해진다. 자신이 이미 암기한 것은 건너뛰고 외우지 못한 것에 집중해야 하건만 무조건 단어에 연필로 동그라미를 치면서 외우고는 한다. 위기에 처하게 되면 그 행동이 과연 어떤 의미를 있게 하는지 생각할 여유가 없다. 무조건 열심히 해야 한다는 생각 하나만으로 지금까지 해오던 방식 그대로 일을 진행한다. 하지만 올바른 방향이 아니면 열심히 할수록 일은 더 엉망이 된다. 이럴 때일수록 한 발자국 뒤로 물러나 무엇이 올바른 방향인지 고찰하는 것이 필요하다.

또한 불확실성이 주는 두려움에 사로잡히면 자꾸 일을 건드려 복잡하게 만든다. 무언가 새로운 시도를 해야 할 것만 같다. 하지만 일단 일이 엉기면 건드릴수록 복잡해지기만 한다. 속수무책인 상황에서는 가만히 있는 것도 한 방법이다. 약이 효과가 없는 원인미상의 통증에 시달리는 환자가 의외로 많다. 통증은 객관적으로 그 정도를 측정을 하는 기계가 없다. 남이 보기에 사소한 상처라도 당사자가 고통을 심하게 느끼면 많이 아픈 것이고 남이 보기에 심각한 병변이더라도 당사자가 고통을 별로 느끼지 않으면 덜 아픈 것이다. 수술을 한 후 MRI 등의 검사를 통해서 관찰한 병변 소견은 호전되었으나 환자는 여전히 통증을 호소하는 경우가 적지 않다. 그러면 담당 의사는 통증을 가라앉히기 위해서 약을 사용하게 되는데 환자의 통증이 멈추지 않으면 약의 양이 늘어나게 된다. 나중에는 통증은 호전되지 않으면서 약은 계속 추가되고 부작용만 더 늘어난다. 이 단계가 되면 결국 환자가 정신과에 의뢰되는 경우가 있다. 그때 가장 먼저 해야 하는 것은 불필요한 약을 줄이는 것이다. 그리고 일단 약을 한 가지 정해서 당장 효과가 나타나지 않더라도 충분한 기간 지속적으로 복용해서 효과 여부를 확인해야 한다. 일정 기간 사용을 했음에도 효과가 없다면 그때 다음 약을 시도해야 한다. 하지만 이렇게 교과서적으로 접근하면 대부분 환자는 받아들이지 못한다. 효과가 없을지도 모르는 약을 더 늘리는 것이 의미가 없다고 설명해도 도대체 의사가 하는 일이 뭐냐고 화를 낸다. 이때 환자를 달래기 위해서 새로운 시도를 했다가 실패하면 환자의 불안과 불신만 심해지기 때문에 가급적 약을 바꾸지 말고 끌고 가야 한다. 바꿀수록 그에 따른 환자의 증상만 심해진다면 아무것도 안 하는 것이 최선인 경우이다. 불안을 달래기 위해서 새로운 시도를 하는 것은 더욱 불안한 상황을 가져올 뿐이다.

인생은 본래 불확실하다. 내일을 알 수 없다는 것이 인생의 재미다. 불확실함을 불안함으로 받아들이지 말고 새로운 기회라고 받아들이자. 때때로 큰길에서 벗어나 좁은 길도 살펴보자. 인생의 고속도로가 예상치 못한 사고로 막히게 되었을 때 큰길에서 밀려났다고 속상해하지 말고, 자리에 편히 앉아서 산들바람에 땀도 식히면서 기다려보자. 그런 점에서 오히려 인생을 소풍처럼 사는 것도 괜찮은 것 같다. 큰길로 빨리 달려가는 것이 아니라 오솔길에서 천천히 아름다운 꽃은 없나 신기한 동물은 없나 살펴보며 사는 것이 오히려 적절한 인생 사는 법일지도 모른다. 그러다보면 생각지도 않은 귀한 물건을 줍기도 한다. 산딸기가 맛있어서 따먹다가 들어간 오솔길이 오히려 지름길이 되기도 한다. 맛있는 사과를 따서 먹으려고 나무 위에 올라갔는데 숲 전체를 한눈에 보고 새로운 방향을 얻게 될 수도 있다.

열정만으로도 행복이다

한 인간이 무언가에 도전하고 모험의 길로 들어서기 위해서는 열정이 있어야 한다. 지금은 미약하더라도 열정의 대상이 있을 때 성공한 것 같이 가슴이 벅차다. 우리는 누구나 열정을 갖고 싶어 하지만 열정을 갖고 열정의 불꽃을 타오르게 하기는 결코 쉽지 않다. 직장에서 매일 반복되는 일에 대해서 억지로 열의를 가지고 하려고 하지만 며칠을 넘기기 어렵다. 열정이라는 것이 억지로 생기는 것이 아니기 때문이다. 내가 좋아하는 일이 생기고 그것에 열정을 가지게 된다는 것은 마치 연애와 비슷하다. 억지로 누군가와 사랑에 빠질 수 없듯이 억지로 열정이 생기는 것도 아니다. 따라서 내가 열정을 가지고 하고 싶은 일이 생긴다면 그것은 첫 번째 행운이다.

만약에 내가 남보다 그 일을 탁월하게 잘할 수 있다면 그것은 두 번째 행운이다. 가수 이승철은 가수 되기가 판검사 되기보다 더 어렵다는 말을 했다. 경쟁이 엄청나다는 것이다. 사람들이 가수가 되고 싶어하는 이유 중 하나는 노래를 부르고 춤을 추는 것이 바로 지금 이루어지기 때문이다. 자신이 어떻게 하고 있는지 귀로 듣고 몸으로 느낄 수 있다. 내가 남보다 잘하는지 못하는지 순간순간 비교할 수 있다. 좋아지는 것이 매 순간 느껴진다. 하지만 공부는 그렇지 않다. 암기가 되고 기억이 되는 것 자체가 기쁨인 사람은 없다. 공부는 지금 하지만 내가 얼마나 성취가 뛰어난지는 한 달 혹은 일 년 후의 시험으로 결정된다. 따라서 연예인, 운동선수, 사업가, 투자 전문가, 요리사 같은 일이 열정을 불러일으키기 쉽다. 문제는 '잘해야 한다'는 것이다. 아무리 그 일에 열정이 있더라도 잘하지 못하고 성과가 좋지 못하면 그 열정을 이어갈 수 없다. 내가 무한한 열정을 갖고 있더라도 남이 써주지 않으면 소용이 없다. 누구나 학교 다니면서 한 번쯤은 이를 악물고 열심히 공부해본 적이 있을 것이다. 하지만 한 달, 두 달, 석 달 시험을 봐도 성과가 없으면 열정은 시들해진다. 부모들은 아이가 공부를 안해서 성적이 안 나온다고 하지만 사실 아이들은 공부 능력이 떨어지기 때문에 열심히 안 하는 것일 수도 있다. 내가 열정을 가지고 시작한 일이 남보다 잘하는 일이라면 그것은 행복한 것이다.

그리고 그 일이 사람들이 인정을 해주는 일이라면 그것은 세 번째 행운이다. 어떤 사람이 잠을 자는 것을 무척 좋아한다. 아무 곳에서나 잘 수 있다. 그 사람은 어떻게 해야 잠을 잘 잘지 연구한다. 침대에서 자는 것, 방바닥에서 자는 것, 길에서 자는 것의 차이를 느끼고 즐긴다. 방바닥에서 자더라도 어떤 요를 깔고 어떤 이불을 덮느냐에 따른 차이를 잘 느낀다. 그는 잠의 전문가다. 잠에 열정이 있다. 하지만 사람들은 알아주지 않는다. 잠만 자는 게으른 사람으로 취급할 뿐이다. 와인을 시음하는 전문가가 있듯이 그가 이불 회사 혹은 침대 회사에 취직하지 않는 한 그의 재능은 소용없다. 어쩌면 커다란 침대 회사에는 이렇게 전문적으로 잠을 자는 사람이 있을지 모르지만 현재로서는 들은 바 없다. 지하철에 대한 모든 것을 외우고 지하철 소리만 들어도 몇 호차인지 아는 전문가도 마찬가지다. 그는 열정이 있고 잘하지만 그것이 세상에서 인정받을 수 없는 일이라면 문제이다. 그는 먹고사는 일에서는 무미건조하고 지겨운 삶을 살면서 남들이 인정해주지 않는 취미에 대해서는 열정을 가진다. 그나마 열정을 가질 대상이 없는 것보다는 열정을 가질 수 있는 취미가 있는 것이 나을 수도 있지만 그 간극이 커질수록 생계를 유지하기 위한 그의 실제적 삶은 상대적으로 비참하게 느껴질 수도 있다.

마지막으로 일을 벌이는 시점이 세상의 분위기와 맞아떨어지면 그것이 대단한 네 번째 행운을 가져올 수도 있다. 커피 전문가인 바리스타라는 직업이 이렇게 부각될 것이라는 것은 불과 몇 년 전만 해도 아무도 몰랐다. 인터넷 쇼핑몰에 가면 바리스타 중 일부는 자신의 이름을 브랜드로 해서 상당한 매출을 올리기도 한다. 과거에는 희극인의 수입이 영화배우나 탤런트에 비하면 훨씬 적었다. 하지만 지금은 유재석, 강호동 등 몇몇 개그맨의 수입은 엔터테인먼트 종사자 중에서도 최상위에 속한다. 예능이 주류가 되는 세상이 되지 않았으면 불가능했을 것이다. 문제는 내가 열정을 가지고 최선을 다하는 시기가 세상이 움직이는 방향과 엇박자가 날 수도 있다는 것이다. 경기가 좋을 때 사업을 시작하면 세상의 힘을 등에 업고 빨리 확장할 수 있지만 아무리 대단한 열정을 지니고 있더라도 불경기에 사업을 시작하면 성장하기 어렵다.

삶의 모든 것을 걸고 도전했다가 실패하면 열정이 사라지고 다시는 불타오르지 않는 경우도 있다. 그만큼 많이 갈망했기에 실패가 더욱 통렬하게 괴롭다. 다시 도전해서 실패를 할 때 입을 상처가 두려워 열정이 다시 고개를 들지 못하도록 마음 한구석에 가둬버리기도 한다. 실패한 일에 그토록 노력을 쏟았다는 사실을 부끄러워하며 한때 열정으로 무언가에 도전했다는 것을 창피해하면서 숨긴다.

하지만 열정이 있었다는 것만으로도 행운이다. 열정을 쏟을 일이 있었고 그 일을 잘할 수 있었으며 그 일이 세상에서 인정받는 일이었다면 당신은 그때 분명 행복한 사람이었다. 실패의 충격에 휩싸인 지금은 더 이상 쥐어짜 낼 열정도 없을지 모른다. 마치 사막에서 뜨거운 태양과 모래에 모든 수분이 흡수되고 물 한 모금 마실 기운조차 남아 있지 않은 것과 같을 것이다. 하지만 당신이 실패 대신에 그때의 열정을 간직한다면 다시 시작할 수 있다. 흔히 실패 이후에는 이건 나한테 안 맞았다며 분에 넘치는 열정을 가졌다고 좌절할 수 있다. 어쩌면 당신은 경제적 여건 때문에 열정을 쏟았던 일을 뒤로하고 다시 생계를 위해 지겨운 일로 돌아가야 할지도 모른다. 이제 내 인생은 더 이상 아무런 변화도 없이 무미건조하게 흘러갈 것이라는 생각에 사로잡힐 수도 있다. 하지만 꾸준히 주위를 살펴보자. 분명 또다시 열정을 쏟을 일이 있을 것이다. 한 번 당겨진 열정의 불은 일시적으로는 식을지 몰라도 다시 타오르게 된다.

　당신의 삶이 풍요로워지기 위해서 그리고 행복해지기 위해서는 그 삶에 변화가 필요했다. 그냥 하는 일을 열심히 하는 것만으로는 부족했다. 매일 지금 하는 일에 열정을 가지고 임한다는 것과 몰입하는 것은 어렵다. 그래서 당신에게는 지금과는 다른 일이 필요했을 것이다. 하지만 그 목표를 이룬다는 것은 현재 당신의 능력으로는 벅찼다. 당신은 너무 커다란 행운을 단 한 번의 시도로 성취하기를 기대했다가 실패했다. 열정이 컸기에 마음도 아팠다. 하지만 열정을 통해서 뜨거워지고 무언가 최선을 다했던 마음은 이미 과거의 마음이 아님을 명심하자. 겉으로 보기에는 똑같은 일상으로 돌아왔지만 일상이 주는 의미는 이미 달라져 있다. 그래서 어쩌면 지금은 삶을 더욱 즐겁게 대할 수 있고 당신의 성과를 남과 나눌 수 있다. 열정은 당신이 실패했음에도 당신을 변화시킨 것이다. 좌절과 시련에도 열정을 잃지 않고 매사에 노력할 수 있다면 당신의 실패는 더 이상 실패가 아니다.

09

명령

현대사회에서는 누가 명령을 하면 일단 시키는 대로 하는 것이 인간의 본성이라고 할 수 있다. 명령에 자기 혼자 반항한다는 것은 아주 특별한 유전자를 타고 태어났을 때만 가능하다. 여러 사람이 모여서 같은 생각이 있다는 것을 확인하면 반항하지만 그게 아닐 때는 명령을 거부하지 못하는 것이 인간의 본능이다.

러일전쟁에서 러시아의 극동함대가 일본 함대에 공격을 당하자 러시아 황제는 전쟁에서 승리하기 위해서 유럽에 있는 발트함대를 극동으로 가도록 지시를 한다. 1904년 10월 15일에 발트 해의 리바우를 떠난 발트함대의 본대는 1904년 12월 아프리카 최남단 희망봉을 통과해 인도양을 거쳐 태평양에 다다른다. 수에즈 운하를 통과하고 미리 도착해 있던 함대들과 베트남의 캄란만 근처에서 1905년 5월 14일 합류하지만 1905년 5월 27일 동해 해전에서 일본 연합함대에 참패를 당한다. 유럽의 최정예 해군으로 평가받던 발트함대가 괴멸한 이유는 무엇일까? 일본인들은 당시 지휘관이었던 도고 헤이하치로東鄕平八郎의 지휘력과 일사불란한 작전 때문에 이겼다고 하지만 많은 전쟁사가戰爭史家들은 발트함대가 애초에 말도 안 되는 명령을 수행했다며 자멸할 수밖에 없었다고 해석한다.

배수량 1만 3500톤 급의 전함 4척을 포함하여 26여 척으로 이루어진 대함대를 이끌고 7개월에 걸쳐서 지구 둘레의 사 분의 삼에 달하는 2만 9천킬로미터를 항해하여 동해에 왔다는 것만으로도 거의 기적이었다. 누군가 기록 경신을 위해서 최신형 배 한 척으로 도전했다고 해도 힘든 항해 코스일 텐데 대함대를 이끌면서 도중에 배를 잃지 않고 목적지에 도착했다. 20세기 초에 배의 주 연료는 석탄이었다. 석탄은 무거워서 배에 많이 실을 수가 없었고 엔진 역시 잔고장이 적지 않았다. 러시아의 외교력은 약했고 영국은 발트함대의 연료 공급과 선박 수리를 방해하기 위해서 정박을 허락하지 않았다. 프랑스도 비협조적이었다. 그런 과정 중에서 미치광이 황제가 내린 명령을 수행해야만 했던 지노비 로제스트벤스키Zinovy Rozhestvensky 제독과 그 밑의 함장 마음은 어땠을까? 처음에는 이기고자 하는 마음으로 출발했지만 그들의 목적은 점점 어떻게든지 극동에 도착하고 보자는 것이 되었다. 물론 황제의 명령은 승리였지만 전쟁터에 가지도 못한다면 그것은 더 큰 망신이었다. 전쟁터에 도달했을 때 그들은 기진맥진 상태였다. 그리고 그들을 도와줘야 할 기존의 극동함대는 꼼짝도 못하는 상황이었다.

최악의 컨디션으로 낯선 바다에서 전쟁을 했으니 괴멸당하는 것이 당연했다. 총사령관인 로제스트벤스키가 포로가 되는 유례없는 상황이 발생했으며 전쟁 와중에 5척의 군함을 지휘하던 니콜라이 네보가토프 소장은 2500명 승무원의 생명을 구하기 위해서 항복하고 배를 넘겼다. 원래 황제의 총애를 받고 있던 로제스트벤스키는 관대한 처분을 받았으나 네보가토프는 군법 회의에서 사형을 선고받았다가 감형되어 10년간 감옥에 있어야 했다. 나머지 함장들도 모두 감옥형을 선고받았다.

그런데 회사 생활을 하다 보면 말도 안 되는 일을 단지 명령이라는 이유로 할 때가 한두 번이 아니다. 회사는 말로는 진취적이고 창조적인 인재를 원한다고 한다. 하지만 진취적이고 창조적인 사람은 본질적으로 회사라는 조직과 그 생리가 맞지 않는다. 처음 입사를 하게 되면 왜 이렇게 일을 하지 의구심이 드는 것이 한둘이 아니다. 선배들에게 물어보면 그런 질문에 대해서 열에 아홉은 그냥 시키는 대로 하지 왜 그렇게 말이 많으냐고 핀잔을 듣게 된다. 시간이 지나다 보면 조직이 꼭 합리적으로 돌아가는 것이 아니라는 것을 알게 된다. 회사가 원하는 것은 회사가 원하는 방향대로, 회사가 정한 방식대로 죽어라고 열심히 하는 사람이다. 일의 목적, 방향, 방식은 위에서 정하는 것이다. 그렇게 짧게는 몇 년, 길게는 몇십 년 일하다 보면 시키는 일만 하는 직장인이 된다. 나 역시 마찬가지였다.

나도 돌이켜보면 위에서 시키는 대로 그저 아무 생각 없이 열심히 살았던 시절이 있었다. 레지던트 때는 주말에도 병원에 출근하거나 발표 준비를 한다고 밤늦게 병원에 남았던 일도 많았다. 레지던트 4년차 때 학회에서 포스터를 발표해야 하는데 교수님이 그래프가 마음에 안 든다고 계속 퇴짜를 놔서 밤을 새워서 수십 장 출력을 한 적이 있었다. 다음 날 학회장에 포스터를 붙이고 나서 내가 밤새 만든 포스터를 보고 있자니 갑자기 나는 그저 남들이 가리키는 곳을 향해서, 남들이 시키는 대로, 남들이 정해준 방식대로, 남들이 원하는 것을 이뤄주기 위해서 살고 있다는 생각이 들었다. 평생 이런 식으로 살게 될지도 모른다는 두려움이 엄습했다. 그래서 서울아산병원 정신과 전임의(펠로우)를 포기하고 듀크 대학교 경영대학원에 진학했다. 내가 정신과 전문의라는 보장된 삶을 뒤로하고 MBA 과정에 도전한 데는 명령대로 살아온 내 삶을 뒤집어 보고 싶다는 심리적 이유도 한몫했을 것이다.

명령을 따르고자 하는 본성

　　　　　　　인간에게는 누가 명령을 하면 일단 따르고 보는 본능이 있다. 명령에 반대되는 행동을 한다는 것은 내 삶을 돌이켜봐도 그렇고 주위를 둘러봐도 쉽게 볼 수 없다. 우리가 그렇게 명령에 복종하게 되는 건 몇 가지 이유가 존재한다.

　우선 인간은 작게는 가족, 크게는 사회의 도움이 없으면 어려서부터 독립적으로 생존이 불가능한 생물이다. 인간은 서로 다르다고 생각하지만 염색체 속의 유전자 염기서열은 극히 일부가 다를 뿐 대부분 일치한다. 또한 스스로 심사숙고해서 결정하는 자유 의지가 있다고 생각한다. 하지만 우리가 내리는 결정 대부분은 유전자를 후세로 전달하고자 하는 유전자의 간계로부터 비롯된다. 명령을 따르는 것과 유전자가 도대체 어떤 관계가 있는지 인간과 더불어서 가장 대표적인 집단 생물인 개미를 통해 한번 살펴보자.

　나는 어렸을 때부터 가만히 쉬는 개미를 본 적이 없다. 개미떼가 자신보다 수백 배 더 큰 지렁이에 몰려들어 새까맣게 둘러싼 후 이동시키는 모습은 지금 생각해도 경이롭다. 과거에는 누군가 명령을 내리면 일개미들이 명령을 수행한다고 생각했다. 개미 사회에도 우두머리가 있다고 상상했고 알을 낳는 생식개미를 여왕개미라고 생각했다. 하지만 곤충학자들은 여왕개미가 개미에게 지시를 내려서 개미굴을 유지하는 것은 아니라고 밝혔다. 개미들이 나름의 규칙으로 집단생활을 하는 것은 페로몬이라는 물질 때문이다. 페로몬은 비유하자면 일종의 향수라고 할 수 있다. 페로몬 농도가 짙어지면 개미들이 모이게 되고 집단 활동이 시작된다. 다양한 페로몬이 존재하고 어떤 페로몬이냐에 따라서 시행하는 집단 활동이 달라진다. 개미 사회에서 개미들이 일을 하도록 하는 것이 페로몬이라는 물질인데 반해서 인간 사회에서 사람들이 일하게 하는 것은 더욱 다양하다. 어려서부터 가정과 학교를 통해서 반복적으로 훈련을 받다 보면 위에서 시키면 일단 "네. 알았습니다"라고 대답하는 것이 습관이 된다. 보통 사람이라면 상사의 눈앞에서 공개적으로 용기 내서 명령을 거부하지 못한다. 미래에 대한 불안 때문에 어떻게든 직장에서 살아남고자 한다. 무엇보다 나 혼자라면 모르겠지만 부양해야 할 가족이 있기 때문에 일을 한다.

인간이 가족을 위해서 일하듯이 개미들 역시 가족을 위해서 일을 한다. 일개미들이 자신을 돌보지 않고 희생적인 삶을 사는 이유가 과학적으로 설명된 데는 DNA 발견이 큰 역할을 했다. 개미굴을 하나의 나라로 비유를 해보자. 개미 나라에 사는 개미 중 상당수는 같은 어머니를 지닌 형제자매 간이다. 여왕개미의 수명은 10~20년이 넘는다. 따라서 한 여왕개미가 낳은 알에서 태어난 많은 개미는 한 어머니의 자식들이다. 하나의 개미굴 속에 살아가는 개미 수는 많을 때 200~300만 마리에 달한다. 여왕개미는 일 년에 한 번 여러 수개미와 복수로 교미해서 그때 받아 놓은 정자를 몸속에 보관했다가 계속 알을 낳는다. 개미의 상당수는 같은 부모를 지니고 있고 상당 부분 유전자를 공유하고 있다. 즉 한 개미 나라의 개미들은 대부분 형제이며 서로를 위해서 희생하는 것이다. 일개미는 뼈 빠지게 일해도 자신의 자식을 낳을 수 없다. 하지만 일개미 속의 유전자는 여왕개미를 통해서 계속 살아남는다. 개미 나라의 각각의 개미는 서로가 공유하는 공통 유전자를 후세로 전달하기 위해 페로몬이 시키는 대로 일을 한다.

하지만 인간의 뇌는 개미와 달리 고차원적인 사고가 가능하다. 인간 사회는 범죄가 있고 모든 명령에 불복종하는 사람이 있으며 사회의 규범을 지키지 않는 이도 있다. 하지만 이런 경우는 소수에 불과하다. 인간 사회는 이렇게 불복종 경향을 가진 이들이 도태되도록 작동한다. 따라서 인간 사회에서는 일단 길드는 쪽이 생존에 유리하다. 사회가 발달할수록 인간이라는 개체 역시 사회와 공진화하는 것이다. 그러면서 명령에 복종하는 이들이 자연선택되어 증가한다. 명령에 복종하는 이들이 증가하기 때문에 사회는 점점 거대해지고 명령에 더 잘 복종하는 이들이 자연선택되는 사이클은 반복되게 된다. 이런 과정이 확대재생산되면서 현재의 전 지구적인 문명이 만들어졌다. 그래서 어떤 학자들은 집단지성이라는 표현을 쓰기도 한다.

인간은 자신들이 야생동물을 가축화했다고 생각한다. 하지만 유전자 관점에서 보면 인간이 이득을 본 것만큼 가축도 이득을 봤다. 동물이 길들여져서 개체의 수가 증가하면 유전자의 확장에 유리하기 때문이다. 만약에 소가 가축의 운명을 선택하지 않았다면 어떻게 되었을까? 지금 지구 상에 살고있는 소의 수는 12억 마리를 넘으며 소를 사육하기 위한 축산 단지 면적은 전 세계 토지의 24%이고 전 세계 곡물 생산량의 70%를 소비한다. 우리가 소고기를 먹는 대신 소가 먹는 곡물을 기아에 빠진 집단에 보내면 세계의 굶주림 문제 상당 부분이 해결된다. 사실 아프리카 기아 난민의 경쟁자는 육류 소비를 위해서 키워지는 소인 것이다. 단지 인간의 음식이 되기 위해서 존재하는 소의 운명은 비극적일 뿐이다. 모든 동물이 죽는 것은 사실이지만 죽어서 고기가 되는 것이 생존의 목적이라는 것은 실로 역설적이다. 하지만 소라는 종으로서는 육식을 위한 가축이 되기로 인간에게 협력했기에 유전자가 번성할 수 있었다. 그런 점에서 소는 돼지, 닭, 오리 같이 인간이 먹기 위해서 키우는 동물들과 경쟁을 하고 있다. 과거에는 소가 달구지를 몰고 쟁기를 끄는 농기계의 역할도 했으나 지금은 그렇게 일하는 황소는 거의 효용가치가 없다. 대신 소의 유전자 중에서 맛있는 고기가 되기에 적합한 유전자가 살아남아 인간이라는 종이 원하는 것을 제공해주는 유전자로 진화했다. 그것을 공진화라고 한다.

인간과의 공진화를 통해서 소가 변화했듯이 인간도 집단과의 관계에서 공진화를 했다. 소가 가축이 되기를 선택한 것처럼 인간은 집단의 뜻을 받드는 직장인이 되기를 선택한 것이다. 데이비드 버스는 《이웃집 살인마》에서 인류가 이렇게 큰 집단을 이루고 살기 전, 석기시대에는 살인이 경쟁자를 제거하는 아주 효율적인 수단이었다고 주장한다. 집단의 규모가 커지면서 아무리 육체적으로 강력한 개인도 집단을 이길 수 없는 시대가 되었다. 상대방이 죽이고 싶을 정도로 밉다고 살인하는 유전자를 지닌 이는 점점 자연도태되었고 어느 정도 자신의 감정을 통제할 수 있는 유전자를 지닌 이가 자연선택되었다. 그러면서 사회가 개인에게 집단의 의지를 관철하는 것이 점점 쉬워졌다. 인간에게 협력한 동물의 유전자가 점점 늘어난 것처럼 집단이 시키는 대로 일하는 유전자를 지닌 개체가 자연선택되어 점점 번창하게 되었다. 따라서 현대사회에서는 누가 명령을 하면 일단 시키는 대로 하는 것이 인간의 본성이라고 할 수 있다. 명령에 자기 혼자 반항한다는 것은 아주 특별한 유전자를 타고 태어났을 때만 가능하다. 여러 사람이 모여서 같은 생각이 있다는 것을 확인하면 반항하지만 그게 아닐 때는 명령을 거부하지 못하는 것이 인간의 본능이다.

더군다나 인간은 어려서부터 명령을 수행하면 부모에게 칭찬받고 명령을 어기면 야단맞는다. 학교에서도 선생님의 명령을 어기면 호된

처벌을 받는다. 이런 일련의 과정을 통해서 인간의 조건반사가 형성된다. 조건반사라는 용어를 만들어낸 심리학자인 파블로프는 수술도 굉장히 잘했다. 그는 개의 침샘에 구멍을 뚫어서 관을 연결해 관을 통해서 흘러나오는 침의 양을 측정할 수 있었다. 1단계로 개가 음식을 보면 침을 흘리는 것을 확인했다. 2단계로 음식을 주기 전에 종을 울렸고 종소리가 울리면 음식을 준다는 생각을 하게 되었다. 3단계로 종만 울리고 음식을 주지 않았다. 하지만 개는 침을 흘렸다. 그 이후 상당 기간 음식을 주지 않았지만 여전히 종소리만 들어도 침을 흘렸다. 그러나 음식을 주지 않고 종만 계속 울리니 나중에는 종을 울려도 침을 흘리지 않게 되었다. 개는 뇌의 발달이 끝난 상태에서 조건반사가 이루어졌기 때문에 생각 네트워크 형성이 되지 못하고 금세 소멸한 것이다.

인간은 가족과 학교에서 어렸을 때부터 반복적으로 조건반사가 이뤄진다. 학교에 다니면서 우리는 '무언가'를 배운다고 생각한다. 학교에 다니면서 가장 중요한 것은 '학교'를 배우는 것이다. 과거 영국에서 처음 공장이 생겼을 때 가장 큰 문제가 농촌 출신 노동자들이 시간개념이 전혀 없다는 것이었다. 농사는 정확히 몇 시에 시작해서 몇 시에 끝나는 일이 아니다. 날씨에 많이 의존해 해가 뜨면 일을 시작하고 해가 지면 그만둔다. 폭우가 쏟아지면 일할 수 없다. 그러나 공장은 규칙적으로 물건을 생산해서 공급해야 한다. 정해진 시간에 출근해서 정해진 시간을 일해야 한다. 그냥 귀찮거나 아프다고 예고도 없이 쉬면 공장이 돌아가지 않는다. 현재 인간은 의무교육을 통해서 모든 사람이 학교에 다니게 되었고 어려서부터 정해진 시간에 학교에 가서 정해진 시간에 학교 수업을 끝마치는 것을 익히게 되었다. 이렇게 자란 학생들은 정시에 출근을 해서 정시에 퇴근을 하게 되었다. 학교에서는 50분 수업하고 10분을 쉬고 정해진 시간 이외에는 자리를 이탈해서는 안 된다. 직장에서도 정해진 시간 일하고 정해진 휴식 시간에만 쉬어야 한다. 학교에서는 선생님이 시키는 대로 하지 않으면 야단을 맞고 직장에서도 상사가 시키는 대로 하지 않으면 직장 생활을 할 수 없다. 그래서 고등학교와 대학교를 마쳤다는 것은 정해진 시간에 출근해서 정해진 시간을 일하고 상사에게 대들지 않을 확률이 높다는 것을 의미한다. 학교는 어떤 의미로 파블로프의 조건반사를 연구했던 실험실 역할을 한다. 우리는 학교를 통해 파블로프의 개처럼 조건반사적으로 사육당한 것이다. 그러다 보니 명령을 수행하지 않게 되면 불안해진다. 무언가 죄를 진 것 같다.

제대로 된 명령을 열심히 수행하고 그에 따른 합당한 대우를 받으면 만족스럽고 행복하다. 굳이 명령을 거부하는 위험을 감수할 필요가 없다. 경제가 성장하고 사회가 성장할 때는 시키는 대로 열심히 한 사람들이 보답을 받는다. 그런데 경제가 위축되고 사회의 가치가 다원화되는 시기가 도래하면 시키는 대로 열심히 했다고 반드시 보답을 받는 것이 아니다. 거기에서 직장인들의 비극이 탄생한다. '세일즈맨의 비극'이자 '모든 직장인의 비극'이다.

어렸을 때 역사를 공부하다가 보면 이해가 안 가는 점이 있었다. 로마 제국이든 대영 제국이든 아무리 위대한 제국이라도 절정기가 지나면 내리막을 걷게 되는 것이다. 그리고 내리막을 걷기 시작하면 어떤 위대한 영웅도 제국을 구해내지 못하고 사람들은 협동하지 못한다. 현대 국가도 마찬가지다. 한때 미국을 추월해서 세계 최고의 경제 대국이 될 것 같았던 일본은 내리막을 걷기 시작하면서 회복을 못 하고 있다. 유럽 역시 마찬가지다. 그렇다면 내리막을 걷는 나라의 내리막을 걷는 회사는 어떤 명령을 내릴까? 아마 말도 안 되는 명령을 내리게 될 것이다. 그 말도 안 되는 명령을 아무리 열심히 수행해도 회사는 구할 수 없다. 사장은 너희가 열심히 하지 않아서 회사가 이 모양 이 꼴이 되었다고 하지만 잘못된 방향으로 이것저것 열심히 하다 보면 십 년은 버틸 회사가 오 년 만에 망하고 일 년은 버틸 회사가 몇 달 만에 망하기도 한다. 이럴 때는 말도 안 되는 명령에 복종하는 것이 정답은 아니다. 위에서 내려오는 명령에 대해서 곰곰이 생각을 해보고 그중에서 말도 안되는 명령이 있다면 자신의 의견을 제시해야 한다. 어차피 망할 집단이라면 그 집단 안에서 납득할 수 없는 명령을 수행하며 버티기보다는 다른 방향을 모색하는 것이 현명할 수도 있다.

떠밀려가는 삶을 살지 말자

피터 드러커Peter Drucker의 책 속에서 내가 잊을 수 없는 구절이 있다. 인간의 가장 유한한 자원은 시간이라는 것이다. 하루에 24시간 이상 살 수 있는 사람은 없다. 재벌 회장도 배가 고프면 하루 세끼 밥을 먹는다. 물론 나보다 훨씬 비싼 밥을 먹을 것이다. 하지만 나는 대체로 때가 되면 배가 고프고 아주 맛있게 밥을 먹기 때문에 매 끼니에 대한 재벌 회장의 만족도나 나의 만족도는 수치상으로 큰 차이가 없을 것이다. 재벌 회장도 24시간을 살고 나도 24시간을 산다. 재벌 회장은 아주 바쁘게 24시간을 산다. 나는 인생이란 무엇인가, 죽을 때 삶은 얼마나 허무할까, 어떻게 사는 것이 잘사는 것일까 때때로 고민한다. 그렇기 때문에 내가 재벌 회장보다 더 의미있게 산다고 할 수 있지 않을까?

필자는 때때로 지루한 예술 영화를 본다. 하루를 늘어뜨리고 싶을 때 안드레이 타르코프스키 Andrei Tarkovsky 감독의 영화를 보는데 일종의 시간 왜곡이 일어난다. 그의 영화 중에서도 가장 시간이 길게 느껴지게 하는 영화는 〈노스텔지아〉(1983)이다. 처음 〈노스텔지아〉를 봤을 때 도저히 졸음을 참을 수 없었다. 제대로 영화를 보고 싶은 나머지 며칠 후 다시 극장에 가서 영화를 봤는데 이번에도 중간에 잠깐 졸았다. 그다음에는 비디오를 빌려서 봤는데 졸지는 않았지만 다 보고 시계를 보니 다섯 시간은 본 것 같은데 시간은 126분밖에 흐르지 않은 것이다. 아! 그날 나는 거의 세 시간이나 인생을 더 산 것이다. 하루 24시간이 아닌 27시간을 산 것이다.

'아! 정신없다', '도대체 오늘 내가 뭘 했지?'하면서 하루를 지내다 보면 한 달이 휙 지나가고, 어느새 '월말이네'라며 살다가 보면 계절이 바뀌고 〈또 한번의 계절은 가고〉를 들으며 허탈함을 달랜다. 순식간에 크리스마스가 지나가고 한 해가 간다. 이렇게 살다 보면 죽을 때도 후회할 것 같다. 조지 버나드 쇼 George Bernard Shaw의 무덤에는 "우물쭈물하다가 내 이럴 줄 알았지"라는 묘비명이 쓰였다. 영국의 유명한 극작가로 노벨 문학상을 받은 이도 죽음을 앞두고 이런 느낌에 사로잡혔는데 우리처럼 평범한 이들은 어떠하겠는가?

미국 드라마인 〈고스트 앤 크라임〉에서 이런 내용을 본 적이 있다. 10대 고등학생인 주인공이 갑자기 정신을 잃었다가 깨어났더니 대학생이 되어 있었다. 대학에서 평소에 흠모하던 이를 만나서 데이트하며 하루를 보냈는데 또다시 정신을 잃는다. 이번에는 30대의 아기 엄마가 되어 있다. 결혼한 기억도 없는데 남편이라는 남자가 옆에 있고 아이가 자신을 엄마라고 부르고 있다. 정신과 진료를 받으며 자신의 기억이 상실되었다고 믿는다. 그렇게 정신없이 몇 년을 살았는데 또다시 정신을 잃고 깨어나 보니 할머니가 되어 있었다. 이런 일이 단지 드라마 속에서나 일어나는 일일까? 어쩌면 우리 모두 타인이 정해준 대로 시키는 일만 죽어라 하면서 살고있는 것은 아닐까? 매일 의미 있는 인생을 살아야 한다고 다짐하면서 죽음이 임박하면 '우물쭈물하다가 내 이럴 줄 알았어' 라면서 죽게 되는 것을 아닐까?

정신없이 바쁘게 사는 대신 하루하루 제대로 산 것 같다는 느낌을 가지고 살아야 한다. 인생이 나를 이리저리 휘두르게 하면 안 된다. 내가 인생을 제어한다는 느낌을 가지고 살아야 한다. 하루하루 삶이 합쳐져서 인생이 만들어진다. 너무 바쁘고 정신없게 사는 삶은 모든 것이 현재에 사로잡힌 삶이다. 오늘을 살아가는 시간은 24시간이고 그 시간을 과거를 회상하느라, 현재의 일을 하느라, 미래를 준비하느라 사용한다. 정신없이 바쁘게 사는 보통 사람들은 하루의 80% 이상을 당면한 일을 수행하기 위해 쏟아 붓는다. 과거를 생각하기 위한 시간은 10%, 미래에 대한 준비에 쓰이는 시간은 10% 이하일 것이다. 과거도 즐거운 추억보다는 떠올리기 싫은 괴로운 일일 확률이 높고 미래에 대한 생각 역시 앞으로 이렇게 해봐야겠다는 계획보다는 앞날에 대한 걱정이 주를 이룰 것이다.

오늘의 시간을 배분하면서 모든 시간을 현재의 일에 사용해서는 안 된다. 삶이 자리를 잡을 수 없다. 과거와 미래에 대해서도 시간이 쓰여야 한다. 때때로 과거의 행복과 괴로움을 떠올려야 현재가 인생에서 자리매김하고 연속성을 지니게 되며 같은 실수를 되풀이하지 않는다. 미래에 대해서 생각해야 삶에 방향성이 생긴다. 지도도 없고 내비게이션도 없이 타국의 고속도로를 끝없이 달려야 한다고 하면 얼마나 불안하겠는가? 그런데 우리 대부분은 그런 식으로 살아간다. 내가 어디에서 출발했고 어디로 향하는지를 알 때야말로 지금이 의미가 있다. 그렇게 과거와 현재, 미래가 어우러져서 살아가는 것이 진정한 삶이다.

때때로 페르소나에서 벗어나자

정신과 레지던트를 할 때 은사인 교수님에게 이런 이야기를 들은 적이 있었다. 교수님의 선배 중에 의과대학을 수석으로 졸업한 분이 계셨는데 방위(지금으로 이야기하면 공익)로 근무하게 되었다. 그 선배가 맡은 일은 군화를 닦는 일이었다. 하루는 선배가 방위 근무를 마치고 퇴근하면서 의과대학에 들렀다. 우연히 만나서 이야기하게 되었는데 만나는 내내 어떻게 해야 군화를 빤질빤질하게 잘 닦을 수 있는지에 대해서만 이야기하더라는 것이다. 나중에 그 선배는 대학 병원의 내과 교수가 되었다. 확실히 환경이 사람을 만든다고 그때 군화를 광나게 닦는 것이 인생에서 가장 중요한 일인 것처럼 말하던 선배를 생각하면 교수님은 지금도 웃음이 난다고 한다.

군대에 가서 군복을 입은 순간 사람들은 사복을 입을 때와는 완전히 달라지는 경우가 있다. 사회에서 어떤 학교를 나왔는지 어떤 직업이었는지가 군복을 입는 순간 의미가 달라진다. 그때부터는 나라고 하는 개인의 가치는 없어지고 군대라는 조직의 가치가 자리를 잡는다. 그래서 군대를 제대하고 나서도 한참 동안 '~입니다'로 끝나는 군대 말투를 벗어나지 못한다. 그것을 군대에서는 군인 정신이라고 표현하지만 정신과 의사 입장에서 보면 그것 역시 일종의 페르소나이다. 군대에서 명령을 수행하면서 그에 걸맞은 겉모습, 즉 페르소나가 만들어지는 것이다. 직장인은 자신의 내면의 자아와는 다른 페르소나를 가지고 직장 생활을 해나간다. 그래서 개인으로 행동할 때는 한없이 마음이 약한 사람도 은행이라는 직장의 일원으로 움직일 때는 냉정하게 대출 연장을 중단하고 채무자의 재산을 압류한다. 개인으로 행동할 때는 집에서 불친절하고 무뚝뚝한 이도 백화점이라는 직장의 일원일 때는 항상 고객에게 웃어주고 어떠한 불만도 감당해낸다.

사회생활을 할 때는 그 사람의 지위, 재산, 명성에 대해서 사람들이 존중해준다. 그의 지위, 재산, 명성은 주어진 일, 즉 회사의 명령, 사회의 명령을 잘 수행할 때 그 대가로 주어진다. 그런 외부적인 가치만을 추구하다 보면 타인에게 보이는 나의 모습이 내 모든 것인 것처럼 생각된다. 그렇게 남에게 비치는 나의 모습을 페르소나라고 한다. 페르소나만 추구하다가 보면 나 자신의 고유한 가치에는 관심을 두지 않게 된다. 남이 나를 중요하다고 생각하기 때문에 나도 나를 중요하다고 여기고 남들이 중요시하는 나의 측면에만 가치를 둔다.

대기업 임원이 있었다. 회사를 비롯한 대외 활동에서는 모든 사람이 그를 대기업 임원으로만 대한다. 그는 집에서는 남편이고 아버지이며 애완견을 키우는 것을 즐거워하는 남자이다. 하지만 밖에 나가서 인정을 받는 것은 대기업 임원이기 때문이다. 사람들이 생각하는 대기업 임원에게 맞는 인격적 측면은 점점 강화되고 나머지 측면은 점점 축소된다. 회사에서는 그의 의견이 맞든 틀리든 일단 존중하고 들어준다. 그는 대체로 명령을 내리는 입장이기 때문에 항상 빠르고 합리적인 판단을 하는 모습을 보여야 한다. 그리고 그의 모습도 그렇게 바뀐다. 이렇게 바뀌는 것은 사회적 성공이라는 측면에서 보면 바람직한 변화지만 집에서는 그렇지 않다.

그는 갈수록 가족들의 이야기에 귀 기울이지 않는다. 부인이나 자녀의 이야기를 듣기보다는 자신의 명령을 강요한다. 회사에서는 사람들이 속으로 욕을 하면서도 겉으로는 그의 지겨운 말을 듣는 척하고 썰렁한 농담에도 박장대소를 하면서 웃어준다. 그는 사람들이 마음속에서 우러나와 자신의 말을 경청하고 농담을 재미있어한다고 착각한다. 굳이 사업과 관련된 이야기가 아닌 세상일에 대해서도 그가 무슨 말을 꺼내면 아랫사람들은 맞다고 맞장구를 친다. 점점 자신의 전문 분야가 아닌 세상 모든 일에 대해서 한 이야기를 하고 또 하면서 직원들에게 원치 않는 충고와 간섭을 한다. 직원들은 반대하면 더욱 말이 많아지는 그의 습관 때문에 무조건 고개를 끄덕이면서 듣는 척한다. 그런데 집에서는 가족들이 자신의 말을 듣지 않는다. 자신이 말을 하려고 하면 가족들이 슬금슬금 피하고 말이 조금이라도 길어지면 "그건 아빠 생각이고", "그건 당신 생각이고"하면서 토를 단다. 그는 자기 말만 들으면 아무 문제도 없는데 멍청한 부인과 아이들이 일을 엉망으로 만들어서 피곤하게 한다고 생각한다. 회사에서는 페르소나가 통하지만 집에서는 페르소나가 통하지 않는 것이다.

이러던 그가 중풍에 걸려서 갑자기 회사를 은퇴했다. 이제 회사는 그를 필요로 하지 않는다. 남이 나를 중요하지 않다고 여기는 상황을 맞이하게 된 것이다. 자신도 스스로를 가치 없는 인간이라고 폄훼하게 된다. 따라서 주어진 명령만을 수행하면서 외적인 페르소나만을 추구하던 사람은 예상치 못한 어려움에 부닥치거나 질병에 걸려 지위를 잃어버리게 되면 심적 공황 상태에 빠지고 우울증에 걸리기도 한다.

우리의 일상은 공적인 생활과 사적인 생활로 나뉜다. 사적인 생활에서 상징화된 것은 바로 사랑이다. 그래서 우리는 내가 아무런 가치가 없는 존재가 되거나 상대방에게 짐만 되는 상황에서도 누군가는 나를 버리지 않고 끝까지 사랑해주기를 꿈꾼다. 나의 약점, 나의 무너짐마저도 사랑해줄 이를 꿈꾼다. 하지만 실제로는 가족마저도 나에게 도움을 주는 것에 한계가 있다. 경제적으로 궁핍해지면 서로 아껴주기는커녕 싸우다가 이혼하는 이가 적지 않다. 가난 때문에 어쩔 수 없다고 하면서 아이를 노부모나 보육원에 맡기고 나 몰라라 하는 이도 적지 않다. 가족이 모든 실패의 보루가 되어주리라는 것은 우리 모두가 가지고 있는 환상이다. 실패하면 오히려 가족을 부담으로 느끼는 이가 적지 않다.

결국 평소에 우애가 있는 가족이라면 실패를 극복하는 데 도움이 되겠지만 사랑이 없는 가족이었다면 그때는 다른 결과가 오는 것이다. 더군다나 지금은 과거와 다르다. 과거 가부장적 체제 아래에서는 가장이 위기에 빠졌을 때 나머지 가족의 생존은 가장에게 걸려있었지만 지금은 그렇지 않다. 맞벌이가 많고 아이들도 독립적인 사고를 한다. 가장인 내가 실패를 했더라도 가족에게 위로받기를 기대해서는 안 된다. 내가 가족을 위로하고 이끌어주지 않으면 가족은 와해한다. 가족에게서 사랑과 위안을 받는 것이 아니라 가정을 이끌기 위해서는 내가 주도적으로 해야 하는 처지인 것이다. 하지만 매일 명령에 따라 행동하고 명령하면서 행동하다가 보면 집에서도 그런 식으로 움직인다. 이런 태도는 위기에 처한 가정을 구하는 데 도움이 되지 않는다.

그리고 그렇게 명령을 받고 명령을 내리는 과정에서 만들어진 페르소나는 자의이든 타의이든 회사라는 조직을 나와서 다시 인생을 개척하는 데도 아무런 도움이 안 된다. 회사를 그만두고 나서 회사에서 배운 노하우를 써먹을 곳이 없다며 기술이라도 배워야겠다고 흔히들 말한다. 하지만 과연 기술이 해결책이 될 수 있을까? 회사라는 조직에 있다가 나왔을 때 적응에 어려움을 겪는 이유는 회사라는 조직에 있는 동안에 형성된 페르소나 때문이기도 하다.

학교나 행정 기관, 회사라는 조직에 오래 몸담고 있다가 보면 타성에 젖어 독립적으로 생각, 판단, 결정하는 능력을 잃어버리게 된다. 조직의 일원이 되면 시야가 좁아지면서 위로 올라가는 것에만 신경을 쓰고 조직이 무엇을 원하느냐에만 초점을 맞추게 된다. 이렇게 되면 우리는 세상을 직접 마주하지 못하고 조직이라는 필터를 통해서 접하게 된다. 상대방을 대할 때도 조직을 등에 업고 대하는 것이 버릇이 되고 이런 일이 반복되면서 조직을 나와서는 아무런 힘이 없게 되는 것이다. 오랜 조직 생활 끝에 정리해고를 당하거나 희망퇴직을 했을 때 어려움을 겪는 이유도 기술이 없고 경험이 부족해서가 아니라 바로 사고방식이 굳어버렸기 때문이다. 그 굳어버린 사고방식을 페르소나라고 할 수 있다. 조직에 오래 몸담게 되면 마치 동물원에서 길든 야생동물 같이 되어버린다. 혼자 생존할 수 있는 자생력을 잃어버리고 마음의 자생력이 없으면 새롭게 시작하기 어렵다.

우리는 페르소나와는 또 다른 나만의 진정한 모습과 항상 소통해야 한다. 자아와 계속 소통해야 재생력이 유지된다. 한 인간으로서 나를 유지해주는 것은 뜻밖에도 아주 사소한 부분이다. 등산이나 꽃을 가꾸는 취미는 사회적인 나와는 또 다른 나의 한 측면이다. 매일 자기 전에 추리소설을 읽는 습관도 나 자신만을 위한 행동이다. 일주일에 한 번 나가서 독거노인들에게 음식을 제공하는 자원봉사를 하는 것도 나의 자존감을 유지하게 해주는 좋은 행동이다. 이런 나 자신을 위한, 나 자신에 의한, 나 자신의 행동과 습관은 인생의 고난을 극복할 수 있게 해주는 면역력을 키워준다. 병균이 들어왔을 때 나쁜 병균을 죽이는 것은 신체적 면역력이다. 면역력이 저하되면 아무리 강한 항생제를 투여해도 병균을 죽이지 못한다. 면역력은 우리 몸의 가장 중요한 자생력의 한 부분이다. 매일 헬스클럽에서 운동하고 매주 골프를 치면서 건강한 몸을 유지하는 것에 못지않게 좋은 취미와 여가 활동을 통해서 마음의 건강을 유지하는 것도 중요하다.

인간의 삶은 결국 과거에 대한 기억과 미래에 대한 예상으로 이루어진다. 즐거운 순간이 축적되어서 즐거운 기억이 된다. 즐거운 기억을 많이 간직한 이들은 인생의 위기에 봉착했을 때도 빨리 회복한다. 좋은 순간을 많이 간직하고 회상하는 것이 중요하다. 비행기의 기내식은 칼로리가 매우 높다. 비행기가 불시착하고 식량이 없게 되었을 때 승객들이 며칠간은 음식을 안 먹고도 버틸 수 있도록 충분한 칼로리를 몸 안에 비축시키기 위해서라고 한다. 즐거운 추억은 당신 인생이 실패 때문에 불시착했을 때 견디게 해 줄 비상식량이 되어준다. 그러나 명령에 지배받는 삶은 즐거운 추억을 만들어내지 못한다. 회사에서는 페르소나라는 가면을 쓰고 일을 해야 하지만 그 외의 순간에서는 페르소나라는 가면을 벗고 민낯으로 세상을 대할 때 마음의 자생력이 유지될 것이다.

일과 명령

　　　　　게으름을 피우고 있을 때 누군가에게 "이제 그만 쉬고 일해"라는 말을 듣게 되면 "안 그래도 지금 막 시작하려고 했는데 잔소리하지 마!"라고 말대꾸를 하고 싶어진다. 그러면서 자신의 게으름을 합리화시키고 꼼지락거리기 마련이다. 상사가 뭐라고 한마디 더 해야 농땡이 치던 것을 멈추고 일을 한다.

　미국에서 경영대학원에 다닐 때 인력 관리를 가르치던 교수님은 원래 다국적 석유회사에서 임원을 하던 분이었는데 회사를 그만둔 후 경영대학원에서 학생을 가르쳤다. 교과서에 나오는 '인센티브 이론', '동기유발 이론'에 대해서 한참 수업을 하던 교수님은 교과서에는 이런 듣기 좋은 내용이 주를 이루지만 실제는 다르다는 말을 꺼내셨다. 소련에서 갓 독립한 중앙아시아의 신생국가에 가서 석유 탐사를 해야 하는데 파격적인 혜택을 제시했음에도 아무도 가지 않으려 했다고 한다. 결국은 신생국가에 가지 않으면 회사를 그만두라고 명령을 내려서 팀을 구성했다. 그리고 어떤 부서가 저조한 실적을 보일 때 6개월 안에 목표 매출을 달성하지 못하면 부서 자체가 없어질 것이고 부장 이하 전 직원이 해고될 것이라고 하니까 3달 만에 목표 매출을 달성하더라는 이야기도 했다. 그러면서 실제로 회사에서 일을 할 때는 동기부여, 인센티브보다 처벌과 협박을 통한 명령이 더 효과적인 경우가 종종 있다고 하며 이런 내용은 경영학 교과서에는 절대로 실리지 않을 것이라는 말을 덧붙였다.

　심리학에서는 자기효능감self efficacy이라는 용어가 있다. 특정한 과제를 수행하는 데 있어서 경쟁자를 제치고 성공할 수 있다는 개인의 믿음을 지칭한다. 자기효능감을 증가시키는 네 가지 방법으로는 수행성취, 대리경험, 언어적 설득, 정서적 각성이 있다. 수행성취는 직접 무언가를 시도해서 성취하는 것을 말한다. 처음에는 자신이 없어서 억지로 하던 일도 한 번 해내면 자신감이 생긴다. 직접 성취하는 것보다는 못하지만 남이 하는 것을 보며 자신감이 상승하는 것을 대리경험이라고 한다. 또한 잘 모르는 일인데 어떻게 하는지 자세히 설명을 듣다 보면 두려움이 조금 가시는데 이것이 언어적 설득에 해당한다. 그리고 너는 할 수 있다는 격려로 자신감을 일정 부분 증가시키는 것이 정서적 각성이다. 저명한 스포츠 심리학자 앨버트 반두라Albert Bandura에 따르면 자기효능을 강화시키는 효과는 '수행성취〉대리 경험〉언어적 설득〉정서적 각성'의 순서다. 수행성취와 대리경험의 영향이 강력하며 언어적 설득과 정서적 각성은 거의 영향을 미치지 못한다. 수행성취와 대리경험 양자를 비교할 때 일단 직접 시도를 해보는 수행성취가 압도적으로 자기효능감을 증가시켰다. 아무리 남이 하는 것을 보거나 자세한 설명을 듣고 잘할 수 있다고 칭찬을 받아도 막상 부닥쳐서 일을 해내지 않으면 자신감이 붙지 않는 것이다. 즉 사람이 일을 잘하기 위해서는 일단 유능해져야 한다. 유능해지기 위해서는 실제로 경험을 해야 한다. 하지만 한 번도 하지 않던 일을 알아서 시도하는 이는 사실 거의 없다. 직장에서 익숙한 일만 하고 싶어 하고 익숙하지 않은 일은 남에게 미루고 싶어 한다. 우리가 익숙하지 않은 새로운 일을 떠맡게 되는 것은 대부분 명령 때문이다. 명령이 아니면 새로운 일을 시킬 수가 없다. 자발적으로 낯선 일을 하고자 하는 이는 드물기 때문이다.

회사면 회사, 군대면 군대 등 집단으로 움직일 때는 남에게 미루고 게으름을 피우게 된다. 그때 많이 인용되는 것이 링겔만 효과Ringleman effect이다. 한 사람이 밧줄을 잡아당길 때 쏟는 힘이 1이라고 가정하자. 각자가 게으름을 피우지 않고 최선을 다한다면 3명일 때는 3명의 힘으로 잡아당기고 8명일 때는 8명의 힘으로 잡아당겨야 한다. 그런데 링겔만 효과에 따르면 인간은 3명일 때 2.5명의 힘으로 잡아당기고 8명일 때는 4명의 힘으로 잡아당긴다. 즉 모두가 열심히 일을 하는 것이 아니다. 그러므로 사람들이 모여서 함께 일을 하는 곳일수록 명령과 감독이 필요하다.

심리학에서는 리더의 행동을 배려와 목적 수행 두 개의 범주로 나눈다. 조직원을 잘 배려하는 리더는 인기가 많다. 목적 수행에 주력하는 리더는 인기가 없다.

그래서 리더십에서는 '9.9 리더십'이라는 표현이 있다. 생산성에 대한 관심과 직원들에 대한 인간적 관심을 1~9점으로 매길 수 있다. 점수가 클수록 리더의 생산성과 직원들에 대한 인간적 관심이 많은 것이다. 생산성에 관한 관심은 1점으로 지극히 낮고 인간적 관심은 9점이면 '1.9 지도자'라고 한다. 직원들을 편하게 하는 것만 생각한다. 동창회 같은 친목 단체의 리더로서는 최고지만 목적을 달성해야 하는 조직의 리더는 되지 못한다고 할 수 있다. 생산성에 관한 관심은 9점으로 매우 높고 인간적 관심이 1점으로 낮은 이 역시 자기가 맡은 전문 분야의 일만 할 수 있지 목적을 달성해야 하는 조직의 리더는 되지 못한다. 최소한 양쪽 다 5점은 되어서 '5.5 지도자' 정도가 되어야 기업 혹은 한 조직의 리더가 될 수 있다. 그런데 '5.5 지도자'의 경우 조직원의 인간적인 면을 배려하려고 하다가 생산성을 놓치고, 생산성에 관심을 두다가 조직원들을 인간적으로 소홀히 대하게 된다. 그래서 가장 이상적인 리더는 '9.9 리더'라고 한다. '9.9 리더'는 직원들이 너무 서운하지 않게 하고 동기부여도 하면서 명령도 엄격하게 내린다. 따라서 누가 나한테 명령을 내릴 때 "나는 명령 없이도 잘할 수 있는 사람인데 왜 간섭이지?"하면서 투덜대기보다는 명령을 내리는 법, 사람들이 명령을 따르게 하는 법을 보면서 배우고 익혀야 한다. 그래야 언젠가 명령을 내리는 위치가 될 수 있다.

요즘은 사람이 아닌 IT 시스템이 명령을 내린다. IT 기술이 발달해서 회사가 직원들에게 실시간으로 일거수일투족을 지시한다. 전자 제품이 고장 나서 방문 기사가 수리할 때 보면 스마트폰으로 다음 일정이 계속 지시된다. 일이 하나 일찍 끝나도 쉴 틈이 없다. 그 짧은 틈새에 또 다른 일정이 배정되고 위치도 모두 추적된다. 누군가의 말로는 명령을 내리는 것과는 또 다른 체계화된 압박이다. 더 이상 동기부여도 필요 없다. 스케줄이 더 이상 일을 할 수 없이 빡빡하게 짜여있는 상황에서 더 열심히 해볼 여지가 없는 것이다. 우리나라 기업의 IT 기술을 이용한 압박 노동에 비하면 유럽 명문 축구팀의 압박 축구는 저리 가라다. 그리고 이런 압박 노동은 피도 눈물도 없는 인사관리가 있기 때문에 가능하다.

기업은 직종별로 근로자가 몇 살의 나이에 몇 년 경력이 쌓였을 때 최고로 일을 효과적으로 잘하는지 파악하고 있다. 노동생산성이 떨어지는 시기가 되면 정리해고를 하기 위한 작업이 시작된다. 경기가 나빠지면 기업이 대규모로 노동자를 해고하는 이유도 기업의 이익이 감소해서이기도 하지만 그 시기가 아니면 노동자를 해고할 명분이 없기 때문이다. 어차피 주문이 없는 시기에는 정리해고 때문에 노동자가 파업을 해도 기업이 보는 손해가 크지 않다. 호황이 되어서 주문이 밀릴 때 생산성이 떨어졌다고 직원을 해고하기란 쉽지 않다. 생산량 감소에 따른 매출 손실이 크다. 불황이 닥치면 때가 되었다고 생각하여 정리해고를 단행한다. 정규직은 해고를 둘러싸고 버틸 명분이라도 있다. 비정규직은 계약이 연장되지 않으면 자동으로 해고이다. 눈에 보이는 명령보다 이렇게 눈에 안 보이는 명령이 더욱 무섭다. 과거에는 누군가를 통해서 내게 명령이 주어졌기에 누군가를 향해서 원망도 하고 불만도 토로했다. 이제는 냉정한 시스템을 통해서 명령을 내린다. 그러다가 보니 다른 삶은 꿈꾸지 못한다.

물론 조직의 입장에서는 도저히 일을 거부하지 못하게끔 시스템을 갖춰서 자동화된 명령으로 일을 시키는 것이 효과적이며 비용도 가장 적게 든다. 하지만 노동자로서는 그 반대다. 명령에 따라 억지로 하는 일에서 벗어나야만 한다. 이런 노동환경 속에서 근로자의 가치는 점점 떨어질 뿐이다. 시스템 명령에 의한 일에서 나는 소모품일 뿐이다. 내가 열심히 하면 그에 따라서 보수가 늘어날 수는 있어도 인간의 인정을 받을 수 없다. 그래서 시스템의 기준에 못 미치는 순간 더 이상 일을 할 수 없게 된다. 상사가 되었든 고객이 되었든 사람을 통해서 평가받는 일을 해야만 내가 능력을 키웠을 때 그에 상응하는 대접을 받을 수 있다. 생존을 위해서는 일단 명령을 잘 수행하면서 시키는 일을 해야겠지만 항상 다른 길을 모색하고 준비해야만 한다.

10

이타심

착한 성품을 타고 태어났다면 누군가는 해야 하는 궂은 일은 결국 당신 차지가 될 수밖에 없다. 피할 대로 피하다가 마지못해 남을 돕느니 처음부터 주도적으로 이타성을 발휘하는 것이 더 나을 수도 있다.

유학을 준비할 때 CNN 방송을 녹음한 테이프를 들으며 영어 공부를 했기 때문에 재미있는 뉴스를 많이 접할 수 있었다. 그중에서도 심리치료견과 관련된 내용은 잊을 수 없다. 오클라호마 연방 빌딩이 폭탄 테러로 붕괴된 후 전국의 경찰 탐색견과 산악 구조견 들이 구조 작업에 투입되었다. 개들에게 가장 큰 인센티브는 뭐니 뭐니 해도 칭찬이다. 무언가 찾았을 때 사람들이 박수를 쳐주고 환호성을 질러야 개들은 힘을 얻는다. 하지만 개들이 시체를 발견할 때마다 사람들은 잘했다고 쓰다듬으면서 박수를 쳐주기는커녕 갑자기 조용해지면서 눈을 감고 고개를 숙여 기도를 했다. 열심히 일한 개에게 아무런 보상도 해주지 않은 것이다. 그러다가 보니 개들이 모두 지쳐서 번아웃^{burnout}되어 버렸다. 탐색은 진행될 수가 없었다. 그러자 누군가의 제안으로 개들의 마음을 치료하는 심리치료견이 투입되었다. 심리치료견은 가만히 누워서 꼼짝도 하지 않는 번아웃된 개들에게 접근해서 장난을 쳤고 반응이 없어도 계속 자극을 줬다. 화가 난 개들이 심리치료견을 물어뜯기도 했다. 이때 잠시 떨어져 있다가 다시 접근해서 장난을 치고 화를 받아주었다. 그런 과정을 통해서 원기를 회복한 탐색견과 구조견은 다시 작업에 투입되었다.

다른 사람을 돕기 위해서는 동정심이 있어야 한다. 인간이 동정심을 지니는 것은 타인의 고통에 공감하는 능력이 있기 때문이다. 그리고 그 역할에 관여하는 뇌세포를 거울뉴런Mirror neuron이라고 부른다. 2005년 로마대학교의 살바토레 아글리오티Salvatore Aglioti와 그의 동료는 타인의 고통이 인간에게 미치는 영향을 과학저널 엘스비어Elsevier를 통해 발표했다. 바늘이 누군가의 몸을 뚫고 지나가는 비디오 영상을 보여주면서 손가락과 관련된 뇌운동피질의 변화를 측정했는데 뇌운동피질이 억제되는 결과를 확인할 수 있었다. 누군가가 불쌍한 처지에 놓였을 때 그 사람이 얼마나 힘들지에 공감하는 뇌 기능이 있는 것이다. 거울뉴런이 발달한 사람은 타인이 불행에 처해있는 것을 보고 그냥 넘어가지 못한다. 반면에 흔히 사이코패스로 불리는 범죄자들은 자신의 행동으로 타인이 고통받아도 동정심이 생기지 않는다. 오히려 상대방의 고통을 보면서 흥분을 느끼는 경우도 있다. 즉 아무런 동정심도 느끼지 않는 사이코패스가 한쪽에 위치한다면 사람들이 불쌍한 것을 보고 지나치지 못하는 이들이 반대에 위치하는 것이다.

남을 돕기 위해서 일하는 사람도 있다. 대표적인 게 사회복지사이다. 2010년 3월 우리나라의 사회복지사 수는 38만 명이고 2012년에는 50만 명을 돌파할 것으로 예상한다. 실제 종사자 수도 최소한 약 6만 명 이상일 것으로 추산한다. 거기에 시민 단체에서 일하는 사람까지 생각하면 사람을 돕는 것을 직업으로 삼고자 하는 이가 많다는 것을 알 수 있다. 하지만 사회복지는 돈을 많이 벌 수 있는 분야가 아니어서 월급이 적은 게 사실이다. 반대로 생각하면 돈을 벌지 못해도 그만큼 하려는 사람이 많기 때문에 사회복지사의 임금이 낮은 것이다. 2000년과 2001년 경기도 아동학대예방센터에서 자원봉사를 한 적이 있었다. 신고가 들어오면 아동학대예방센터에서 출동해서 가해자인 부모를 만나고 아이를 데리고 나와 쉼터에서 보호하고는 했다. 당시에 결혼을 해서 아이가 셋인 남자 직원과 술을 마시면서 이런저런 이야기를 한 적이 있었다. 그때 그는 '착한 일 콤플렉스'라는 말을 했다. 어디에 가서나 "좋은 일 하시네요"라는 말을 듣다 보면 월급이 적고 일이 힘들어도 그만두지 못하게 된다는 것이다. 하지만 단지 좋은 일이라는 이유로 일한다는 것이 쉽지 않다고 했다.

일반 회사에서도 남에게 도움이 되고자 하는 마음을 지닌 이들이 여전히 존재한다. 굳이 사회적 기업이 아니더라도 중소기업 CEO 중에서는 소비자에게 싼값에 좋은 물건을 공급하는 것에 자부심을 느끼는 이들이 있다. 회사와 좋은 물건을 통해서 인류에 봉사한다는 자부심을 느끼는 것이다. 그리고 CEO 중에는 유난히 직원들에게 마음이 약한 이들도 있다. 냉정하게 이야기하면 해고해야 하는 직원도 잘 자르지 못한다. 물가가 오르면 회사도 압박을 받지만 형편이 어려운 직원들 사정 때문에 월급을 올리기도 한다.

또 직장 생활을 하다 보면 남의 부탁을 거절하지 못하는 이들이 있다. 남 좋은 일만 시켜준다. 무언가 다른 사람에게 도움이 될 수 있다고 하면 고맙다는 한마디 때문에 일을 떠맡는다. 너무 착해서 깍쟁이 같은 사람에게 이용을 당하거나 손해 보는 경우가 많다. 하지만 악의를 가지고 그런 선의를 이용하는 이에 대해서는 따끔하게 대해야 한다. 악한 이는 선한 이의 마음을 이용해서 선의의 샘을 마르게 한다. 상대방이 신사면 신사답게, 악인이면 악인에게 맞는 대우를 해야 한다.

나를 이용하려는 상대방
어떻게 대처할 것인가

　　　　　　세상을 살다가 보면 비단 비즈니스가 아니더라도 누군가 내게 피해를 줄 때가 있다. 동양권에서는 누군가 피해를 줘도 참아 넘기는 것을 흔히 미덕으로 여긴다. 어지간한 피해를 받더라도 양보하고 손해를 감수하는 사람에게 인간성이 좋다고들 한다. 하지만 그렇게 양보하는 것이 반드시 이익으로 이어지는 것이 아니다. 예를 들어 한 납품업자가 평소에 손해를 보면서까지 챙겼던 거래처가 있다고 가정을 하자. 그는 자신이 양보를 많이 하는 만큼 해당 거래처에서 본인을 챙겨줄 것으로 믿지만 아무리 관계가 좋아도 가격이 매력적인 쪽으로 구매하게 된다. 직장 생활에서도 막상 중요한 일은 그에 걸맞은 실력이 있는 사람에게 맡기게 된다. 그나마 내가 손해 볼 여유가 있을 때는 다행이지만 막상 기울기 시작하면 과거에 은덕을 베푼 것 때문에 초라해진 나를 끝까지 돌봐주는 이는 거의 없다.

　반면 절대로 손해 보지 않는 것을 신조로 하는 사람도 있다. 이들은 문서로 된 계약서를 쓰지 않는 이상 손바닥 뒤집듯이 약속을 깬다. 계약서를 작성했어도 안 지키기가 일쑤고 소송한다고 해야지 반응이 있다. 소송할 때도 냉정하게 계산한다. 설혹 소송에서 지더라도 시간을 끌어서 얻을 수 있는 금전적 이익이 크다고 생각하면 질 줄 알면서도 소송을 한다. 이렇게 자기 잇속만 차리는 사람이 얼핏 보면 성공하는 것 같지만 좋은 제품을 더 낮은 가격에 공급하거나 남들은 동원할 수 없는 규모의 자금을 동원할 수 있는 능력이 있어서 성공을 하는 것일 수도 있다. 자기 잇속만 챙기는 태도 때문에 사람들은 그를 경계하고 같은 조건이면 다른 이와 거래할 것이다. 또한 어쩔 수 없이 그와 관계를 맺지만 기회만 되면 관계를 끊으려고 할 것이고 좋은 투자 기회가 있어도 그가 아닌 다른 사람에게 먼저 연락할 것이다.

양보만 하는 것도 문제고 상대방을 이용하려고만 하는 것도 문제다. 그렇다면 어떻게 해야 할까? 이때 가장 먼저 떠오르는 것이 '죄수의 딜레마prisoner's dilemma'이다. 1950년 미국 랜드RAND 협회의 메릴 플러드Merril Flood와 멜빈 드레셔Melvin Dresher가 개발하여 프린스턴 대학교의 앨버트 터커Albert Tucker가 발전시킨 '죄수의 딜레마'를 좀 더 이해하기 쉽게 설명하자면 다음과 같다.

두 사람이 공모를 해서 강도와 살인을 저질렀다. 강도에 대해서는 증거가 확실하지만 살인에 대해서는 증거가 불확실하다. 둘 다 강도질은 했지만 사람은 죽이지 않았다고 주장하면 강도질에 대해서는 형을 받지만 살인에 대해서는 무죄를 받을 확률이 있다. 그런데 형사는 죄인 중 한 명에게 동료가 살인했다는 것을 자백하면 살인은 무죄이고 강도에 대해서도 형을 줄여주겠다고 한다. 다른 방에서 심문을 받고 있는 범죄자에게도 똑같은 이야기를 한다. 한쪽은 배신하고 다른 한쪽은 배신하지 않는다고 가정하자. 배신당한 사람은 살인에 대해서 사형 혹은 종신형을 받게 되고 배신한 사람은 강도에 대해서도 감형을 받게 된다. 하지만 양쪽 다 배신한다면 둘 다 살인에 관여했다는 증언이 확보된다. 하지만 단독 범죄가 아니기 때문에 사형은 피하고 둘 다 종신형을 받게 된다.

일할 때도 꼭 무리한 부탁을 하는 이들이 있다. 부탁을 들어줘야 할지 안 들어줘야 할지도 나름의 고민이 된다. 자기 잇속만 차리고 남에 대해서는 신경 쓰지 않는 이는 '죄수의 딜레마'에서 배신하는 죄수에 해당한다. 매번 대가도 없는데 무리한 부탁을 들어주는 이는 배신당하는 죄수에 해당한다. 서로 도와주고 도움을 받는 관계는 상호 협력으로 볼 수 있다. '죄수의 딜레마'에서는 그것이 한 번에 그치지만 사업과 인생에서는 반복적으로 결정해야 한다는 점이 다르다.

미시간 대학교 정치학과 로버트 엑설로드Robert Axelrod는 1980년 경 '죄수의 딜레마'를 200여 번 되풀이하는 일종의 토너먼트를 만들었다. 그는 전 세계의 학자들을 초청해서 다양한 전략을 컴퓨터로 짰다. 그리고 그 결과를《협력의 진화》(1984)라는 이름으로 발표를 했다. 치밀한 전략이 이길 것 같았지만 의외로 단순한 전략이 승리했다. 러시아에서 이주한 미국의 수학 심리학자 아나톨 래파포트Anatol Rapoport가 제안한 전략이었는데 영어로는 'Tit for Tat'이라고 한다. 우리나라 말로 번역하면 '눈에는 눈 이에는 이'이다. 먼저 배신하거나 도발하지는 않지만 상대방이 배신 혹은 도발하면 그에 대해서는 보복하는 전략이었다. 먼저 상대방을 공격하지 않는다는 점에서 신사적이다. 배신에 대해서 그냥 흐지부지 넘어가지 않는다는 점에서는 단호하다. 공격이 있을 때만 반격을 한다는 점에서 복잡하지 않고 명료하다. 이런 세 가지 특성이 있는 전략이 승리한 것이다. 그런데 엑설로드는 거기에 참을성이 더해져야 한다고 했다. 상대방이 나를 배신했다고 해서 보복을 하다가 보면 악순환이 이어지기 때문에 한 번은 인내하는 참을성이 필요하다는 것이다.

'눈에는 눈 이에는 이'는 연쇄적으로 상호보복이 이루어질 수 있다는 단점이 있다. 어떤 사람이 복도에서 나를 못 알아보고 실수로 인사를 하지 않았다. 나는 그 사람이 일부러 나를 무시한 것으로 생각하고 다음에 만났을 때 빤히 쳐다보면서도 인사하지 않는다. 상대방이 회의 시간에 슬쩍 말을 놓자 나는 격한 말로 그에게 큰 소리를 낸다. 그렇게 서로 주고받다가 보면 문제가 점점 커진다. 처음에는 오해에서 비롯되었지만 화와 분노가 상호작용을 하면서 서로 무례를 저지르게 되는 것이다. 이런 상황을 피하기 위해서는 어느 한쪽의 참을성이 필요하다. 내가 한 번 참았다고 억울해할 필요가 없다. 나도 이익을 보고 상대방도 이익을 보는 것이다. 다만 연속적으로 상대방이 나를 이용하려고 하면 그때는 단호함을 보여줘야 한다.

인성이 나쁘고 자기 욕심만 채우는 사람이 성공하면 지독한 사람이라면서 다들 고개를 설레설레 흔든다. 그가 나름의 능력이 있어서 성공했다는 것은 인정하지 않고 능력도 없는 것이 수단과 방법을 가리지 않아서 성공했다고 매도한다. 그렇게 지독하게 하면 누구나 성공할 수 있다고 뒤에서 수군댄다. 그가 신사적이었다면 주위에 더 많은 사람이 모여 크게 성공을 했을 수도 있다. 또한 남과 충돌이 많고 원망을 많이 사는 사람은 감정적 소모가 많다. 만약에 남과의 갈등 때문에 소모되는 에너지를 또 다른 일에 투자할 수 있었다면 더 크게 성공했을 것이다.

사람들은 보복을 두려워하는 마음 때문에 단호하지 못하다. 누군가에게 밉게 보이거나 찍힐까 봐 두려워하는 마음이 크다. 세상이 바뀌었다고 하지만 동양은 아직도 '상명하복上命下服' 문화가 뿌리 깊다. 동료끼리도 무리지어 다니지 않으면 따돌림당할까 두렵고 자신의 태도를 뚜렷하게 하는 것을 힘들어한다. 하지만 입장을 바꿔서 생각해보자. 당신은 정상적인 윤리 감각과 판단력을 지닌 사람이다. 다소 무리한 일로 누군가에게 부탁할 일이 생겼는데 상대방이 정중한 태도로 미안해하면서 거절했다. 앞서 말했듯이 당신이 상식적인 사람이라면 상대방이 버릇없는 사람이라면서 동네방네 떠들고 다니겠는가? 그렇지 않을 것이다.

만약에 상대방이 비상식적이고 막무가내인 사람이라면 어떻게 하든 결말은 좋지 않다. 부탁을 한 번 들어주면 두 번으로 이어지고 두 번 들어주면 세 번으로 이어질 것이다. 만약에 세 번째에 가서 거절하면 그런 비상식적인 사람이 앞서 두 번 부탁을 들어준 것에 고마워할까? 그렇지 않다. 그런 사람과는 얽히면 얽힐수록 손해다. 처음부터 단호한 태도를 보이는 것이 피해를 최소화하는 방법이다. 신사적인 사람에게는 신사적으로 대해야 한다. 무례하고 뻔뻔한 사람은 그에 걸맞게 대해야 한다. 그것이 어렵다면 가급적 피하기라도 하는 최소한의 단호함은 있어야 한다.

이떤 이들은 타인이 자신의 기분을 건드리면 거기에 대해서 타인의 마음을 떠보고 여러 가지 경우의 수를 상상한다. 복잡하고 완벽한 음모를 머릿속에서 꾸민다. 상대방에게 완전히 복종하는 척하다가 방심했을 때 뒤통수를 치는 것을 상상하기도 한다. 하지만 복잡한 계획에는 너무 많은 돌발 변수가 동반된다. 삼국지에서 제갈공명은 치밀한 계획을 실현하지만 실제 전장에서 그렇게 복잡한 전략이 성공한다는 보장은 거의 없다. 오히려 나와 상대방이 공존하기 위해서는 내가 어느 정도 예측 가능한 사람이 되어야 한다. 내가 어떻게 반응을 보일지를 상대방이 예상할 수 있어야 상대방은 나의 입장과 선택을 고려해서 움직인다. 앞서 언급했듯이 어느 정도의 단호함만 동반한다면 단순명료한 것이 장기적으로 유리하다. 이것저것 상황을 생각하고 고려하는 데는 많은 노력과 시간이 필요하다. 단순명료하고 일관된 선택은 그런 쓸모없는 노력과 시간을 아껴준다. 따라서 자신이 진정으로 원하는 목표에 더 집중할 수 있게 된다.

　신사적, 단호함, 명료함, 참을성 네 가지 특성이 어우러질 때 최고의 인생 전략이 만들어진다. 또한 이 네 가지 특성은 비즈니스 및 인생에서 곤란한 상황에 놓였을 때 선택의 기준이 될 수 있을 것이다.

착하게 태어난 당신, 적극적으로 이타적이 되자

　　　　　　기업은 영리를 추구하는 경쟁 사회다. 기업에서 일하다 보면 고객과 협력자를 배려하는 것이 회사의 이익과 꼭 일치하지 않는다는 것을 알 수 있을 것이다. 그래서 경영이 어려워져 회사가 독한 경영을 해야 하는 경우 착한 사람들은 이래저래 갈등이 많다. 남 신경 안 쓰는 이는 척척 해고자 명단도 만들고 협력 업체의 가격도 후려치는데 그러지 못하는 본인이 바보 같이 느껴진다. 직장 내부에서도 마찬가지다. 내가 양보한 만큼 동료가 이익을 본 것 같을 때 마음이 편치 않다. 착하면 손해만 보는 것 같다.

　직장 동료와 저녁 때 술이라도 한잔 마시면서 이 사람, 저 사람의 어려운 사정을 들어주고 충고하는 것을 즐기는 이들도 있다. 흔히 오지랖이 넓다고 하는데 실력이 겸비된 경우에는 인간성까지 좋다면서 인정받지만 실력이 받혀주지 않으면 남 좋은 일만 시키고 막상 본인은 아무 실속도 없다는 평가를 받는다. 감정적으로 내가 그 사람을 돌봐주었다고 해서 실무에서 도움이 필요할 때 그 사람이 반드시 나를 도와주는 것이 아니기 때문이다. 사실 그때 가서 상대방이 미안하지만 어쩔 수 없다고 하면서 도움을 청하는 내 손길을 뿌리치는 경우가 더 많다. 그러다 보면 쓸데없이 사람들에게 잘해준다고 핀잔을 듣는다. 다 나중에 도움이 되기 때문이라는 둥 이유를 대지만 사실 그가 타인을 도와준 것은 그렇게 타고 태어나서다. 그러니 다른 사람을 도울 때는 그냥 자신이 좋아서 돕는다고 생각하고 대가를 바라지 않는 것이 낫다. 마음 한구석에서 대가를 바라면 상처받는 경우가 많기 때문이다. 내가 착하기 때문에 남도 나한테 착해야 한다고 생각하면 대가를 바라게 된다. 내 호의에 대해서 남이 호의로 갚는 것은 매우 드물다. 어쩌다 잊지 않고 호의로 답하는 이가 어쩌다 한 명 나타날 뿐이다.

물건을 팔기 위해서는 선전을 많이 해야 한다. 모든 광고와 세일즈가 효과가 있는 것은 아니다. 가게에 들어오고 물건을 사기까지 고객은 자주 그 물건을 접해야 한다. 내가 베풀어도 그것에 대한 대가가 없을 때 우리는 속상하다. 물론 친절을 베풀다 보면 언젠가는 내가 했던 친절에 보답하는 이도 생긴다. 하지만 내가 누군가에게 한 번 친절을 베풀 때마다 상대방이 그것을 기억해서 보답할 것이라는 기대는 하지 말자. 남을 돕도록 태어난 당신, 그냥 남을 도와주면 어떨까? 그리고 상대방이 보답하지 않으면 그러려니 여기자. 누군가 보답한다면 그때는 기뻐하자.

남을 돕는 것은 자발적일 때 만족감을 준다. 내가 먼저 나서서 이타적인 행동을 한 경우 대가가 부족하더라도 기분이 좋다. 하지만 남이 부탁해서 억지로 착한 일을 하면 기분이 그다지 좋지 않다. 마지못해 한 일이기에 좋은 일을 하고도 좋은 일을 했다는 느낌을 받지 못한다. 내가 아는 어떤 자산가는 세금 내는 액수와 기부하는 액수가 거의 비숫하다. 실제로 몸으로 하는 봉사도 많이 한다. 하지만 세금에 대해서는 불만이 많다. '세금으로 내는 돈이 다 불쌍한 사람에게 쓰이는 것이 아니다', '내가 낸 세금이 제구실도 못하면서 나랏돈으로 연수를 가는 고위공무원, 감옥에 가서도 세비를 받는 국회의원을 위해서 쓰이는 것은 말도 안 된다' 하면서 나름의 합리적인 이유를 댄다. 하지만 봉사를 많이 하고 기부도 많이 하는 그가 유독 세금 내는 것에 대해서 불만을 품는 가장 큰 이유는 아마 세금이 의무이기 때문일 것이다. 세금은 더 내고 싶다고 더 낼 수도 없고 덜 내고 싶다고 덜 낼 수도 없다. 자발적인 동기가 발현될 수 있는 부분이 하나도 없어 기부할 때의 즐거움은 세금을 내면서 느낄 수 없다.

직장 생활을 하다가 보면 남들이 안 하는 일을 떠밀려서 맡는 수가 있다. 거절하려고 했는데 뜻대로 안 돼서 억지로 귀찮은 일을 하게 된 것이다. 내가 아니면 할 사람이 없어서 좋은 일을 한 것이지만 마음은 개운하지 않다. 누군가를 배려했더니 왜 저 사람에게만 잘 해주고 나는 쏙 빼놓느냐고 따지고 드는 이도 있다. 그러다 보니 따지고 드는 이에게도 도움을 줘서 공평하게 대하려고 했더니 이번에는 또 다른 누군가가 따지고 든다. 모두에게 공평하게 대하려고 하다가 줏대 없는 사람이라며 욕을 먹는다. 처음에는 내가 좋아서 시작한 일이 나중에는 의무가 되어 버린다. 누군가로부터 원망을 살까 봐 애초에는 해주고 싶지 않았는데 도움을 주는 경우도 있다. 이런 식으로 거절을 못 해서, 공평해야 마음이 편해서, 누군가에게 욕을 먹기 싫어서 착한 일을 하면 오히려 기분이 더 우울해진다.

착한 성품을 타고 태어났다면 누군가는 해야 하는 궂은 일은 결국 당신 차지가 될 수밖에 없다. 피할 대로 피하다가 마지못해 남을 돕느니 처음부터 주도적으로 이타성을 발휘하는 것이 더 나을 수도 있다.

본능에 반대로 행동하는 것의
위대함

　　　　　　　1924년 런던에서 유대인 고리대금업자의 아들로 명문 케임브리지 대학교에 입학한 해럴드 아브라함은 천부적인 재능을 지닌 육상 스프린터로서 제8회 파리 올림픽대회 영국 대표로 선발된다. 유대인이기에 당해야 했던 차별을 생각하면서 승부에 집착하던 해럴드는 샘 무사비니라는 육상계의 신화적 인물을 개인 코치로 초빙하면서까지 투지를 불태운다. 한편 원래 럭비 선수였던 스코틀랜드의 선교사인 에릭 리델 역시 피나는 노력과 뛰어난 기량으로 대표 선수로 선발된다. 그러나 경기가 일요일로 예정되자 안식일에 경기를 할 수 없다며 황태자가 만류함에도 자신의 신념을 지키기 위해 출전을 포기한다. 에릭 리델은 100미터 결승에 참가하지 못하고 해럴드 아브라함이 우승을 한다. 한편 이미 메달을 딴 동료의 양보로 에릭 리델은 다른 날 열리는 400미터 경기에 출전해서 우승한다. 이것은 반젤리스Vangelis의 주제가로 유명한 영화 〈불의 전차〉(1981) 줄거리다.

　내가 이 영화를 처음 본 것은 대학교 때였다. 이 영화에서 마음을 빼앗긴 주인공은 에릭 리델이다. 지금도 스코틀랜드에는 독립을 위해서 운동하는 이들이 적지 않다. 이 영화의 배경이 되는 1920년대에는 영국에 대한 반감이 더욱 심했다. 에릭 리델은 영국 육상선수들의 코를 납작하게 만들던 스코틀랜드의 영웅이었다. 그런 그가 올림픽에서 금메달을 딴다는 것은 스코틀랜드인의 긍지를 하늘 높이 세우는 일이었다. 하지만 그가 자신의 신념을 위해서 올림픽 참가를 포기하는 것은 운동선수로서의 욕망을 버리는 동시에 모두의 기대를 저버리는 행동이었다. 본능에 반대로 행동한다는 것이 쉽지 않은 일이었을 텐데 그런 선택을 한 에릭 리델이 내 마음속에 많이 남았다. 자신의 도덕적 신념을 위해서 왕위 계승자의 사적인 부탁을 거절한다는 것은 더더욱 쉽지 않았을 것이다. 자신의 이익에 반하는 행동을 한 에릭 리델의 모습이 마음 한구석에 박혀서 잊히지 않았다.

정신과 레지던트가 되면서부터 도덕적으로 행동하는 이의 행동의 이면을 살피는 버릇이 생겼다. 누군가 남을 위해서 자신을 희생하는 모습을 보면 어렸을 때는 단순히 참 대단하다며 존경했는데 정신과 레지던트가 되면서 어떤 무의식적인 동기가 있을지 생각하게 되었다. 세속적인 성공을 포기하는 대신 비영리단체에서 봉사활동을 하며 명예를 얻고자 하는 경우도 있다. 본인의 우울함을 극복하기 위해서 남을 돕는 경우도 있다. 그렇게 생각하다 보니 남을 돕는다는 절대적 선이 조금씩 희석되어버렸다. 남들은 시민단체에서 일을 하거나 민주화 운동을 하던 사람이 정치에 발을 들여놓으면 변질했다고 한다. 하지만 나는 결국 정치를 하는 사람이나 시민운동을 하는 사람이나 무의식 속에서 원했던 것은 타인과 세상에 대한 영향력이라는 생각을 하게 되었다. 정신과 레지던트가 되고 남을 비난하는 것이 줄어든 것은 좋지만 도덕적 삶의 의미가 왠지 약해지면서 나의 삶 역시 흔들리게 되었다. 게다가 경영학을 공부하면서 인간에게 욕망의 동기는 돈이라는 생각이 강해졌다. 반드시 내 통장에 들어와야만 내 돈이 아니다. 법적으로 내 소유가 아니더라도 예산이라는 형태로 관리하게 되면 내가 개인적으로 소유할 수 없는 엄청난 돈을 공적으로 좌지우지하면서 큰 권력을 행사하게 된다는 것을 깨달았다. 그러다가 보니까 이타적 행동에 대한 내 느낌은 더욱 부정적이 되었다.

《이기적 유전자》(1976), 《도덕적 동물》(1994), 《매트 리들리의 본성과 양육》(2003), 《이웃집 살인마》와 같은 진화생물학, 진화심리학 책을 접하다 보니 인간의 이타적 행위도 결국은 유전자를 후세에 전달하기 위한 이기적 행위라는 생각이 들었다. 부모가 자식을 위해서 희생하는 것도 어떤 점에서는 자식에게 있는 내 유전자를 살려서 후세로 전달하려는 부모의 유전자 계략이다. 개체의 입장에서는 희생 혹은 죽음이지만 개체 속에 존재하는 유전자의 입장에서는 개체가 죽더라도 다른 개체 속에 있는 유전자가 전달되기 때문에 이득인 것이다.

그렇지만 본능에 반하는 행동을 하는 사람, 작은 것이라도 자기 것을 희생하는 사람들을 보면 여전히 마음이 움직인다. 내가 아는 신배 중에 훌륭한 정신병원장이 있다. 환자들에 대해서도 정성이다. 자신의 증상을 부정하고 문제를 계속 일으킨다는 이유로 다른 병원에서는 입원을 받지 않으려고 하는 환자도 그 선배가 운영하는 병원에 입원하면 의사, 간호사를 비롯한 치료진에게 고마움을 표현하며 지낸다. 환자의 마음도 잘 이해하고 약도 대학 병원 교수보다 잘 쓴다. 병원도 깨끗하고 병원 식사도 잘 나온다. 무엇보다 직원들의 이직률이 거의 제로에 가깝다. 환자도 만족하고 직원도 만족하고 지역사회에서도 존경받는다. 하지만 선배가 병원을 운영하면서 얻는 수입은 봉직의가 받아가는 월급보다도 적다.

자신의 이익을 손해 보고 남을 배려하는 신사적인 행동은 시간이 지나면 지날수록 대단하다는 평가를 받게 된다. 통 크게 이익을 포기하면 장기적으로 더 큰 이익을 가져오기 때문에 그랬다고 말할 수도 있다. 하지만 이익이 된다는 것을 알면서도 작은 것을 포기하지 못하는 이가 대부분이다. 좋은 이미지를 만들기 위해서는 선행을 해야 한다는 것을 알면서 대부분은 귀찮아서 그렇게 하지 못한다.

더 높이 올라가기 위해서, 더 많이 가지려고 질주하는 사람들 사이에서 남을 배려하는 사람은 존재하는 것만으로도 세상의 빛이다. 어렸을 때는 착한 사람을 도와야 한다고 학교에서 배웠고 그것이 의무라고 생각했기 때문에 걸인에게 동전을 건넨다. 청소년이 되어서는 노인에게 자리를 양보해야 한다는 우리 사회의 관습 때문에 자동으로 자리에서 일어난다. 초보 사회인이었을 때는 겁도 많고 아직은 정직하게 살아야 한다는 생각이 있어서 유혹의 손길이 있더라도 뿌리친다. 남에게 명령할 수 있는 위치에 처음 오르게 되면 나만은 그러지 말아야지 하는 생각에 특권을 누리고 싶은 마음이 있어도 참는다. 그러나 봄여름가을겨울의 노래 〈사람들은 모두 변하나봐〉의 가사처럼 우리는 모두 변한다. 더 이상 걸인에게 돈을 주지 않고, 더 이상 노인에게 자리를 양보하지 않고, 남들도 다 한다는 생각으로 작은 유혹에 넘어가지만 그래도 나는 양반이라고 생각하며 특권을 요구하고 나보다 밑의 사람을 무시하게 된다. 이렇게 모두가 변하는 데도 억지가 아닌 나 자신의 온전한 의지로 무언가를 위해서 희생할 수 있다면 아주 찰나이겠지만 세속에서 벗어난 값지고 성스러운 행동을 한 것이다. 일상생활에서는 조금의 양보도 없이 아득바득 돈을 모아서 그 돈으로 일 년에 한 번 성지를 방문해서 회개하거나 마음의 때를 벗긴답시고 히말라야 오지에 가서 명상을 하는 이보다 아무런 보답이 없으리라는 것을 알면서도 사소한 희생을 받아들이는 이가 훨씬 더 성스러운 삶을 사는 것이다. 희생이라는 것은 자신의 이익을 꾀해서 생존의 가능성을 높이고자 하는 이기적 본능에 반하는 모순된 행동이다. 모든 동물은 조금이라도 더 강해지고자 하고, 모든 인간은 조금이라도 더 소유하고자 노력하기 마련인데 손해를 보면서 남을 배려해주는 것은 누가 뭐래도 훌륭한 일이다. 비록 그가 착한 성품을 타고 태어났다고 하더라도 말이다.

인간은 어린 시절을 주로 집에서 보낸다. 학생이 되면 학교와 학원에서 시간을 보내고 성인이 되고 직장을 다니면 일을 하면서 가장 많은 시간을 보낸다. 집에서 보내는 시간보다 직장에서 일하는 시간이 더 많다. 가족보다 직장 동료와 더 긴 시간을 보낸다. 일을 할 때는 힘들다, 지겹다는 말을 입에 달고 살지만 실직해서 일하고 싶어도 할 수 없게 되면 일을 할 때의 지겨움, 괴로움마저 그리워진다. 실직하게 되면 일할 때의 지루함, 괴로움과는 차원이 다른 고통을 겪게 된다.

일하는 대부분 사람에게 당신이 왜 일을 하느냐고 물으면 백이면 백 먹고살려고 일한다고 대답한다. 최저임금을 받는 일용직 노동자도 먹고살려고 일한다고 대답하고 연봉 1억을 받는 대기업 간부도 먹고살려고 일한다고 한다.

이렇듯 단지 돈 때문에 일한다고 생각을 하기에 대부분의 직장인에게 직장이라고 하면 연상되는 단어가 스트레스다. 직장인은 흔히 과도한 업무량, 작업 환경 같은 외부 요인이 스트레스의 주요인이라고 생각한다. 자본주의 사회에서 직원의 업무량을 줄여주고 직원을 행복하게 하기 위해서 손해를 감수하거나 비용을 투자하는 기업은 거의 없다. 따라서 직장을 때려치우지 않는 한 스트레스는 계속될 것이라고 생각한다.

하지만 생각해 보자. 직장인은 하루의 대부분 시간을 직장에서 보낸다. 아무리 친한 친구라고 하더라도 직장 동료를 더 자주 만나게 된다. 매일 늦게 퇴근하다 보면 가족들과 보내는 시간보다 직장 동료와 보내는 시간이 더 길다. 자신이 세상에서 가장 좋아하는 일이 오락, 드라마 보기, 꽃 가꾸기, 밴드에서 기타를 연주하는 것이라 해도 직장에서 일하는 시간보다는 적다. 직장에서 지내는 시간이 이렇게 길지만 대부분 직장인에게 직장은 조금이라도 빨리 달아나고 싶은 곳이다. 일이 재미있다는 직장인은 거의 없다. 자신이 하는 일이 즐겁지 않고 깨어 있는 시간의 절반 이상을 달아나고 싶다는 생각만 하면서 보낸다면 삶의 절반을 괴로움 속에서 보내는 것이 된다.

그렇다고 원치 않는 일을 내팽개치고 산다면 스트레스 받지 않고 잘 살 수 있을까? 줄리아 로버츠 주연의 〈먹고 기도하고 사랑하라〉(2010)나 잭 니콜슨 주연의 〈버킷 리스트〉(2007) 같은 영화는 원하는 것을 하면서 살고 싶다는 우리의 소원을 대리만족 시켜주는 영화다. 그러나 영화에서처럼 모든 것을 다 포기하면 마음이 편해질까? 스스로 모든 것을 포기하고 살기란 어렵다. 우리가 모든 것을 포기하게 되는 것은 원치 않는 순간에 억지로 이루어지는 경우가 대부분이다. 사람들은 그것을 실패라고 부른다. 사실 모진 고생을 하다가 더 이상 어쩔 수 없는 상황이 벌어져서 포기할 수밖에 없을 때 일시적으로는 후련하다는 느낌이 들지만 그것도 잠시일 뿐 허전함이 밀려오면서 포기하지 말았어야 한다는 후회를 하게 된다. 즉 모든 것을 버렸다고 해서 마음이 편해지는 것이 아니다. 내가 지니고 있는 것이 모두 사라졌을 때 마치 모든 것을 내려놓은 것처럼 행복하다는 것은 영화에서나 가능한 일이다. 인간에게 일이란 생존을 위한 도구 이상의 의미가 있기에 일이 안 풀리면 행복하게 사는 것이 어려워진다.

우리는 흔히 '내가 하고 싶은 일을 하면서 살고 싶다'는 말을 많이 한다. 그 말을 하는 사람들의 진정한 바람은 아마도 '내가 하고 싶은 일만 하고 싶다'일 것이다. 지금 하는 일을 재미있어하지 않는 사람은 다른 일을 해도 금세 질리게 된다. 그리고 아무리 재미있는 일도 돈을 벌기 위한 수단이 되는 순간 즐겁지 않다. 내가 재미있어 하던 일도 먹고살기 위해서 하는 일이 되는 순간 억지로 해야 하는 부분이 끼어들어 재미는 실종된다.

따라서 우리는 돈 외의 인정 욕구와 과시, 불안과 소속감, 성취감, 재미, 성장, 승부욕, 도전, 명령, 이타심 등과 같은 일하는 이유에 대해서 관심을 가져야 한다. 그리고 우리가 일하는 이유의 균형이 잘 맞아야 한다. 우리가 일하면서 스트레스 받고 괴로움 속에서 보내는 이유도 바로 일하는 이유가 한 가지에 치우쳐 있기 때문이다. 일하는 이유 중 어느 하나가 너무 지나치게 되면 도리어 일을 그르치게 되고 행복과 멀어지기도 한다. 반대로 어느 한 부분이 너무 모자라도 제대로 일하지 못하게 되고 그 역시 행복과도 멀어지게 된다. 일의 목적 중에는 옳은 것도 잘못된 것도 없다. 다만 너무 과하면 안 되고 너무 부족해도 안 된다. 승부욕, 욕망, 야망이 없는 이는 일 자체를 하지 않을 것이고 꼭 필요한 것 외에는 하지 않아서 성공할 수 없다. 반면 도전과 쾌감이 일하는 모든 목적인 이는 생계에 문제가 생길 수도 있다. 자신이 일을 하는 목적을 잘 깨달아서 균형을 맞춰야 하는 이유가 거기에 있다. 아울러 일의 목적이 자신 삶의 목적과 맞아야 한다. 그때그때 필요한 삶의 목적과 그때그때 하게 되는 일의 목적이 서로 들어맞아야 삶이 행복해진다.

부록

일하는 이유 검사

1. 검사지

우리는 일하는 것을 당연히 여긴다. 하지만 사람들은 저마다 일하는 이유가 다르다. 돈이 가장 중요한 이도 있고, 성취감이 가장 중요한 이도 있고, 명예가 가장 중요한 이도 있다. 어떤 사람은 조금이라도 돈을 더 준다고 하면 바로바로 직장을 옮기는 이도 있고, 돈보다는 개인적인 시간을 더욱 소중하게 여기는 이도 있다. 돈은 조금 덜 받더라도 마음이 맞는 사람들과 좋은 분위기에서 일하는 쪽을 선택하는 사람도 있다. 이 검사는 여러분들이 왜 일하는지 그 이유를 파악하는 데 도움을 드리고자 하는 목적에서 고안이 되었다. 검사지의 각 문항에 대해서 하나도 빼지 않고 답을 해주셔야 한다. 그러고 나서 기술된 요령에 따라 출판사 블로그에서 제공해드리는 엑셀 파일(http://goo.gl/L2ZE8D, 〔일하는 이유 검사지.xls〕)의 '질문지' 시트에 점수를 기재해주시면, 같은 파일의 '결과지' 시트에서 결과를 확인하실 수 있을 것이다.

번호	문항	그렇지 않다	별로 그렇지 않다	약간 그렇다	매우 그렇다
1	내가 맡은 프로젝트가 성공했을 때 큰 기쁨을 느낀다	0	1	2	3
2	내가 맡은 프로젝트가 성공했을 때 큰 기쁨을 느낌다	0	1	2	3
3	주어진 업무의 목표달성을 위해 야간근무도 마다하지 않는다	0	1	2	3

번호	문항	그렇지 않다	별로 그렇지 않다	약간 그렇다	매우 그렇다
4	내가 할 수 있는 업무가 많은 것을 자랑스럽게 여긴다	0	1	2	3
5	무엇이든 노력하면 성취할 수 있다	0	1	2	3
6	나는 어려운 일을 성취하는 것을 즐긴다	0	1	2	3
7	나는 성취 목표를 정하고 과정을 수시로 검토한다	0	1	2	3
8	나는 한 가지 목표를 이루기 위해서 만족이 지연되는 것을 잘 견딜 수 있는 사람이다	0	1	2	3
9	나는 업무를 시작하기 전에 반드시 목표를 설정한다	0	1	2	3
10	이루고자 했던 일에 대한 성취감은 다른 그 어떤 것보다 값진 경험이었다	0	1	2	3
11	내가 하는 일이 누군가에게 도움을 줄 수 있을 때 보람을 느낀다	0	1	2	3
12	사람들은 서로 돕고 살기 위해서 일을 한다	0	1	2	3
13	누군가에게 도움을 줄 수 있을 때 행복하다	0	1	2	3
14	동료들에게 작은 일이라도 도와줄 수 있을 때 뿌듯하다	0	1	2	3
15	누군가 나에게 부탁했을 때 나의 일을 미루더라도 도와 주는 편이다	0	1	2	3
16	서로 돕기보다 개인주의가 만연하는 현실이 안타깝다	0	1	2	3
17	상부상조의 정신은 우리 조상의 아름다운 미덕이다	0	1	2	3
18	남을 더 배려한다고 해서 손해를 보는 것은 아니다	0	1	2	3

번호	문항	그렇지 않다	별로 그렇지 않다	약간 그렇다	매우 그렇다
19	보답을 바라지 않고 어려움에 처한 동료를 도와준 적이 있다	0	1	2	3
20	불쌍한 사람들을 돕고 싶은 마음이 들 때가 있다	0	1	2	3
21	나의 일은 우리 가족을 위해 중요하다	0	1	2	3
22	일이 힘들게 느껴질 때 가족들을 생각하며 이겨낸다	0	1	2	3
23	가족들이 나의 일을 인정해줄 때 보람을 느낀다	0	1	2	3
24	나의 가족들은 내가 하는 일에 대해 자랑스럽게 여긴다	0	1	2	3
25	모든 일을 결정할 때 가족들의 의사가 중요하다	0	1	2	3
26	일 때문에 가족과 떨어져 지내는 것은 어려운 일이다	0	1	2	3
27	내가 일을 그만둔다면 나의 가족들이 힘들어질 것이다	0	1	2	3
28	가족 간의 유대관계를 위해 노력하는 편이다	0	1	2	3
29	가족들이 원하지 않는다면 나에게 중요한 일이라도 포기할 수 있다	0	1	2	3
30	가족을 위해 희생하는 것은 당연한 일이다	0	1	2	3
31	나의 일은 노후를 준비하는 것에 있어서 매우 중요하다	0	1	2	3
32	나는 노후를 위해 준비하고 있는 것이 있다	0	1	2	3
33	나의 노후대비를 위해서 정년까지 나의 직장생활을 유지하는 것은 중요하다	0	1	2	3
34	인생의 성공은 노후를 어떻게 보내느냐에 달려 있다	0	1	2	3

무엇이 당신을 일하게 만드는가

번호	문항	그렇지 않다	별로 그렇지 않다	약간 그렇다	매우 그렇다
35	정년퇴직 후의 삶을 잘 설계하는 것은 중요하다	0	1	2	3
36	노후의 아름다운 삶에 대한 청사진을 그려보곤 한다	0	1	2	3
37	노후대비를 위해서 따로 투자하고 있다	0	1	2	3
38	노후 대책을 위한 많은 지식과 정보를 얻기 위해 노력한다	0	1	2	3
39	내가 만약 일을 그만둔다면 노후대비 계획에 차질이 생긴다	0	1	2	3
40	노후에 함께할 친구들의 모임에 잘 참여한다	0	1	2	3
41	내가 하는 일에 있어서 그것이 가지는 '의미'는 중요하다	0	1	2	3
42	일이 내 삶에서 어떤 의미인지 생각해본 적이 있다	0	1	2	3
43	삶의 의미에 대해서 진지하게 고민한다	0	1	2	3
44	다른 사람들은 잘 모르지만 나에게 의미 있는 일들을 할 때 만족감을 느낀다	0	1	2	3
45	나의 업무는 내 삶에서 의미 있는 일이다	0	1	2	3
46	나의 일에 대한 의미를 찾기 위해 노력한다	0	1	2	3
47	나는 분명한 삶의 목적을 알고 있다	0	1	2	3
48	나는 내 삶을 의미 있게 만드는 무언가를 위해 투자하고 노력한다	0	1	2	3
49	대중적인 가치보다 개인적인 의미를 발견하려고 노력한다	0	1	2	3
50	나에게 의미 있다고 여겨지는 일에 항상 최선을 다한다	0	1	2	3

번호	문항	그렇지 않다	별로 그렇 지 않다	약간 그렇다	매우 그렇다
51	직장 내에서의 동료애는 중요하다	0	1	2	3
52	직장생활을 통해 대인관계를 구축하는 것은 중요하다	0	1	2	3
53	동료들과의 관계발전을 통해 만족감을 얻는다	0	1	2	3
54	동료로부터 큰 신뢰를 얻는 것은 다른 무엇보다도 중요하다	0	1	2	3
55	직장 내에서 서로를 존중해 줘야 한다	0	1	2	3
56	직장에 대해 소속감을 느끼는 것은 중요하다	0	1	2	3
57	직장 생활에서의 인간관계가 업무에 영향을 미친다	0	1	2	3
58	힘들 때 누군가에게 위로 받고 격려하는 것은 중요하다	0	1	2	3
59	동료와 갈등을 겪을 때 업무에 집중하기 어렵다	0	1	2	3
60	직장 내 대인관계를 위한 프로그램이 필요하다고 생각한다	0	1	2	3
61	끊임없이 나 자신을 개발하기 위해 시간과 노력을 투자한다	0	1	2	3
62	내 인생의 목표를 향해서 달려가는 것은 중요하다	0	1	2	3
63	지금의 내 자리는 내 꿈을 위한 연장선상에 있다	0	1	2	3
64	나는 내 인생의 업적을 이루어보겠다는 꿈이 있다	0	1	2	3
65	나는 나의 꿈을 실현할 만한 능력이 있다	0	1	2	3
66	내가 하는 일과 내 인생의 목표는 연관되어 있다	0	1	2	3

번호	문항	그렇지 않다	별로 그렇지 않다	약간 그렇다	매우 그렇다
67	지금은 힘들더라도 조금씩 내 꿈을 향해 나아가고 있다고 생각한다	0	1	2	3
68	나는 자기 개발을 위해 끊임없이 노력한다	0	1	2	3
69	나의 장점을 부각하기 위해 노력한다	0	1	2	3
70	자신감을 갖는 것은 업무의 능률과 관련이 있다	0	1	2	3
71	국가와 사회를 위해 헌신적으로 일하려는 마음이 있다	0	1	2	3
72	나의 업무가 사회의 발전과 관련되어 있다고 생각한다	0	1	2	3
73	나의 업무는 사회의 한 구성원으로 참여하는 방식이다	0	1	2	3
74	나의 능력을 사회에 기부하는 것은 중요한 일이다	0	1	2	3
75	사회적 기부에 관심이 많은 편이다	0	1	2	3
76	나는 현재 사회적 기부에 참여하고 있다	0	1	2	3
77	사회적 재능 기부에 참여하고 있거나 기회가 된다면 참여할 의사가 있다	0	1	2	3
78	사회봉사활동에 참여하는 것은 뜻 깊은 일이다	0	1	2	3
79	기업의 사회적 책임은 건강한 사회발전을 위해 중요한 이슈이다	0	1	2	3
80	젊고 능력이 있음에도 의도적으로 일하지 않는 것은 국가적인 차원의 손실이다	0	1	2	3
81	내가 일을 하는 가장 큰 이유는 생계를 위해서이다	0	1	2	3
82	나의 직업 선택에 있어서 가장 중요한 것은 연봉이다	0	1	2	3

번호	문항	그렇지 않다	별로 그렇지 않다	약간 그렇다	매우 그렇다
83	나에게 물질적인 보상은 가장 중요하다	0	1	2	3
84	능력은 그 사람이 받는 보수에 비례한다	0	1	2	3
85	업무 성과에 대한 보상은 성과급이 최우선이다	0	1	2	3
86	나는 경제적인 일에 열성을 다한다	0	1	2	3
87	직무에 대한 만족도는 연봉과 크게 관련이 있다	0	1	2	3
88	삶의 질은 돈과 가장 관련이 높다	0	1	2	3
89	대부분의 사람들은 돈을 벌기 위해 일을 한다	0	1	2	3
90	아무리 적성에 맞는 일이라도 보수가 적다면 힘들 것이다	0	1	2	3
91	나는 내가 하는 일을 자랑스럽게 여긴다	0	1	2	3
92	내 일이 적성에 잘 맞는다	0	1	2	3
93	일 자체가 나에게 가져다주는 만족감이 있다	0	1	2	3
94	나의 업무에 대해서 잘해낼 수 있다는 자신감이 있다	0	1	2	3
95	주변 사람들과 비교했을 때 나는 비교적 일을 즐겁게 여긴다	0	1	2	3
96	내가 하는 업무가 힘들더라도 보람을 느낀다	0	1	2	3
97	일을 처음 시작했을 때의 초심을 잃지 않으려 노력한다	0	1	2	3
98	다시 선택할 수 있더라도 현재 하고 있는 일(같은 업종)을 선택할 것이다	0	1	2	3

번호	문항	그렇지 않다	별로 그렇 지 않다	약간 그렇다	매우 그렇다
99	나의 분야에서 커리어를 쌓는 것에 보람을 느낀다	0	1	2	3
100	누군가 나의 업무에 대해서 멘토링을 요청한다면 흔쾌히 응할 것이다	0	1	2	3

2. 일하는 이유 검사 해설

일하는 이유 검사에서는 우리가 일을 하는 이유를 다음 열 가지로 분류한다.

항목	질문
성취감(accomplishment)	1 – 10
이타주의(altruism)	11 – 20
가족(family)	21 – 30
노후대책(later life preparation))	31 – 40
삶의 의미(meaning of life)	41 – 50
대인관계(personal relations)	51 – 60
자아실현(self-realization)	61 – 70
사회발전(social evolution)	71 – 80
금전적 보상(wage)	81 – 90
업무 자체에 대한 흥미(work satisfaction)	91 – 100

각 항목마다 그에 해당하는 열 개의 질문이 있고, 항목별로 0점~3점까지의 4점 척도로 되어 있다. 예를 들어서 성취감에 해당하는 열 개의

질문에 대해서 모두 다 [매우 그렇다]에 체크를 하면 원점수 30점에 해당한다. 만약에 10개의 질문에 대하여 모두 [약간 그렇다]라고 체크를 하면 원점수 20점에 해당한다.

이 원점수를 100점 만점으로 환산한 점수가 환산점수이다. 성취감에 해당하는 열 개의 질문에 대해서 모두 다 [그렇다]라고 체크를 하면 원점수 30점에 해당하고, 환산점수는 100점인 것이다. 만약에 열 개의 질문에 대하여 모두 [약간 그렇다]라고 체크를 하면 원점수는 20점에 해당하고, 환산점수는 67점이다.

검사자는 질문이 어느 항목에 속하지 모르는 상태에서 질문지를 작성하게 된다. 채점자는 각각의 항목에 대한 점수를 엑셀 파일의 '질문지' 시트에 기입하면 항목별 합계가 산출되어 나온다. 그러면 같은 파일 '결과지' 시트의 표에 환산점수가 자동으로 산출되고 결과 그래프가 만들어진다.

열 가지 일하는 이유 중에서 특정 범주에서 67점 이상이면 높은 편에 속한다. 특정 항목에서 33점 이하이면 낮은 편에 속한다. 예를 들어서 성취감이 80점, 자아실현이 75점, 업무 자체에 대한 흥미가 82점, 금전적 보상 20점, 가족 30점이라면 이 분은 일 자체는 좋아하지만 금전 감각이 다소 떨어지고 가족에 대한 책임감도 낮은 분이라고 할 수 있다. 반대로 가족이 75점, 금전적 보상이 80점, 노후대책이 70점, 성취감 25점, 자아실현 20점, 업무 자체에 대한 흥미가 15점인 분은 가족을 부양하고 노후를 대비하기 위해서 억지로 일을 하고 있으나 업무에 대해서는 불만이 많은 상태일 수 있다.

다음 [표1]과 [그래프1]을 살펴보면 많은 항목에서 골고루 높은 점수를 받고 있는 것을 볼 수 있다. 이것은 일하는 이유가 다양한 것으로, 일하는 이유가 다양할수록 일을 즐기고 만족할 가능성이 크다.

[표1]

항목	원점수	환산점수
성취감(accomplishment)	28	94
이타주의(altruism)	22	74
가족(family)	23	77
노후대책(later life preparation))	25	84
삶의 의미(meaning of life)	22	74
대인관계(personal relations)	25	84
자아실현(self-realization)	26	87
사회발전(social evolution)	20	67
금전적 보상(wage)	23	77
업무 자체에 대한 흥미(work satisfaction)	27	90

[그래프1]

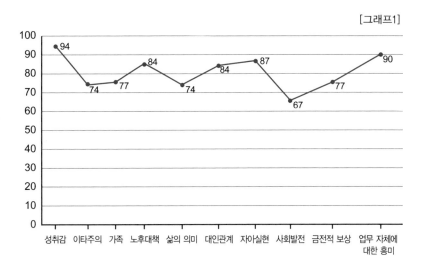

일하는 이유가 어느 하나에 몰려 있는 경우 한 항목의 점수만 높을 것이다. 만약에 금전적 보상은 100점인데, 다른 항목은 모두 점수가 낮은 경우 일을 하는 이유는 단지 돈을 위해서이다. 만약에 금전적 보상이 줄어들면 진짜 괴로울 것이다. 특히 삶의 의미, 자아실현, 업무 자체에 대한 흥미가 매우 낮은 경우 자신이 하는 일에 비해서 보수가 적다는 불만에 사로잡힐 가능성이 크다. 인간은 자신이 재미있어하는 일을 할 때는 경제적 보상이 조금 적더라도 참지만, 자신이 하기 싫은 일을 억지로 하는 경우 똑같은 돈이라도 더 적게 느껴지게 마련이다. 반대로 업무 자체에 대한 흥미는 100점인데 다른 항목은 모두 낮은 경우 경제적으로 힘이 들고 주위 사람들이 너무 힘들어지며 생활도 불규칙해질 수 있는 것이다. 성취감 점수는 매우 높으나 대인관계, 이타주의, 사회발전은 매우 낮은 경우 지나치게 성공지향적이어서 타인이 보기에는 이기적으로 보일 수도 있다.

[표2]

항목	원점수	환산점수
성취감(accomplishment)	12	40
이타주의(altruism)	5	17
가족(family)	9	30
노후대책(later life preparation)	12	40
삶의 의미(meaning of life)	16	53
대인관계(personal relations)	9	30
자아실현(self-realization)	7	23
사회발전(social evolution)	12	40
금전적 보상(wage)	9	30
업무 자체에 대한 흥미(work satisfaction)	10	33

무엇이 당신을 일하게 만드는가

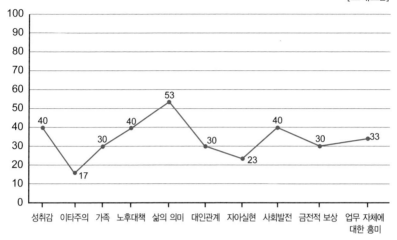

위의 [표2]와 [그래프2]와 같이 전반적으로 50점 미만의 점수가 많은 것은 일하는 이유에 대한 가치관이 약하다는 것을 의미한다. 삶의 의미 항목의 점수만 53점으로 보통 정도에 해당이 되었지만 나머지 항목이 낮을 것을 볼 때 현재 본인이 하는 일에 대해서 만족하지 못하고 있을 가능성이 크다. 일하는 이유 항목에서 높은 점수가 거의 없고 전반적으로 점수가 모두 낮은 경우는 일에 대한 불만이 많고 일하는 목적도 잃어버린 상태일 수 있다. 그 이유는 업무 강도가 너무 강해서일 수도, 스트레스로 인한 번아웃 상태일 수도, 일이 너무 지루해서일 수도 있다. 우울증이 아닌지도 한번 생각해봐야 한다.

일하는 검사의 질문 하나하나는 내가 일을 하는 이유에 해당된다. 특정 항목의 점수를 확인한 다음 각각의 질문에 대해서 내가 어떻게 답을 했는지 다시 살펴보는 것도 도움이 된다. [매우 그렇다] 혹은 [약간 그렇다]로 체크한 질문들은 내가 일을 하는 이유에 해당된다. 각 항목에서 내가 [매우 그렇다] 혹은 [약간 그렇다]라고 체크한 문항을 모아서 문장을 만들면 해당 일하는 이유에 대한 나의 긍정적 생각을 표현하게 된다.

반대로 각 항목에서 내가 [그렇지 않다], [별로 그렇지 않다]라고 체크한 문항을 모아서 문장을 만들면 해당 일하는 이유에 대한 나의 부정적인 생각을 파악할 수 있다.

아울러 일하는 이유 검사는 자신이 일하는 진정한 이유를 깨닫는 데도 도움이 된다. 어떤 경우는 자신은 단지 돈을 벌기 위해서 일한다고 생각을 했는데 의외로 이타주의가 점수가 높은 경우, 앞으로는 남을 돕는 일에도 관심을 기울여야 할 것이다. 어떤 이는 스스로는 자아실현, 업무 자체에 대한 흥미가 일을 하는 이유라고 생각하고 있었는데, 금전적 보상이 일을 하는 데 있어서 중요한 이유로 검사결과가 나올 수도 있다. 이때는 앞으로 금전적 보상에 좀 더 중요성을 두는 방향으로 일에 대해서 접근하면 도움이 된다.

무엇이 당신을 일하게 만드는가

초판 1쇄 발행 | 2012년 8월 30일
개정판 1쇄 발행 | 2016년 5월 20일
개정2판 1쇄 발행 | 2022년 8월 31일

지은이 | 최명기
펴낸이 | 이은성
펴낸곳 | 필로소픽
편 집 | 김은미, 황서린, 김하종
독자 에디터 | 김대신, 양철훈
디자인 | 드림스타트
주 소 | 서울시 종로구 창덕궁길 29-38, 4-5층
전 화 | 02 883-9774
팩 스 | 02 883-3496
이메일 | philosophik@hanmail.net
등록번호 | 제2021-000133호

ISBN 979-11-5783-265-1 03180

필로소픽은 푸른커뮤니케이션의 출판브랜드입니다.